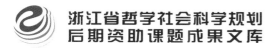
浙江省哲学社会科学规划
后期资助课题成果文库

体育学习心理现象探新

Tiyu Xuexi Xinli Xianxiang Tanxin

吕慧青　　王玉秀　　著

中国社会科学出版社

图书在版编目（CIP）数据

体育学习心理现象探新／吕慧青，王玉秀著．—北京：中国社会科学出版社，2016.12

ISBN 978 - 7 - 5161 - 9105 - 7

Ⅰ.①体… Ⅱ.①吕…②王… Ⅲ.①体育教育 - 教育心理 - 研究 Ⅳ.①G807

中国版本图书馆 CIP 数据核字（2016）第 241746 号

出 版 人	赵剑英	
责任编辑	赵　丽	
责任校对	郝阳洋	
责任印制	王　超	

出　　版	中国社会科学出版社	
社　　址	北京鼓楼西大街甲 158 号	
邮　　编	100720	
网　　址	http：//www.csspw.cn	
发 行 部	010 - 84083685	
门 市 部	010 - 84029450	
经　　销	新华书店及其他书店	

印　　刷	北京君升印刷有限公司	
装　　订	廊坊市广阳区广增装订厂	
版　　次	2016 年 12 月第 1 版	
印　　次	2016 年 12 月第 1 次印刷	

开　　本	710×1000　1/16	
印　　张	16	
插　　页	2	
字　　数	262 千字	
定　　价	59.00 元	

序

　　体育学习中的心理现象是一个以人类社会文化为底蕴的意识和行为反应，它与其他社会现象一样，可以采用系统科学的研究方法来探索其发生和发展的规律。但是，它的理论体系发展似乎与时代和社会的进步密切相关。例如，体育学习中的"刻板印象"会直接影响学习行为的效果，然而，与过去的体育"刻板印象"相比，现在的体育"刻板印象"更代表健康和积极向上。"刻板印象"从一个负效应向着正效应的转变恰恰反映了社会文化的变迁。因此，体育学习心理现象的新探索是追求社会变迁中具有解释潜力的理论，这在某种程度上推动了理论的不断发展和更新。到目前为止，国内对体育学习过程中的心理现象的系统研究还不多见，希望通过对该课题的研究，对体育技能学习中特殊的心理现象，进行较为全面深入的解释。基于这一考虑，本书主要以体育学习理论的行为过程解释为逻辑主线，着重探索与学习认知有关的动机、归因、顿悟等现象，进一步，本书还对与学习效果密切相关的"习得无助"和"完美主义"现象进行解读，旨在强调体育学习的特殊现象观察，展示最新的理论探索成果，尝试解读体育学习中"认知—操作—体验"的特殊心理现象。本书主要有两个部分，即"理论篇"和"实践篇"。"理论篇"主要对与体育学习有关的心理现象的理论进行诠释，主要内容包括"学习动机""学习归因""学习顿悟""习得无助"和"学习中的完美主义"等章节。理论讨论力图从概念的辨析、机制的解释等方面为实践研究提供系统的支持。本书中的"实践篇"主要是基于实证的数据，讨论理论的应用，着重反映了理论与实践相结合的主题思想，并突出实践研究的前瞻性等特点。

　　本书中，所谓"动机"的探新，主要考察体育行为"动机冲突"的心理机制，解释学习与运动发生冲突时，行为的心理选择过程。而"归因"研究主要考察行为的学习归因对效果的影响，通过测试体育学习时的归因走向，揭示了坚持行为的心理过程。进一步，"顿悟"主要考察体育学习中顿悟现象对学习效率的解释机制。另外，"行为无助"主要表述体育学习中的体验，从一个负面体验的视角，揭示体育学习的坚持性机制。最后，"完美主义"主要解读体育学习中与"自我"有关的解释机制，试图从自我暗示方面来考察学生学习行为的效果。以上体育学习特殊心理现象的探索，完整地体现了体育行为从动机到表现的心理要素在发生过程中的解释机制。本书内容构建了独特的"动机认知理论""归因解释理论""学习顿悟理论""习得无助理论"和"学习自我理论"。把这些理论运用到体育教学实践中，可以观察学生学习的"动机冲突""学习归因""学习顿悟""习得无助"以及"完美主义"的现象。完整地揭示了在体育学习过程中，心理影响因素的行为认知过程，解释和预测学生的体育学习和运动行为，进而丰富了体育教学的理论体系，为教师的教学实践提供了新的思路。

本书主要展示了当代体育学习中心理学的研究理论，这是本书的核心结构。本书用了大量的篇幅，来区别比较理论的结构性、解释性、系统性、连贯性和适时性特征，并在研究文献报告的信度和效度的基础上，整理提炼了"运动行为的动机冲突理论""体育学习的归因理论""体育学习中的顿悟解释理论""体育学习中的习得无助认知理论""体育学习中的完美主义认知理论"5个方面的理论系统结构。通过对这些理论的分析，力图构建形成体育学习心理学的主体理论框架。

具体地讲，动机冲突是指在某种情境活动中，当同时存在着两个或两个以上欲求目标引导的行为选择时个体所产生的心理冲突。长期以来，如何促进大众体育学习的参与行为，一直是体育社会研究关注的问题。相关的研究表明，该行为的发生机制非常复杂，要受诸多因素的影响，因此，尽管目前的研究构建了许多解释理论，对行为发生效应的探索也变得越来越具有解释性，但是，作为体育学习行为动因的"动机冲突"，对行为的发生机制解释还鲜有见到。就大学生群体而言，体育学习行为的动机冲突，主要表现在学习动机与锻炼动机之间的选择上，这种行为动机冲突在青少年中普遍存在。本书认为，动机冲突的行为解释主要表现在当个体面临多个行为动机选择时，愉悦的情感体验目标会强化抵御其他诱惑的行为意向，体育活动带来的可能是短期的愉悦情感体验，而学习活动则可能带来长期的成功情感体验，因此，学习动机是与运动行为相悖的驱动力。所以，在体育锻炼动机冲突存在的情况下，大学生体育锻炼的行为具有消极化的倾向。因此，本书主要考察的是大学生对学习和体育的"刻板印象"以及大学生在这些动机选择中"自我意识"可能产生的中介解释效应，从而构建了大学生体育锻炼行为动机冲突的解释模型。

体育学习中的归因探索，主要通过文献检索收集到国内、国外的相关研究成果，并主要就中国目前研究存在的问题、国外的相关新理论进行文献分析，旨在为中国将来的相关研究提供参考。本书主要探索体育学习中"认知归因"对行为的影响，旨在揭示体育学习中"认知困难"对"任务专注"的归因相关性，构建体育学习行为过程的认知归因动态解释理论。

"顿悟"是指学习者在学习过程中突然获得解决问题答案时的心理现象，作为学习的形式也是心理学家们感兴趣的研究课题之一。自从苛勒提出了"问题解决"的顿悟现象以来，学者们已对其进行了卓有成效的实验研究，获得了许多具有启发性的成果。然而，这些研究主要集中在知识学习过程中的效率解释机制方面，特别是解决数学学习困境的成果尤为显著，而针对体育学习中的顿悟现象解释却不多见。运用"Insight"和"Motor learning"相关词汇加上"Sport"的限定，在相关文献数据库中进行了联词组合的检索，结果未发现直接相关的研究文献，但是，通过实践的观察，体育学习过程中的顿悟现象又普遍存在，那么，体育学习中的顿悟现象对其效率解释又是怎样的呢？为了更好地把握顿悟对体育学习效率的解释机制，本书基于学习顿悟的理论解释讨论，探索顿悟现象在体育学习效率中的角色，并尝试构建体育"学习—效率"关系解释模型，为拓展体育学习的效率解释理论提供新的探索思路。

顿悟现象是指在体育学习过程中，个体常常表现出经过多次尝试而不得其要领的情境，从而导致了学习"困境"的出现，但是，学习者可能在某些信息的启发下，突然获得动作形成的关键要点，表现出完成动作从"不会"到"会"的质性转变。为了解释这种现象，研究从"顿悟"现象解释的观点，提出了一个"顿悟式体育学习"的概念，并构建了体育学习效率的顿悟解释假设模型。顿悟式体育学习的观点在解释学习效率方面具有开创性的意义，定性地明确了体育学习中动作技能掌握的动力来源，为后续的学习效率实证性研究奠定了理论基础。但是，就目前的相关研究而言，体育学习效率的顿悟解释模型仍缺乏具体的实证数据的检验。因此，本书在原有研究的基础上，运用体育学习效率的顿悟解释模型，通过一个体育学习的实验设计，进一步提供实证数据的求证，旨在验证该模型的解释效应。

"习得无助"（Helplessness）是指个体遭受接连不断的失败和挫折，并被不当归因所左右时，便会感到自己对一切都失去控制和无能为力，从而产生对自己丧失信心的心理状态与行为。具有这种现象的学生在学习过程中极为普遍，其最后的结果是产生厌学的情绪，放弃和回避学习等行为。"习得无助"是一种对学生心理发展极为不利的现象，严重威胁着学生的身心健康。所以，对"习得无助"行为的研究，具有重要的社会价值。本书主要探索体育学习中的行为"习得无助"，旨在有效地提高学生的自我效能水平，促进学生体育学习行为的发展。研究以 134 名普通高校的女大学生为观察对象，先进行教学干预，再进行问卷调查，主要对"认知归因""后续任务朝向状态"以及"后续的努力"进行探索性研究，旨在提供一个完整相关研究的实践范例。

完美主义（Perfectionism）定义为批判性自我评估倾向的人格特质，主要反映个体力求尽善尽美的心理定向。早在 20 世纪 60 年代，Adler 的研究就发现，追求完美的个体，常常会感到行为结果与期望相悖。根据 Horney 的解释，有完美主义倾向的个体在智力和行为标准方面都表现出优越感，同时，对自己也严于批判，对行为结果总是不满意，这种人为的"高标准"常常导致行为取向并非兴趣引导。因此，完美追求常常会令人陷入心理上的困境，甚至导致心理问题。近年来，越来越多的研究探索完美主义的积极效应，例如，一些研究发现，学业优异的学生普遍存在完美主义的特质倾向。然而，中国的相关研究却更多地显示了完美主义的负面效应，例如，訾非和周旭（2005）的一项研究指出，完美主义与大学生的自杀念头和羞怯心理有关。由此可见，国内的研究表明了完美主义的负面效应，与部分国外的研究存在相悖的结论，这为我们提供了一个深入探索完美主义任务效应特征的理由。其问题是：为什么目前对完美主义的关联效应研究存在着不一致的结论？这是否与任务导向的完美主义有关？也就是说，在特定的领域或具体的任务中，结果效应与完美主义的一般概念有关还是与完美主义的任务导向特征有关？因此，本书主要探索体育学习中"完美主义"对行为影响的解释机制。通过观察体育学习的"特质完美主义"和"状态完美主义"对成绩的关联效应，旨在验证"完美主义"的特质与状态方面，在行为发生中存在效应差异的假设，从而解释体育学习行为的心理过程表现。

　　为了探索体育学习中的心理现象研究的前瞻性问题，本书分析了体育学习中的 5 个心理现象探索的最新成果，构成系统的前沿研究观点。这些理论观点，反映了体育学习过程中与学习效率关联的影响要素，然而，它们又是长期以来在体育科学研究中被忽略的探索领域。本书的研究成果，希望能够有助于我们重新审视传统的体育教学理论体系，对体育教学中的心理行为做出合理的解释，并做到准确预测学生在体育学习中的行为与表现，提高教学的效果，进而丰富体育教学的理论体系，为教师的教学实践提供了新的思路。

目　　录

理　论　篇

实 践 篇

理 论 篇

第一章

概　　述

第一节　关于体育学习

体育学习是指个体通过学习或练习并参与环境互动的方式，形成固定的动力定型，并且把准确、高效作为判断动作完成质量的实践活动（Gattia, et al., 2013）。从学习效率的角度看，这一过程涉及许多交互成分，包括相关动作信息的收集，运动执行策略的选择，动作执行的控制，等等。也就是说，动作程序的建立需要基于认知知识，并经过反复的练习，使操作过程与控制过程形成相对持久稳定的过程（Haith & Krakauer, 2013；Ste-Marie, et al., 2012）。它是一种主动的、有目的的、努力参与的行为过程。在相关的心理学研究领域中，体育学习的规律一直是探索的主题，旨在解释体育学习的本质。

一　学习的概念描述

关于学习的概念，从广义上讲，学习是人们在生产实践中积累经验或构建知识体系而产生的行为（行为潜能），是一种获得知识并形成技能的过程。

从狭义上说，则是通过具体的手段获取信息，得到知识经验或技能习得的过程，是一种使个体可以不断持续变化的行为方式。如在知识、技能、方法与过程等方面。

二　体育技能学习

体育技能学习（Motor Learning）是指人们通过学习或练习得到经验，获得并保持运动动作技能，达到动作行为持久性转变的过程（Schmidt, 1988）。体育技能早期的英文名为 Motor Skill，后来专家学者们把 Motor

Skill 改成 Motor Learning，说明在体育技能学习的过程中，用"学习"一词更为准确贴切，"学习"所蕴藏的内容更加丰富一些。体育技能学习的含义非常广泛，它既包括了通过肌肉参与活动而习得的技能，也表示了大多数的技能都需要通过学习才能学会并熟练地掌握。体育学习的目的之一，是使学习者掌握某些运动项目的技能，以便参加体育锻炼或参与竞赛，也只有通过体育技能的学习与练习，才能达到这些目的。对于体育技能学习的机制解释，许多学者先后从不同的角度提出了多种解释理论，这些解释理论也随着社会的发展以及人们对自身认识的不断深入而逐渐得到完善。

总之，体育技能学习是一种内在与外在统一的有机整体和过程，而不仅仅是体育运动技术的运动技能。它的内涵非常的丰富，既有体育知识、体育技术的学习内容，又有应用体育知识、技术形成体育技能的认知心理方面的内容。另外，还具有情感体验、陶冶情操、娱乐以及价值观等认知过程的要求。因此体育技能的学习要遵循运动技术学习的规律，对体育学习中的心理现象探究更是不能忽略的问题。

第二节　体育学习理论的发展与展望

20 世纪 50 年代的后期，体育学习理论的研究得到了蓬勃的发展，学者施密特（Schmidt）是当时最具代表性的人物之一，他与他的学生一起，从事了一系列的在体育技能学习方面的实验研究，并不断地对研究的方法进行创新，对在体育学习实践中存在的一些重要问题进行了探索。例如，体育技能学习中表现出的个体差异问题、体育技能学习过程中表现出的曲线问题、体育技能学习中的疲劳问题、动作程序方面的问题，以及比赛中的干扰因素对技能的表现问题，等等。在他的引导下，体育技能学的学习浪潮在美国得到了迅速发展，为体育技能学的实验性学科奠定了坚实的基础。心理学家 Paul Fitts（1954）对"动作速度与动作准确性的权衡"（Speed-Accuracy Trade-Offs）进行了研究，该研究对体育技能学习的理论做出了重要的贡献。另外，学者 Fleishman（1957）在体育技能的应用方面做出了探索，他的研究成果在运动员的选材以及飞机驾驶员驾驶的动作技能方面得到了广泛的应用。从此，相关体育学习的理论得到了迅猛发展，形成了在体育学习中经常被应用与实践的经典解释理论。

一　体育学习的经典解释理论

（一）封闭式控制系统理论

封闭式控制系统（Closed-Loop Control System）理论是在 20 世纪 70 年代，由杰克·亚当斯（Jack Adams）提出来的，这是运动控制研究的萌芽时期，该理论首次区分了心理学和神经生理学。封闭式控制是控制理论中的一个基本概念，指作为被控的输出，以一定的方式又返回作为控制的输入端，并再对输入端起控制影响作用的一种控制关系。在控制论中，封闭式通常是指输出端通过"旁链"的方式返回输入端，而封闭式控制是指输出端返回输入端，而且参与对输出端的再控制。虽然这是封闭式控制的最终目的，然而它是通过反馈来实现的。在封闭式控制系统中，即使有一些干扰因素，也能通过自身的调节作用来保持原来的状态。封闭式控制中的抗干扰能力源于反馈的作用，在组织形式上因为有了反馈的影响，才能够把导致偏离目标的因素以及多种干扰因素，及时地反馈给控制者，使控制者做出正确的决策选择，随时对目标进行修正与纠错。封闭式控制的优点是能充分地发挥反馈的作用，排除诸多不确定的因素，使纠错行动更为准确、有力。但是，它的缺点是预防性策略的缺乏。例如，封闭式控制是在控制过程中等到发现了错误才开始采取纠正措施，等等。封闭式控制系统理论特别强调研究者务必重视体育技能学习的实验研究。另外，封闭式控制系统还认为学习者可以利用各种感觉信息的反馈功能来控制长时间、持续性或慢速度的体育运动技能。封闭式控制系统学说在此基础上通过不断发展，成为今天体育技能学习研究的重要的基础性内容之一。

（二）开放式控制系统理论

20 世纪 80 年代后，随着体育科学研究的不断深入，体育技能研究的内容又得到了较大的发展，能够更加满足体育教学以及运动训练的实际需要。里查德·施密特（Richard Schmidt）提出了开放式控制系统（Open-Loop Control System）理论，他在 1982—1988 年连续再版了《运动控制和学习》，被多个国家与地区翻译成本国语言后学习与应用。而后，他又在 1991 年出版了《运动学习和技能表现》，使学习者对运动控制系统及运动技能的表现特征有了更加全面的了解。当时的运动心理学家们对学习的问题兴趣浓厚，主要关注知识的记忆、保持和遗忘等方面。同时，也开始接触一些一般的体育技能学习方面的问题，并且运用知识学习的研究结论来解释体育技能学习的问题。

开放式控制系统比较适用于简单的系统，它没有反馈的环节，反应的时间较长，成本较低。系统的输出端与输入端之间没有反馈的存在，也就是说，控制系统的输出方不对系统的控制产生任何影响，即称为开放式系统。开放式控制系统与封闭式控制系统相对立，因此开放式控制系统又称无反馈控制系统。

封闭式控制系统和开放式控制系统两大系统的理论是运动技能学、运动控制学、运动发展学理论的两大主流。这些学习理论极大限度地激发了运动员、教练员、体育教师等体育领域人员的浓厚兴趣，而且指导了大量的体育学习与运动训练的实践，提高了体育学习的学习效果。直至今日，体育技能学习的封闭式控制系统和开放式控制系统的理论，仍然是本学科理论体系的基础。

（三）体育学习动作概念嵌套表征理论

体育技能学习的研究是体育心理学研究的重要内容之一，其中，对动作概念形成的探究是一个重要的环节，而研究的关键是动作概念结构的问题。姜春平（2005）针对目前国内外对该领域的探索还只是停留在理论层面，应用研究较为缺乏的状况，以认知心理学的"概念形成""结构表征"两种理论的"特征表说"（Feature List Theory）、"原型说"（Prototype Theory）为理论基础，再结合记忆理论中的"表象编码"和"语义编码"双重信息编码，对体育技能学习动作概念嵌套表征模型（欣果实，1997）进行了分析（见图1-1），进一步，对该模型进行了实证研究。该模型以"原型说"为理论基础的主体概念和以"特征表说"为理论基础的客体概念共同组成。主体动作概念是指依据本体感受器所提供的信息或经验所形成的非语义的以动作图式表征的动作概念系统，其主要特征是以表象形式编码并通过身体的练习获得；而客体性动作概念是指依靠外部感觉所提供的信息或经验建立的可以用语义特征来表征的动作概念系统。也就是说，学习者可以通过看、听、讲等对运动技能的原理、规则、规律和特征等来了解并掌握。主、客体动作概念间的关系，属于总体与部分之间的嵌套关系，在特定条件下，总体可能出现部分的缺失（出现单独存在的现象），两个系统间也可以进行信息的转换与交流。整体动作概念的形成，是学习者通过外部的感觉，获得客体动作的概念，与通过本体感受器获得的主体动作概念的两个过程的嵌套融合，最终形成学习者自身动作概念的过程。

此项研究以太极拳的学习为实验内容，以高二学生为研究对象，采用被试间设计，3 个实验组、1 个控制组，考察各组被试主、客体动作概念、整体动作概念、运动技能的掌握以及运动技能的维持情况等。该研究结论认为，客体动作概念的学习有助于主体动作概念的学习；有缺失的主体动作概念或客体动作概念的学习，与有整体动作概念学习的运动技能形成存在着显著的差异。研究表明，动作概念嵌套表征机制在运动技能的形成过程中具有重要的意义。

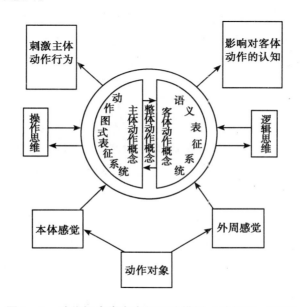

图 1-1　动作概念嵌套表征理论模型（欣果实，1997）

（四）内隐与外显学习理论

内隐学习是由美国心理学家 Reber 于 1965 年首次提出来的，研究关注的焦点是有关启动的效应问题，在当时的认知心理学界掀起了一股热潮。英国神经心理学家 Milner 等（1968），首先在对遗忘症患者的启动效应研究中，发现了运动技能学习的内隐记忆现象，也同样激发了运动技能学习领域研究者的极大兴趣。Reber（1965）认为，内隐学习是在无意识中得到刺激环境中的复杂知识的过程。复杂的运动技能学习可以通过两种方式来完成：一种是有意识地经过努力学习的过程，即外显学习（Explicit Learning）。也就是说，个体在学习过程中采取策略并付出努力来完成的技能操作学习的活动，都属于外显学习。另一种就是内隐学习，即无意识中得到知识的学习。内隐学习能依赖直觉与顿悟等来处理问题，而且没有明显的逻辑程序，同时还具有突发性的特点（方军等，2009）。也就是说，个体是无意识的，也说不出是怎么学会的，却完成了复杂的学习任务（方军等，2009；郭秀艳，2002，2003）。

Nilssen 和 Bullemer（1987）等学者们通过进一步的研究指出，内隐学习是在无意识条件下，特别是在关键的启发信息不明确而技能结构又比较复杂的情况下发生的；而外显学习在学习过程中的关键信息有可能是明确的，也有可能是隐藏的，需要有意识地去解决问题。从学习的过程来看，内隐学习所获得的知识以及学习结果都不能清楚地意识到，也不能用语言准确的描述。而外显学习的技能学习则是有明确的逻辑程序，是按部就班的学习活动。首先，通过感知形成学习任务的感性形象，然后，搜索寻找知识的记忆以及形成各类知识等。个体能清楚地意识到，也能用语言准确地描述（方军等，2009）。内隐学习所得到的知识不能有意识地保存或取出，只能存在于潜意识中（刘向阳等，2005）。但是内隐知识能在适当的时候自动发挥作用（方军等，2009），而外显学习所得到的知识能有意识地被加以提取和运用。

在内隐学习发生机制方面的研究中，范文杰等（2004）把内隐学习与外显学习从心理、生理和社会3个方面进行了研究。结果显示，内隐学习的心理机制是以对刺激的无意识反应为表现特征；外显学习的心理机制则是体现了对客观刺激的有意识的反应。在生理机制方面，人脑的自动处理信息是内隐学习的生理机制；人脑对信息的精致加工是外显学习的生理机制。在社会机制方面，社会文化是内隐学习主要的资源。例如，个体的环境、文化背景及氛围等（范文杰等，2004）。

总之，内隐知识是学习者知识和经验的累积，而内隐知识的获取与激活，也必然是以经常参与体育活动的实践为基础（刘向阳等，2005）。所以，学习者应不断积累自己的体育知识，例如，多观摩赛事、多看体育节目以及重视体育发展趋势，等等。运动技能的学习关键在于实践的应用，在环境越是高度复杂、紧急的条件下，往往对内隐知识的获取并激活越有效（刘向阳等，2005）。

（五）学习反馈理论

反馈是控制理论中重要的概念之一，是由控制系统把信息输出，再把结果或作用转送回来，并影响信息的再输出，起到控制的作用，以达到预定的目标。原因产生结果，结果又转变成新的原因、新的结果……这种因果关系的相互作用，是为了完成一个共同的目标，因此反馈在因果与目的之间具有高度的相关性。依据反馈的结果可划分为正、负两种反馈，如果反馈的信息促进了控制部位的活动称为正向反馈，而如果反馈信息约束了反馈部位的活动则称为负向反馈。

反馈一直是学习理论研究领域中非常重要的内容之一。随着学习理论的发展，人们对学习反馈有了更深的认识。一方面，从自我调控学习的过程模型出发，考察分析反馈的不同因素对自我调控学习过程和学习效果的作用；另一方面，以自我调控学习的社会认知理论为框架，探索情绪、学业成绩等个体因素以及目标定向、任务难度等情境因素对反馈的作用。

在体育技能学习中，学习者可以得到许多的反馈信息，从这些信息中，他们可以了解到自己操作的结果以及导致这些结果的原因。Richard & Magill（1998）根据反馈的类别把反馈分为两大类（见图 1 - 2）。一类是任务内在反馈（Task-Intrinsic Feedback），这些反馈信息（感知觉信息）是学习者在完成学习任务的过程中形成的，可以来自体内（本体的感觉信息）也可以来自体外（外源性信息）。如来自自身的视觉、听觉、本体感觉等信息，或者是外源性信息，如篮圈、箭靶、排球网、网球网等给练习者提供一些固定的信息。另一类叫作追加反馈（Augmented Feedback），这一类的反馈信息来自外部，是学习者本身的感知觉信息反馈之外的其他信息。例如，体操运动员在完成了某项比赛之后，听教练员的指点或引导，或看到了自己在完成动作任务时的影像，或者获知了裁判员的打分，等等。也可以是教师或教练员用语言、动作或某种刺激，来指导练习者完成或改进动作，等等。学习者自己可以充分利用任务内在反馈来提高动作的质量，而教师或教练员则可以很好地控制追加反馈，给学习者的学习和修正动作提供信息，充分发挥教师或教练员的作用。

大多数学者都支持反馈在个体的学习中能产生重要的作用（Butler, et al., 1995；Rakoczy, et al., 2008），而且随着研究的深入，学者们对于反馈有了更加深入的认识。例如，在内涵上，由对外在反馈的研究深入对个体内在反馈的研究；在功能上，由对个体的外在的强化、信息源与矫正等功能深入控制循环与自我监控的功能中；由学习者只接收外界的反馈深入学习者自动生成并有效加以利用的反馈（张俊等，2012）。

（六）唤醒状态的倒 U 原理

倒 U 学习理论最早是由 Yerkers & Dodson（1908）提出来的，该理论

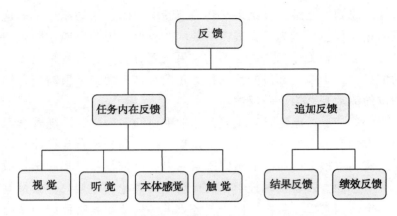

图 1 - 2　反馈的分类（Richard & Magill，1998）

认为个体的唤醒水平与操作成绩之间的关系呈倒 U 字形。倒 U 学说的第一个理论是预测唤醒水平与操作效率之间的关系，即当个体处于较低的唤醒水平时，工作的效率也比较低；而当个体处于中等的唤醒水平时，工作的效率达到了最优化；当个体处于较高的唤醒水平时，工作的效率反而下降了。倒 U 学说的第二个理论则是预测任务的性质对唤醒水平与运动成绩的重要作用。Oxendine（1970）在归纳总结了相关领域的研究后认为，唤醒水平与任务性质之间的关系有以下几点。

● 耐力、力量和速度等运动项目，需要比较高的唤醒水平，它是学习者取得最好成绩的必要条件；

● 复杂的技能活动、精细的肌肉活动等，这类协调性、稳定性以及一般注意力较高的体育活动的高唤醒水平，会对学习者产生干扰；

● 对于所有运动任务来说，略高于平均水准的唤醒水平会使学习者有更出色的表现。

因此，如果是以体能成分为主的运动任务，最佳唤醒水平要求处于比较高的位置。例如，跑、举重、拳击、游泳等是属于典型的体能类项目，唤醒水平需要处于相对较高的位置。而当运动任务的性质是以技能成分为主时，最佳唤醒水平要求处于比较低的位置。如射击、射箭、跳水、体操等属于典型的技能性项目，则需要相对比较低的唤醒水平。

进一步，线索利用理论对唤醒水平与运动成绩呈倒 U 字形的关系进行了解释。当唤醒水平增强时，注意的范围就会缩小，因此，有些线索就被"屏蔽"了。首先，会"屏蔽"一些无关线索，然后逐渐会"屏蔽"相关的线索；而当唤醒水平处于比较低的位置时，注意的范围就会扩大，致使与操作活动相关或无关的信息都会对操作者形成干扰。因此，只有当唤醒水平处于适中或最佳的状态时，无关的线索才会被删除，而关键的线索才能被保留，其行为的操作水平才会达到完美，才能发挥出最好的成绩。另外，该理论还对学习任务的复杂程度和学习程度的相关问题进行了解释，当学习者处于初学阶段或遇到较为复杂的运动技术时，就会有较多的与任务相关的线索需要关注，所以，发生错误的概率随着唤醒水平增高也会较快地上升。

信号检测理论对运动技能学习中的倒 U 理论也有着同样的看法。该理论认为，当学习者对信号的刺激在两个极端时（过于敏感或者没什么反应），都会导致错误的增加；而只有当学习者对信号刺激的敏感度处于比较适中的时候，才能减少错误。

信息加工理论同样也支持以倒 U 理论来指导运动技能学习的实践活动。该理论认为，脑细胞在唤醒水平处于较高位置时会变得较为活跃，信息的加工系统出现混乱，通路容量降低；而当唤醒水平处于较低位置时，信息的加工系统又太寂静，行为水平较低；唯有当唤醒水平处于最佳状态时，信息加工系统的通路才能保持畅通，行为操作水平才能达到最完美。

（七）学习迁移理论

学习的迁移，是指已有的学习经验（经历）对以后学习效果的影响。所谓学习的经验，从广义上讲，不仅仅包括知识、技能等，也包括在现实生活中持有的态度以及行为的方式，等等。学习的迁移现象也不只存在于知识和技能方面，在许多行为规范的学习中也有着许多迁移的现象。学习的迁移在各类学习过程中普遍存在，因此，它是学习理论研究中的重要课题之一。了解迁移现象的实质及规律，对于提高学习效率，促进学习者的身心健康发展都具有重要的意义。

关于运动技能迁移的概念，许多学者有各自不同的解释。Bower（1981）认为，运动技能的迁移是学过的某些相似的动作，影响了新学习的动作，并能使运动技能更快地形成。也就是说，过去学习的动作迁移到了新学习的动作上。而 Schmidt（1988）把运动技能的迁移理解为新动作来源于原有动作所得到的动作经验。进一步，Magill（1993）则做了更为具体的分析，认为迁移现象是以前学习过的运动技能对目前正在学习的新技能的影响。

关于在运动技能学习过程中产生迁移的原因，学者们有着各自不同的理解，归纳起来有以下几种观点。

相同因素。这一理论的代表人物是桑代克。相同因素学说认为，假如学习内容、态度和程序等同属一类因素，则可能会引起迁移。也就是说，如果前、后两种学习的内容具有共同的成分，那么前学习的技能就会对后一种技能的训练发生作用，两种技能之间相同的因素越多就越容易产生迁移；反之，两种技能之间相同的因素越少迁移就会越少。总之，同因素理论的重点就是前一种技能对后学的另一种技能有影响，就是因为它们之间有着相同的因素。

一般因素。这一理论的代表人物是美国的学者 Judd。一般因素学说认为，运用之前的一般的学习经验，在学习新技能时也会产生迁移。在运动技能的学习中，动作技能掌握的程度既要受之前的学习经验的影响，也会受过去的暂时性神经联系的影响，这种学说的重点是迁移可以通过一般因素而产生作用。总之，一般因素论的解释是前后两种技能只要有一般因素的共同点，前一种技能就会对后一种技能产生作用。该理论与相同因素论的区别是前者需要有相同的因素才能产生迁移，而后者则认为在两种技能之间只要有一般的因素就可以产生迁移。

认知结构论。认知结构理论认为，迁移的原因是之前学习的内容是否存储于学习者内在的、被认知的记忆库中。假如学习者内在的记忆库中不仅有记录，而且很稳定，就较容易产生正向迁移。反之，假如在学习者内在的记忆库中，不能与新技能相配合，就会产生负向迁移。

两因素论。其主要的观点是相同因素与一般因素共同产生作用才能产生迁移。

关系论。其主要的观点是迁移不是所有两种技能有共同之处就能产生的，而是需要在整体的关系上有相同的因素才能产生迁移。

三方向迁移论。三方向迁移模式理论认为，假如两种输入刺激的信息是相同的，反应也是相同的，就能产生较大的正向迁移；假如两种输入刺激的信息是相同的，而反应由起初的相同到相反，直至相互对抗，就会产生较大的负向迁移；假如两种输入刺激的信息由起初的不同到相同，而反应不相同或者相互对抗，负迁移就会由小变大；假如两种输入刺激的信息不相同，反应由相同到不相同直至对抗，那迁移的效果等于零。

以上迁移的理论解释，分别从不同的角度对迁移的现象进行了诠释。总之，迁移是一种较为复杂的现象，是由多种因素共同产生作用的结果。

有关运动技能学习迁移的类型，主要有以下几种。

双侧迁移。双侧迁移是指一侧肢体的学习会对另一侧的肢体产生影响。这种类别的迁移最多的是在身体异侧的部位，例如，右手与左手；其次是身体同侧部位的迁移，例如，右手与右脚；最后是身体对角线部位的迁移，例如，右手与左脚。这说明了在运动技能学习中的迁移，起关键作用的是中枢神经系统的协调性，因此，在运动技能的学习中不应忽视身体交叉部位的训练。

语言—运动迁移。语言—运动迁移是指在运动技能学习之前的语言训练，包括对技能学习相关的体育知识、动作要领、专业术语，以及念动、暗示、默念等训练，对运动技能的掌握具有促进作用。因此，在运动技能学习中，要充分发挥语言教学的优势来促进运动技能的掌握与提高。

运动技术之间的迁移。运动技术之间的迁移是指一种运动技术向另一种运动技术的迁移。两种运动技能之间的迁移比较复杂，既有直接迁移，也有间接迁移；既有正向迁移，也有负向迁移。总之，两者的共同因素越多，就越容易产生迁移；基础技术动作越相似，迁移的可能性就越大。比如，乒乓球的挥拍技术与网球的挥拍技术动作相似，因此，乒乓球的技能就可能会迁移到网球的技能学习中，容易产生正向迁移。

两种运动技能之间在迁移时，还要尽量促进有利的正向迁移，避免消极的负向迁移。比如，网球和羽毛球的技能，羽毛球在挥拍击球时需要用手腕动作，而网球挥拍时却不需要手腕动作，因此，学习者在初学时，可能会产生负向迁移，要给予学习者特别的提醒。

（八）连锁反应理论

连锁反应理论认为，体育技能的形成可以用"刺激—反应（S－R）"公式的连锁反应来解释。通过完成第一个动作后的反馈作用，调节着第二个动作；而第二个动作的反馈又影响着后面的动作，因此，就产生了体育技能操作的连续性。另外，连锁反应理论的观点认为，体育技能的习得是定型化的。这与许多体育技能的学习具有新颖性的特点是相悖的。

（九）信息加工理论

信息加工理论主要是对在体育技能学习信息加工过程中相关的加工装

置、加工流程及各加工阶段的特点进行分析，解释影响体育技能学习过程中动作技能操作的内部组织性变量（Singer，1980）。信息加工解释理论主要有 Adams（1971）、Whiting（1972）、Stalling（1982）以及 Schmidt（1991）提出的理论模型。

Adams（1971）的封闭式理论模型强调学习者的自我调整，并认为刺激的本体感受能控制习得性反应，技能的习得是通过反馈与过去得到的经验进行比较而获得的。该模型认为，体育技能学习的过程存在两种痕迹，即记忆痕迹和知觉痕迹。记忆痕迹是反应的选择和发动装置，知觉痕迹是技能操作的痕迹或表象。它以反应造成的反馈刺激为基础，对技能操作有着控制的作用。Whiting（1972）的理论模型则是从信息的一般加工过程来讨论体育技能操作的差异性，并认为选择性的注意、唤醒和决策是影响技能操作的关键因素。而 Stalling（1982）的理论模型则把信息的加工过程细化为感觉的输入、知觉的过滤、短时的储存、有限的注意通道、运动的控制、运动的输出和信息的反馈等因素组成，每一个阶段都具有各自的特点。Schmidt（1991）的理论模型把技能操作的信息加工过程分为 3 个阶段，即刺激辨别阶段、反应选择阶段和反应编程阶段。刺激辨别阶段是为了获得一些刺激的表征；反应选择阶段是根据环境特点做出决策，即决定怎么做；反应编程阶段是对运动系统进行组织，以完成动作目标。这个阶段的作用是组织好一个最终控制动作输出的运动程序，以产生有效的动作。

（十）控制理论

运动技能学习的控制理论是从控制论角度，对运动控制（运动行为的变通性和适应性）进行解释的理论，最具有代表性的有 Schmidt 的图式理论、Aderson 的产生式系统理论和动力系统理论。

图式理论。Schmidt（1975）提出的图式理论认为，练习者在重复练习相似动作的过程中，每次动作反应的结果与组成运动程序的参数，都能形成一组相关的数据而存储于记忆中。随着进一步的练习，这种参数与动作结果间的对应关系越来越稳定，最终形成了运动的图式。运动图式就是将一定数量的同类动作的可变结果与运动参数相联系的一套规则应用于指导或控制运动技能的操作。该理论揭示了运动图式发展的 4 种信息来源：①初始的条件（机体、环境状态），它是用于技能操作前的准备；②反应的规格（动作要求），它在动作执行前使用；③感觉到的结果（非定量性评价的反应合成感觉的信息）；④反应的结果（操作与目标的关系），即内在和外在的反馈信息。

产生式系统理论（ACT 模型）。Aderson（1982）提出的产生式系统理论（ACT 模型）认为，学习者体育技能的认知表征是由条件行为对构成的产生式的集合。它们负责在特定条件下产生适当的行为。该模型把知识划分成陈述性知识和程序性知识两大类。陈述性知识是指运动动作的术语、要领、原理、规则等方面的知识，它是用命题或心理表象的形式来进行表述的，可以用语言来表达、用谈话法或书面的方式来做测试。而程序性知识则是指学习者应该怎样去完成某种动作技能的知识，也就是说，个体什么时候运用（或如何选择）适当的动作技能的知识。它是用条件行为来进行表达的，除了可以用谈话或书面的方法来测试之外，还可以用实际操作的方式来做测试。而从认知心理学的视角讲，学习一种新的体育技能，其最初表征为陈述性知识，而后才能使陈述性知识转变为程序性知识。

动力系统理论。动力系统理论（Abraham & Shaw，1992）是基于数学的动力系统理论，探讨随着时间的变化而发生的人们行为习惯的改变过程。也就是说，运用数学中的状态空间、吸引子、轨迹、确定性混沌等概念，来解释与环境相互作用下个体的内在认知过程。系统中的变量是不断变化的，系统是复杂的，并服从于非线性微分方程。

（十一）技能学习的阶段模型理论

体育技能学习具有一个重要的特征，就是在学习的过程中，每个学习者都会经历几个学习的阶段，较有代表性的是 Fitts & Posner（1967）的三阶段模型理论，以及 Gentile（1972）的两阶段模型理论。

三阶段模型理论。Fitts & Posner（1967）提出了经典的三阶段学习模型，他们将运动技能学习划分为 3 个阶段，即认知阶段、联结阶段和自动化阶段。

认知阶段是指在运动技能学习的开始阶段，学习者的注意点主要集中在认知的问题上。因此，在这个阶段应重点强调对技能学习任务的认知，即知觉和理解动作的术语、要领、原理或规则，以及做动作时应知觉的条件（个体身体内部或外部），学习与技能相关的知识，在头脑中形成与技能相关的最一般、最粗略的表象。

联结阶段是指在这一阶段认知阶段的知识得到了应用，学习者已经学会把某些环境条件与完成任务技能所需的活动相互联系起来。练习者可以将注意点集中在如何能成功地完成任务动作技能，从认知转向行动，并且尽量使前面的练习与后面的练习更具有一致性与稳定性。因此，在这一阶段要重点强调在正确的知觉和积极思维的基础上进行反复的练习，以找到改进动作的方法，合理地使用力量、速度，建立准确的空间方位，最终使动作各个部分组成一个整体。

自动化阶段是指在这一阶段，动作技能几乎形成习惯性，达到了自动化，学习者不用有意识地去思考自己该怎么做，意识对动作的控制作用减少到最低。动作任务的执行完全由运动程序来控制受本体感受器的调节，不需要特别的注意和纠正，心理与身体的能量消耗减少。大部分运动技能的习得都需要经过大量的练习才能达到和保持自动化的水平。

两阶段模型理论。Gentile（1972）提出的运动技能学习两阶段模型，不仅强调了操作环境特征对学习者获得信息过程的影响，而且提出了多种可以直接运用到实践中的教学指导策略。第 1 阶段称为"最初阶段"。在这个阶段学习者需要完成 2 个目标：一是获得运动协调的模式，二是学会区分所处周围环境中的调整和非调整的条件状况。第 2 阶段称为"后期阶段"。在这个阶段学习者需要完成 3 个目标：一是发展运动模式，以适应不同的操作情境，二是提升完成技能任务目标的一致性，三是学会经济有效地操作任务技能的方法。

（十二）Thorndike 的定律学习理论

Thorndike（1931）通过实验后提出了"三大定律"的技能习得理论，即准备律、练习律和效果律，其中，最主要的是练习律。准备律是指个体在学习之前的期望或目标，也就是"刺激与反应"之间准备"联结"。"联结"成功就能使学习者快乐，"联结"失败就会使学习者焦虑。练习律是指学会了的"刺激与反应"之间的"联结"。练习律又分为"应用律"和"失用律"。应用律是指已形成的"可变联结"如果经常予以应用，即练习或使用的次数越多，就会越强。而失用律是指已形成的"可变联结"如果不经常予以应用，即不予以多加练习，就会导致减弱或遗忘。也就是说，运动技能必须在经过反复地练习后获得，并逐步得到完善。运动技能的学习过程一般是练习——纠错——再练习——再纠错，直到准确无误完全熟练的过程。Thorndike（1931）强调，运动技能形成的关键是需要不断重复的身体练习。当然，重复练习的次数与运动技能的难易程度有关，较高复杂度的运动技能需要重复练习的次数越多，时间越长。因此，在运动技能的教学中，如果是较高复杂度的运动技能，教学时数就要求多安排一些，需要练习的次数就相对要多一些；而较低复杂度的运动技能，需要练习的次数相对少一些，教学时数也可以少一些。效果律是指假如个体对自己在运动技能的学习中的表现感觉不错，那么将会增加重复练习的可能性。但是，假如个体对这个变化的结果不满意，那么对这个动作重复的可能性将会减少。总之，个体对满意的结果，其随后的行为将被加强；而对不满意的结果，将导致其随后的行为被削弱或淘汰。

20世纪30年代初，Thorndike觉察到仅仅是重复练习不一定就能增强其联结，而只有将练习律和效果律两者相融合时，才能实现学习效率的最大化。因此，他对学习的定律进行了修改，把频率这个因素排除了。早期的效果律是奖励和惩罚并用，认为某情境与某反应联结伴随奖励时，联结的力量就会增强；而联结伴随惩罚时，联结的力量就会削弱。但是，他后来觉察到，惩罚并不一定会增强联结，其效果不能与奖励相对应，而奖赏要比惩罚会有更好的效果。于是，他取消了效果律中消极的部分，而特别强调奖赏的作用。总而言之，Thorndike强调刺激与反应的联结都予以应用或满足而增强；不予以应用或焦虑而减弱。他的学习理论指导了大量的教育实践。高效率的学习应该建立在学习者对学习有强烈的兴趣或愉悦感上。

该理论也有一定的不足之处。首先，是该理论重点强调情境与反应的联结，把复杂的学习过程过于简单化，因而忽视了人类学习认知的特点。另外，还忽视了人们学习的目的性和能动性，即人类学习的主观能动性等。

（十三）社会生态学习模型

体育技能的学习如同一般意义上的学习，同样需要有一个存在的环境，作为外部驱动力来促成学习效率的提升。而社会生态系统理论（Society Ecosystems Theory）就是关于人类行为与社会环境关系的一种理论。该理论把个体成长的社会环境当作一种社会性的生态系统，重点强调生态环境（即人类的生存环境）对于个体行为的重要性，关注人与环境的相互作用，是重要的基础理论之一。美国著名的心理学家布朗芬布伦纳

（Bronfenbrenner，1979）最早提出社会生态系统理论，他认为个体的成长
将会受到微系统、中系统、外系统和宏系统 4 个系统的影响（见图
1–3）。

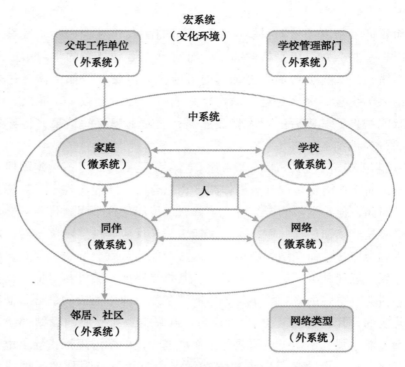

图 1–3   **Bronfenbrenner** 的社会生态系统（**1979**）

　　微系统（Microsystem）是指个体在面对情境时，所经历的一种有关
活动、角色及人际关系的模式（如家庭、学校、同伴等）。中系统
（Mesosystem）表现了各微系统间的相互关系，假如这种相关是积极的，
个人就有可能得到很好的发展（Bronfenbrenner，1979），反之，如果微
系统之间的相关或联系是非积极的，就会产生负面的结果。外系统
（Exosystem）是指个体虽然没有直接介入，却对个体的成长有深刻影响
的系统（如邻居、社区、父母的工作环境等）。宏系统（Macrosystem）
包括文化及其社会关系在前面 3 个系统中所形成的模式。Bronfenbrenner
的社会生态系统理论是基于对个体的成长过程的考察与分析，理论基础
更偏向于生物学，认为人与环境的相互作用是个体发展的基础，重点强
调社会环境对个体成长的影响。生态发展观认为，环境是一个逐渐发展

变化的动态过程（刘杰等，2009），因此，社会生态系统理论也被某些学者认为是环境决定论。该理论为社会工作的运用提供了理论基础，虽然它也有不足之处，如没有考虑个体的能动性等，但是，该理论对于发展心理学及个体成长理论的发展做出了重要贡献。

随着现代理论的发展，查尔斯·扎斯特罗进一步阐述了个体的成长与社会环境的关系，他把个体的社会生态系统分为微观系统、中观系统以及宏观系统。微观系统是指在社会生态环境中的个人。中观系统是指与个人相联系的小规模群体（如邻里、社区、学校等）。宏观系统包括风俗、文化、制度等，指较大的社会系统（黄杉，2010）。个体与社会生态系统之间有着千丝万缕的复杂关系，个体的行为与社会环境有着相互影响的作用。见图1-4。

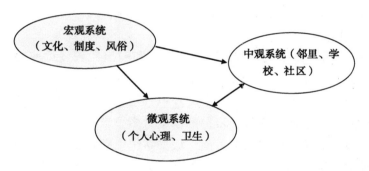

图1-4　Charles H. Zastrow 的社会生态系统（2004）

Charles H. Zastrow 的社会生态系统理论，弥补了 Bronfenbrenner 的社会生态系统理论的不足，在强调个体与环境的相互作用的同时，对社会生态系统内容的分层更加丰富，在微观系统中，增加了个体的心理与生理等因素，以及心理与生理之间的相互影响，考察分析了个体本身对环境的反应。

随着时代的发展，学者们将生态系统理论引用到了教育领域，形成了一门教育生态系统学的学科（范国睿，2000）。由宏观生态（Macroscopic Ecology）系统与微观生态（Microscopic Ecology）系统两个方面构成了教育生态系统。国家教育层面的问题为宏观生态系统；而学校、课程和教学设施条件等直接影响教学的因素称为微观生态系统。学校生态系统是指与学校有关的人与环境，课堂教学的生态系统是指在学校生态系统里面，课堂上的人与教学的环境（沈双一等，2004）。在社会生态系统中最小的一个子系统——课堂教学生态系统，一定会受到各个方面的影响，例如，社会、学校以及家庭等。而学校生态系统、教育生态系统和社会生态系统又构成了课堂教学生态系统的外部环境（沈双一等，2004）。

以课堂教学为中心的教师、学生和教学环境构成了课堂教学生态系统，3 者之间相互作用、相互影响，是具有信息传递功能的系统。在该系统中 3 个要素（教师、学生和教学环境）之间有一个信息的输入和输出的功能转换程序，因此，各要素之间会有各种联系。例如，师生关系、生生关系以及教师与教学的环境、学生与课堂的环境，等等（沈双一等，2004）。在同等的外部条件下，假如课堂教学生态系统各构成成分之间的"联结"较好，则效率也会最优化。也就是说，课堂教学系统的生态趋于平衡的状态，所以称为"生态平衡"（沈双一等，2004）。

"生态平衡"是指能量和信息等的输入和输出比较接近或等同（沈双一等，2004；师海玲等，2005）。结构与功能两方面的相关关系体现了课堂教学生态系统的生态平衡。教学的环境、师生比例与学生的要求等体现了在结构方面的平衡。例如，班上的学生太多、教学的环境不好等都会对教学的质量有影响。而在功能方面，假如系统内部各成分之间或者内部各成分与外部环境之间的关系失去了平衡，例如，教师在知识的讲授中，疏忽了对学习者能力、态度及价值观等的培养，就不能达到较好的学习效果。

二　体育学习理论发展趋势

运动技能学习是心理学的重要研究领域之一。在过去的 30 年中，有关运动技能习得过程的解释，研究人员从运动学、行为学、心理学、认知及神经心理学等角度进行了大量的探索（Bislick, et al., 2012; Haith & Krakauer, 2013; Roessge, 2012; Schmid & Lee, 2005; Zelaznik, 1996）。然而，值得关注的是，近几年来的研究对传统的"运动技能学习原则"（Principles of Motor Learning, PML, Schmidt & Lee, 2005）提出了质疑（Wulf, et al., 2010），并认为运动技能学习效率的提升并不总是遵循 PML 解释的"练习律"和"反馈方式"元素的操作（Bislick, et al., 2012）。因此，出现了一些新的理论来解释运动技能习得的过程（Ávila, et al. , 2012；Ste-Marie, et al. , 2012；Murcia, 2010；Rosalie & Müller, 2012；van Beers, 2012）。这些理论与传统的运动技能学习观点相比，更加关注从不同的视角诠释"学习效率"。例如，基于运动技能习得与运动表现的关联性，Ste-Marie 等在 2012 年构建了一个"5W + 1H"的观察学习模型。该模型通过解释技能学习的"技术功能""策略功能"和"表现功能"与学习结果的关系，提出了学习观察过程中信息收集的依据，从理论上把学习效率的解释元素归纳为"Where""Why""When""What""Who"和"How"的观察结构，并通过这些观察结构揭示运动技能学习与效率的变量关系。再如，Rosalie 和 Müller（2012）通过对人类行为特征与进化的分析，认为运动认知行为受潜在成功的适应性动作驱使，因此，运动技能学习要求创建可能成功动作的迁移空间，而这种迁移包含了先前经验的潜意识与意识机制。基于这种观点，Rosalie 和 Müller 提出了一个运动认知技能的迁移学习模型。另外，Van Beers（2012）运用系统工程的观点，把运动技能学习作为系统效率的问题来处理，着重关注对运动程序错误状态的分析，并提出了基于系统效率输出的情况来反映学习质量的观点。为了进一步评估运动技能学习的效率，Van Beers 还提出了一个动态的"学习率"概念，主要通过执行错误的觉察信度和系统状态的易变性来实现对学习效率的量化观察。这些理论的出现预示着目前运动技能学习研究领域已经不仅停留在对学习过程本身的解释上，而且倾向于对学习实效性的探索，特别是运用更加宽泛的理论视域观点来讨论高效的学习方法。

但是，就该领域的整体研究而言，这些思路前瞻的探索并未形成研究的主流。我们运用"Motor Learning""Skill Acquisition""Effectiveness"词汇，在 ISI、PsycINFO、EBSCO、ERIC 数据文献库中进行了近 5 年（2010—2014）的联词分类组合检索，结果获得了相关的文献共 49 篇。经过内容分析的筛选后，着重梳理了 36 篇文献，发现在运动技能学习效率的探索方面，研究的主流仍是集中在对传统的 PML 学习模型、模式学习模型、社会生态学习模型、反馈学习模型、自我调节学习模型和内隐学习模型上的讨论，而以上提到的新理论学习模型仅仅是个别的探索（见表1 - 1）。由此可以看出，在运动技能学习效率的探新方面，仍有待更广泛的深度解读，寻求新的理论视角来解释学习的效率。

表 1 – 1　　运动技能学习效率近年来的研究趋势（2010—2014）

研究理论视角	论文作者与发表年限
练习律学习模型（PML）	Ranganathan，R.，& Newell，K. M.（2013） Renshawa，I.，et al.（2010） Bislick，L. P.，et al.（2012） Cheong，J. P. G.，et al.（2012） Roessger. K. M.（2012） 王晓波、章建成、李向东（2010）
模式学习模型	Haith，A. M. & Krakauer，J. W.（2013） Ryu，Y. U. & Buchanan，J. J.（2012） Elliott，D.，et al.（2011） Verwey，W. B.，et al.（2011）
社会生态学习模型	Smith，W. W.（2011） Kolovelonis，A.，Goudas，M.，& Dermitzaki，I（2010） Ávila，L. T. G.，et al.（2012） Beets，I. A. M.，et al.（2012）
反馈学习模型	Sigrist，R.，et al.（2013） Hansen，S.，Pfeiffe，J.，& Patterson，J. T.（2011） Badets，A. & Blandin，Y.（2010）
自我调节学习模型	Gattia，R.，et al.（2013） Kolovelonis，A.，Goudas，M.，& Dermitzaki，I.（2011） Ranganathan，R. & Newell，K. M.（2010）
内隐学习模型	Gabbett，T. & Masters，R.（2011） Beaumont，L. D.，et al.（2012） Steenbergen，B.，et al.（2010） 于志华、章建成、黄银华等（2011）
技能迁移学习模型	Rosalie，S. M. & Müller，S.（2012） Estrada，J. A. C.，et al.（2012）
动机学习模型	Wulf，G.，Shea，C.，& Lewthwaite，R.（2010） Afshari，J.，et al.（2011）
自主学习模型	Murcia，J. A. M.，Lacárcel，J. A. V.，& Álvarez，F. D. V.（2010）
个性控制学习模型	Zhou，S. H.，et al.（2012）
"5W + 1H" 观察学习模型	Ste-Marie，D. M.，et al.（2012）
系统信号学习模型	van Beers，R. J.（2012）
能力学习模型	Sidaway，B.，et al.（2012）
运动记忆学习模型	Kantak，S. S.，& Winstein，C J.（2012）
顿悟解释学习模型	吕慧青、王进（2014）

第二章

体育学习动机理论

在体育学习过程中，学习动机是激励或指引学习者进行学习的一种需要。个体的学习要受到很多因素的影响，其中最主要的就是受学习动机的影响。另外，也与学习的兴趣、学习的需要、个人的价值观、学习的态度、志向水平以及外来的鼓励密切相关。在其他条件相同的情况下，学习者学习的效率取决于他是否努力，而努力则是学习动机的具体表现。因此，激发学习者的学习动机在体育学习中具有重要的价值。本章就动机的概念、动机的理论、体育学习动机的研究进展等方面进行探讨。

第一节　动机的概念

动机（Motivation）是个体行为的内在动力（或动因），是激发、维持并导致行为朝向特定目的的一种动力。动机对个体的行为或活动有着引发、朝向、激励等功能。在相关的研究中，心理学家们常常用"动机作用"来描述个体激发出的能量，是指引行为朝向某一目的并努力将行为保持下去的状态和过程。

第二节　学习动机概述

学习动机是指引起或维持学习者的学习行为并使之朝向既定目标的一种动力源，也就是说，它是由学习目标或对象引起，激发和保持学习行为的内在心理活动的过程，它包括学习期待和学习需求两个部分。依据学习动机的动力源，又可以分为内部动机与外部动机（闫丹，2014）。内部动机（Intrinsic Motivation）是指由个体内在的需求而激发的动机。例如，学习者的学习欲望、兴趣以及提升自己的能力等内部动机因素，能促进学习者积极主动地学习。当学习的行为是由个体的内在兴趣所激发时，其学习行为就能控制并保持，这种行为的动机就成了个体内在的学习动机（暴占光，2006）。而外部动机（Extrinsic Motivation）是指由外部因素导致和引发的动机。例如，某些学习者为了得到家长或老师的奖励而被激发的学习行为，等等。当个体的学习行为是被外在的奖励或惩罚推动形成时，这种学习行为并不是被兴趣所吸引的，而是被外部的力量控制了。也就是说，个体的学习行为并不是出于自愿，而是为了获得奖励或者是为了避免受惩罚，这样的学习行为会非常依赖外在的动机，没有外力的驱使就不愿学习了，因此，这样的学习动机就被称为外在的学习动机（暴占光，2006）。

在学习领域的研究中，有研究表明，内部的学习动机可以使学习者高效地进行自主的学习活动。拥有高度内部学习动机的学习者，学习拥有自主性的特征，因为他们迫切地希望取得知识与经验；拥有外部学习动机的学习者，学习则拥有被动性的特征，因为他们对学习的内容没什么兴趣（Lee，1991；Spaulding，1992）。近年来，研究大多集中在对学习的动机、学习动机的类型与心理各因素之间的关系的探讨，以及对学习成绩的预测效应等方面的内容。在对学习的动机方面的探索中，有研究者指出，如何提高学习者体育的意识，培养良好的锻炼习惯，是亟须解决的问题（高明，2001）。有研究发现，自尊心与追求成功动机之间呈现显著的正相关关系；而自尊心与逃避失败之间呈显著的负相关关系（聂玉玲等，2008）。张亚玲等的一项对中学生的研究表明，学习的动机与学习的策略之间呈显著的正相关关系（张亚玲、杨善禄，1999）。进一步，有学者使用带 RK 判断的再认记忆测验考察知识获得的情况，对中学生学习的动机和学习的策略与知识获得的情况进行了探讨。研究认为，深层学习的动机以及表层的学习策略能促进知识的获得；在学习的初期，高深层的学习动机能促进物理结构化知识和语文细节知识的学习；而高表层的学习策略比低表层的学习策略对物理和语文细节知识的掌握有更好的学习效果（隋洁等，2004）。另外，Keller（1987）提出了一个 ARCS 动机模型，在教育领域已得到广泛的应用。该模型由注意（Attention）、关联（Relevance）、自信（Confidence）、满意（Satisfaction）（简称为 ARCS）4 个既相对独立又密切联系的且有一定时序关联的因素构成。"注意"解释为个体先会关注自己感兴趣的事件或行为。"关联"则是个体发现了自己所关注的事件与预期目标间的相关性，动机就能保持。"自信"是指个体觉得自己有对该事件的认知与实践的准备，相信能够达到自己所预期的目标，并且能在实践中获得支持，动机就能继续维持。"满意"是指个体实现了预期的目标，体验到了成功的满足感，动机就能得到长期的维持。该模型不仅强调动机的激发，更注重动机的维持，重视外部设计（即个体外部的学习环境）对个体内部动机的形成与维持的作用。

在学习动机的类型方面的研究中，张宏等（2003）对4个地区的1万多名中学生进行了调查研究，考察学习动机类型与对自己学习能力评估的相关性。结果发现，目前中学生中具有内部学习动机者人数较少，而多数学生却拥有外部的学习动机；中学生对自我学习能力的评估较低，大多数人认可自身学习的能力要低于考试的能力；拥有外部动机的学生对考试能力评价较高；拥有内部动机的学生对自己学习能力的评价较高（张宏等，2003）。李勇（2005）的一项研究表明，对学生整体动机内化水平影响最大的是自我效能感，然后是亲密感与冲突，而惩罚的影响最小。暴占光、张向葵（2005）的一项研究显示，人们参与活动时存在最基本的3种心理需求，分别是追求胜任感、自主性和归属感，而参与活动的动机，则能把外在的调节和内部的动机连接起来，用来判断动机内化程度的水平。

在学习动机类型对成绩的预测方面的研究中，有研究者对286名初中学生的成就动机进行了研究。结果表明，自我效能、能力的归因、表现的目标和掌握目标是影响初中学生学习成绩的主要因素（张娜，2003）。另有学者基于Maehr等人的研究，对成就目标（任务目标与能力目标）与动机以及学业成就之间的关系进行了探索。研究结果认为，任务目标对学业的成绩能够产生积极的作用是因为有较高的内部动机；而能力目标能够通过外部的动机对学业的成绩产生消极的影响（梁海梅等，1998）。进一步，有学者对贫困地区初中生学业的自我效能感、内部的动机与学业的成绩的相关性进行了探索。研究认为，不同学业成绩组的学生在成功动机、自我效能、促进性紧张、期望水平以及责任感方面有显著的差异。其中，自我效能与学习内部动机各因素间有显著的正相关关系；进一步，自我效能、促进性紧张以及成功交往动机对学业成绩呈显著的正相关关系（王有智等，2005）。

综上所述，学习的动机能激发个体内部的动机，并提高个体学习的兴趣，而且，对学业的成绩也具有较好的预测作用。因此，一些研究者开始进一步关注个体的内部动机。例如，张宏等的研究表明，有更多的学生具有学习的外在动机，因为外部的学习动机能在考试能力上占优势，致使学业成绩优异；而在内部学习动机影响下，个体在学习能力上占优势，但是，这种优势在学业成绩上不一定能表现出来。另外，还有一些研究发现，随着年龄的增长，学生学习内部的动机在逐渐下降，这也说明了激发外部动机的各种奖赏（例如，成绩、教师或家长的表扬，社会的认可等）在促进个体发展的同时，也弱化了个体学习的内部动机，而学习的内部动机又是在促进个体发展中最具潜力的创造性的因素，因此，学者们开始关注动机内化的问题。

在体育领域，学习动机的研究也始终是研究者关注的最重要的课题之一，因为它最大限度地影响着人们是否能参加体育锻炼。迄今为止，对于体育动机的研究已经得到了广泛的开展。多数学者认为，有多种因素能影响体育锻炼的动机，而且，各年龄段的人参加锻炼的动机各有不同。青少年主要是为了挑战和健康；成年人一般是为了娱乐、健康、挑战或减缓社会压力等；中老年人则更多的是为了身体的健康。在性别的差异比较中发现，女性比男性更有可能是为了控制体重或保持体形等。进一步，学者Kenyon（1968）通过调查研究后指出，个体参与体育锻炼的动机是多方面的，如为了社交的，为了健康的，为了寻求刺激的，为了寻找发泄情绪的，为了审美情趣，等等。然而，这些调查研究的结论不能回答为什么，即不能解释影响个体参与体育活动的解释机制。因此，诸多学者采用理论模型或理论推导的方法，对参与体育活动的解释机制进行了更为深入的研究，探索人们参与体育锻炼的机制解释，剖析人们参与体育锻炼的坚持性问题。

第三节　体育学习动机理论

一　成就目标理论

成就目标理论（Achievement Goal Theory）是以成就动机理论和成败归因理论为基础，在 Dweck（1986）和 Dweck & Leggett（1988）能力理论的基础上发展起来的一种学习动机理论。关于对成就目标的定义，学者们有各自不同的观点，但是，归纳起来大致有以下 4 种观点。第一种观点认为，成就目标是个体想尝试做某事，或是在具体的任务中得到了自己想要的。第二种观点赞同成就目标是个体参与与成就相关的行为的目的。第三种观点支持成就目标是指在不同情境中任务的目的是个体在进行学习时引导他们的行为、认知与情感。第四种观点则认为，成就目标是个体证明自己能力的目标，也是用来判断自己是否成功的标准。Dweck（1986）认为，个体对能力具有能力增长观和能力实体观这两种不同的观念。能力增长观的观点认为，能力是会随着学习的进步而改变并提升的；而能力实体观则有不同的看法，他们认为能力是不变的，是不会随着学习的进步而变化的。由于人们对能力的内隐观念有不同的理解，所以对成就目标的理解也是不同的。能力增长观的个体偏向于"掌握目标"（Mastery Goal），他们期望通过学习来提高自己的能力，注重个体在学习过程中努力的重要性，采用自我参照标准；能力实体观的个体则偏向于"表现目标"（Performance Goal），期望在学习过程中证明或表现自己的能力，注重评价和在社会常模中与其他学生能力的比较，采用社会比较标准（Claudia，et al.，2011）。

从归因的视角来看，有着"掌握目标"（Mastery Goal）倾向的个体，会把成败归因于内部的、不稳定的和可控的因素，而有着"表现目标"（Performance Goal）倾向的个体，则会把成败归因于内部的、稳定的和不可控的因素，有先天论的倾向，学习中关注的是结果而不是过程。然而，李晶（2008）的研究认为，这两类成就目标虽然都可激发个体敢于挑战艰难的任务，然而，它们在许多的方面是存在差异的，会有不同的学习结果。例如，掌握目标（Mastery Goal）的个体表现出"掌握模式"，注重学习能力的提高与技能的获得，不畏惧失败，强调努力的程度；而"表现目标"（Performance Goal）的个体则表现出"无助的模式"，关注自身能力的判断和公众的评价结果，即失败标志着无能。因此，这两种模式的个体，不同的行为表现激发了不同的情感。有着"掌握模式"的个体，在努力的同时会产生适应性情感；而有着"无助模式"的个体，在面对失败（或困难）时会产生焦虑或羞耻感，判断自己能力低下，导致情绪低落。在面对选择任务时，掌握目标（Mastery Goal）的个体勇于选择具有挑战性的任务，他们注重在努力的过程中提高自己的能力；而无助模式的个体则倾向于选择容易取得好成绩的任务，他们害怕具有挑战性的任务，担心自己的自尊心会受到伤害。

在 20 世纪 90 年代，Elliot 和 Harackiewkz 基于前人的研究，对成就动机做了进一步的探索，提出了"接近"和"回避"两个维度，构建了三分模型（Elliot, et al., 1996）。即把"表现目标"分为"表现—接近目标"和"表现—回避目标"，因此，就把成就目标分为"掌握目标""表现—接近目标""表现—回避目标"（毛晋平，2008；Elliot, et al., 1996）。有着"掌握目标"的个体注重学习的内部价值，着眼于能力的发展，努力提高自身的能力或者掌握技能。有着"表现—接近目标"的个体，表现出积极主动，试图赶超他人，想证明自己有能力以获取外部的赞赏。有着"表现—回避目标"的个体，则表现出消极被动，回避失败，预防被他人评价自己是愚蠢的或者是无能的。

近年来，随着研究的不断深入，有些学者提出了四分模式。Elliot 把"接近"和"回避"加入了"掌握目标"，提出了四分法。即"掌握—接近目标""掌握—回避目标""表现—接近目标""表现—回避目标"。目前，越来越多的研究者对四分法模式进行了实证数据的求证。Conroy（2003）等首次运用成就目标的运动量表，对运动员的"2×2"成就目标进行了测量，研究结果表明，"接近"和"回避"这两个维度在运动员的成绩和"掌握目标"与知觉能力、动机以及运动员在比赛情境中的认知等都具有显著的相关性。国内学者刘惠军等对 152 名中学生在工作记忆广度测验的情境下，探讨了 4 种成就的目标定向、测验焦虑与工作记忆之间的关系。研究结果发现，"表现—接近目标"与低测验焦虑和高工作记忆广度相关；而"掌握—接近目标"与测验焦虑中的担忧因素、情绪化因素以及与工作记忆广度无显著相关；"表现—回避目标"与测验焦虑中的担忧因素、情绪化因素有着显著的正相关关系，而与工作记忆广度则具有负相关关系；"掌握—回避目标"与担忧因素、情绪化因素存在显著的正相关关系。另外，测验焦虑中的"表现—接近"和"表现—回避"是影响工作记忆的中介变量。在测验焦虑中，情绪化因素比担忧因素更能对工作记忆造成干扰（刘惠军等，2006）。研究中观察到"掌握—接近"目标与工作记忆广度无显著相关，这与前人的研究结论不一致，因此，四分模型的研究，有待于以后进一步的实证数据的求证。

目前，对成就目标的探讨关注点主要在对个体"能力"的判断上，但是，也有学者指出，为了理论的完整性，还应该把情境与社会目标融入进去。例如，Urdan（1997）指出为了使人们能更好地理解成就目标理论，应该将社会目标融进成就目标理论中。虽然，目前还不清楚社会目标影响成就目标的机制，但是，成就目标理论的研究已经跨出了重要的一步。

在成就目标对个体的认知及学习策略的影响方面，学者们已经做了大量的探索。例如，Somuncuoqlu 和 Yesim 的一项研究发现，个体高学习倾向与深层的认知和元认知策略有显著的相关关系，而与浅层认知策略则具有较弱的相关关系；"接近型表现目标"倾向与深层的认知具有显著的相关关系；而"回避型表现目标"倾向与深层的认知以及元认知策略则具有负相关关系（Somuncuoqlu，et al.，1999）。另外，Ayumi Tanaka 和 Yoshiho 采用三分模型，对个体的成就目标和态度（寻求帮助）以及求助的行为之间的关系进行了探索。研究表明，"掌握目标""表现—接近目标"与积极的求助行为存在相关关系，而"掌握—回避目标"与回避求助的行为存在正相关关系。其中，求助的态度是中介变量。当个体的求助态度是"知觉到有益"时，才能表现出求助的行为，而如果是"知觉到威胁"，则表现出回避求助的行为，研究结果支持了 Somuncuoqlu 等的研究结论（Ayumi，et al.，2002）。

在成就目标对个体学业成绩的影响方面的探索中，多数学者都认可高"掌握目标"的个体敢于挑战、增加努力并收获成功。但是，"表现—接近目标"的研究存在着不一致的结论。前人的研究认为，个体采用社会参照标准可以促进努力，因为他们试图证明自己要比其他人强。然而，Tamothy 和 Hanchon 的一项研究发现，"表现—接近目标"与"求助"无显著的相关，这些不一致的研究结论可能是由于对"表现—接近目标"的定义不同所致。即个体试图证明自己比其他人更优秀，这样，概念中也会涉及"能力"的问题，因此，可能会对研究的结果产生干扰。而"表现—回避目标"的个体因为担心对自己不利的评价，引发焦虑而影响学业的成绩（Tamothy，et al.，2010）。中国学者吴斌的一项研究结论也认为，有"掌握目标"课堂教学的氛围比有"表现目标"课堂教学的氛围能更好地调动个体的学习欲望，增强学习的动机。因此，有意识地设计"掌握目标"倾向的课堂气氛能提供一个更好的学习环境。

近年来，成就目标理论在体育领域中的应用研究得到了蓬勃的发展。Harwood 等人（2000）对"任务—自我目标"定向理论（Task-ego Goal Orientation）以及相关的测量工具提出了质疑，并提出了"运动成就目标"的三维模型（Harwood，et al.，2000）。该模型将体育领域的"成就目标"分为纯任务的目标、自我相关的自我目标和他人相关的自我目标 3 种。似刚彦等人（2007）对 Harwood 等人提出的"运动成就目标"三维模型进行了检验，研究认为，该模型拟合度较好，结构清晰，且重测信度结果表明，3 个维度均有较高的重测信度。进一步，采用数据求证与访谈相结合的方法，对 4 位乒乓球高水平的运动员进行了考察，结果发现，运动员在赛前或赛中的"状态性目标"呈多元化趋势；运动员的赛后"状态性目标"会受到比赛的影响；特别是当运动员遇到严重挫败时，会有"亚目标"状态的出现（姒刚彦等，2007）。

中国学者叶世俊等（2013）以 930 名中学生为研究对象，进行了"成就目标 2×2 模型"的信度、效度以及稳定性的验证，进一步对"成就目标群组"特征进行分析，验证了模型的结构效度。研究结果发现，该模型具有较好的内部一致性和结构的效度以及模型的稳定性，模型的数据具有可接受的适配度，说明该模型有较好的心理测量效果，可以用于中学生在体育学习中的学习动机的研究。中学生群体中同样也有 4 类成就目标组，即"掌握目标"组、"低成就目标"组、"中成就目标"组以及"高成就目标"组。进一步，同一成就目标组的学生，在体育学习中具有相同的努力程度和坚持的行为，而不同组别的学生体育学习与锻炼的坚持性和努力具有显著的差异（叶世俊等，2013）。

在成就目标对体育成绩的影响方面的探索中，大多数研究者发现，"掌握目标"的个体比"表现目标"的个体的成绩更好（Conroy，2003；叶世俊等，2013）。然而，Frank（2009）等人的一项在对优秀运动员的研究中发现，"成就目标"并不能直接预测"表现焦虑"，而是对表现氛围的知觉可以预测"表现焦虑"；"掌握目标"和"目标定向"不存在性别差异；另外，女运动员有较高的"表现焦虑"，可能是女性对环境氛围的知觉比较敏锐所致（Frank，et al.，2009）。造成研究结论不一致的原因，可能是优秀的运动员往往具有较高的"掌握目标"和"表现目标"，因此，"表现氛围"是在比赛中能否创造优异成绩的重要因素。另外，也可能是性别之间的差异造成对氛围的知觉的反应不同。

在成就目标对运动员的身心健康影响方面的探索中，Karin 和 Frank 的一项研究对 94 个女子体操运动员等的饮食与动机氛围的关系进行了探讨。研究结果发现，"自我卷入定向"（表现目标）与饮食失调有显著的相关关系，"任务卷入定向"与饮食失调不存在显著的相关关系，相反，对女运动员的身心有益（Karin，et al.，2009）。女子体操运动员由于项目的特殊性，对运动员的形体和体重都有较高的要求，因此，有较多的女运动员出现了"自我卷入定向"。她们过分地控制自己的饮食，最终致使饮食的失调。此项研究的结论与前人的研究是一致的，"表现目标"会引起健康或道德的担忧。例如，具有"表现目标"的运动员，会表现出低的道德功能，因为他们可能会接受不惜一切代价也要成功的观点，所以，在训练与比赛中，导致出现一些对自己有害的行为。例如，使用、服用违禁的药品（如兴奋剂等）或节食，等等。因此，在某些项目的训练与比赛中，要注意对成就目标的引导，培养他们建立有益的目标，不能以损害自己的健康为代价。

总之，多数的研究结果表明，"掌握目标"对个体的身心健康有积极的影响，而"表现目标"对个体的身心健康有负向的作用。"掌握目标"取向的个体不受外界的干扰，提升自我，情绪稳定；而"表现目标"的个体由于受外界压力的影响较大，因此容易引发焦虑的情绪。但是，上述的研究与健康心理学的一些研究结论存在不一致的现象，有待将来做进一步探讨，未来的研究方向可以着眼于中介因素的作用。

二　自我决定理论

Deci & Ryan（1975）提出了自我决定理论（Self-Determination Theory，SDT），这是一种较新的内部动机学习理论。自我决定理论从学习者的内部需求出发，理清了动机产生"功效"的思路，统筹兼顾了动机行为的方向与目标，因此，自我决定理论与自主学习的理论关系密切。作为一种新的动机理论，自我决定理论关注个体行为自我决定的程度。该理论是基于有机辩证元理论，认为社会环境可以通过支持个体的自主、胜任和关系3 种基本心理需要的满足，来增强个体的内部动机，并促进外部动机转变为内部动机，促进个体健康地成长。

自我决定理论主张由内部动机与外部动机构成整个的连续体（见图2 - 1），在这个连续体上，各种类型的不同本质的相关行为都有其对应的位置（尹博，2007）。因此，如果行为的调节越接近认同或内部动机，这时因为个体具备了较强的主动性或自我投入的成分，因此，个体参与体育学习的意愿就越强，学习的坚持性也就越高（尹博，2007）。

基本心理需要、认知评价、有机整合以及因果定向理论是自我决定动机理论的 4 个分理论。其中有机整合理论对外在动机转为内化进行了详细的探讨，为动机理论的发展提供了参考依据（段长文，2013）。

（1）基本心理需要理论

Deci 和 Ryan（1975）解释了个体的行为是由内在的心理需求所激发出来的，因此，他们对个体动机的倾向从身心两个方面进行了探讨，并提出了该理论。基本心理需要理论首先对基本心理需要的概念的内涵进行了解释，并认为人们最基本的 3 种心理需求分别是自主需要、能力需要和归属需要。自主需要被解释为自我决定的需要，体现了个体对自主行为的选择；而能力需要则体现了个体行为的自我效能感以及完成任务的信心；归属需要体现了个体期望他人的关注与社会环境的支持（段长文，2013）。基本心理需要理论是自我决定理论的基础，3 种基本心理需要的满足是个体由外在的动机向内在动机的转变，并且产生内在目标定向的过程。

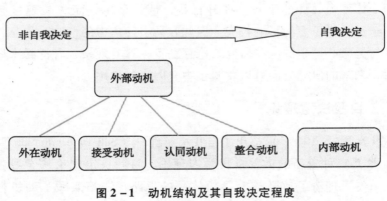

图 2 - 1　动机结构及其自我决定程度
（Deci & Ryan，1975）

（2）认知评价理论

该理论关注个体的兴趣、能力、主动以及控制感等内部动机的活动过程，并从认知的角度来解释内部动机的形成与发展。Deci 和 Ryan（1975）认为，个体参与活动的认知因素（即内在动机）包括对自己将参与活动的自信心"程度"与活动过程中的"自主程度"。也就是说，个体强烈的内在动机体现在认可自己在完成此项活动时，会有较高的自主权和比较强的应对策略。而"发出信息"和"控制行为"是所有外部事件都具备的两个功能。这两个功能能够引发外部事件对个体产生作用，当事件所发出的信息相对较强时，自主和能力的信息将由外部的事件发出；当"控制行为"的功能相对较强时，外部事件就会改变个体的控制（段长文，

2013）。除此之外，假如事件发出的信息很特别，个体的内部动机就会随着自己对能力的判断而发生改变，即内部动机的增强必定是个体对自己能力的判断增强，而内部动机的减弱也一定是个体对自己能力变差的判断。假如事件导致个体的自主决定权加强了，说明其内部动机提高了，也就是个体在主观上的控制点倾向于内部（段长文，2013）。

（3）有机整合理论

该理论对外在动机转向内化的外部因素以及外在动机的不同形式进行了解释。外在动机转向内化是个体对外在价值观的接纳，并将社会赞同的道德观转变为个体认可并与自我的价值观相统一的过程。依据动机转向内化程度的变化，将外部的动机分成外在动机、接受动机、认同动机与整合动机4种形式。外在动机是指个体在行为中完全依赖外部的诱导，其行为的目的是获取预期的结果，是外部动机中自主程度最低的一种形式，控制力达到最高。即假如外部事件消失了，行为也将不复存在（陈静，2010）。接受动机是指个体没有完全地接受，行为的目的是因为开始接纳他人的某种价值观，因此，只有一部分内化，也有了一部分的自主性，但还具有可控制性的动机。而认同动机是指个体能够体验自主性，参与活动的原因是自己认可行为的意义，也就是说，行为的动力源不是来自外在的压力而是来自内在的感觉。认同调节虽然有了比较强的自主性，但是，因为它并没有愉快或满足感，所以它仍然是工具性的（林桦，2008）。整合动机是指个体将外在的价值观以及道德的标准作为自我的一部分，认可行为的重大意义，行为动机的表现与价值观相一致。整合动机的自主性特征达到了最大强度，完成了外部动机转向的高度内化（段长文，2013）。但是，它虽然与内部动机的特点有着许多相似的地方，然而行为的动力源并不是由内在的兴趣所引起的，个体关注的重点在于任务的结果，所以它仍然是外部动机的表现形式。这4种调节的形式表现了个体外在的动机所受到的自主性与控制性的不同程度的内化水平。

（4）因果定向理论

因果定向理论认为，个体具有朝向有益于自我决定的环境方向进行发展的定向（段长文，2013；Deci，1975）。Deci 等人认为，个体有一种本能，就是相信自己是凭自身的意志来参与活动的（自己愿意），而不是被逼的（DeCharms，1976，1984；Deci，1975；Deci & Ryan，1985）。他们认为，因为人们对信息解释的不同而形成了不同的"因果取向"，即个体具有自主定向、控制定向和非个人定向 3 种水平的因果定向。自主定向是指个体引发内在动机环境的定向，也就是说，个体把自己知觉为自己的行为原因，又称为因果的内在点。控制定向是指个体依赖（或认可）外部事件的定向，也就是说，个体相信自己的行为是为了得到奖赏或取悦他人，或是因为受外部因素的影响，又称为因果的外部点；非个人定向是指个体有依赖运气的倾向，因此，认为事情的结果是自己没有办法控制的。各种定向都相对独立存在，而且根据因果定向的水平不同，体现出不同的个性特征。

当个体行为的因果点在内部时，更有可能是受内在原因的激发来参与活动的。个体的结果行为是自我决定的还是非自我决定的主要取决于因果取向的形式。自我决定行为是基于个体对有机需求的认知而设计的行为选择，满足人的需求是这种行为选择的前提。而非自我决定行为是因为个体参与活动是受外在的激发，或受非整合的内在因素控制，因此，并没有真正意义上的选择。例如，替代需要、机体调节和情绪，等等。所以，自我决定理论把所有人们的参与行为分为自我决定行为和非自我决定行为两大类（阎康康，2013）。

Deci 等人（1985）的研究表明，倘若个体的能力与参与活动的难度相比更低时，个体会觉得抑郁与焦虑；但当个体的能力与参与活动的难度相比更高时，个体又会觉得简单乏味；只有当参与的活动难度与个体的能力相当时，个体才会有兴趣为达到预期的目的而努力（Deci & Ryan，1985；段长文，2013）。人们在参与活动时，所得到的愉快的情感体验以及点滴的进步，都可以激励他们继续努力，寻找新的目标，就这样反馈能起着自然调控的作用，慢慢地外在的动机激励逐步被内在的动机所代替。当学生在参与学习的活动时，觉得自己有能力且还拥有自主权时，他们就能在学习活动中具有较高的内在的学习动机。因此，在教育教学的过程中，激发学生学习的潜在能力，促进外在动机转向内化是完成学习任务的先决条件（段长文，2013）。

21 世纪初，国内的较多学者开始关注动机内化理论并对其进行了探讨。在对学习动机内化的研究中，唐本钰（2002）等探索了社会支持对学习动机的影响。研究结果认为，社会支持对学习动机的内化有较好的预测作用（唐本钰，2002；钱慧，2007）。但是，另有一项对小学生学习动机内化的研究发现，动机内化会引起表层学习策略运用水平的下降（马晓红，2001）。另外，暴占光（2006）根据自我决定理论，以初中学生为研究对象，进行了外在学习动机内化的实证研究。研究结果发现，承认冲突感、合理的理由和选择感是支持自我决定促进内化的关键因素。进一步，李勇（2009）的一项研究表明，影响个体动机的内化水平的主要因素有自我效能感和知觉到的社会支持。

综上所述，自我决定理论认为，参与行为来自个体内在的动机和自我高度整合了的动机，也就是来自个体对参与行为之后的满足感或愉悦感。个体外在动机转向内化的过程体现了其社会化的过程。因此，动机的内化对自我决定需要的价值观具有较大的影响，它能使个体的参与行为由外部环境的诱导转向自我的决定，同时还具有激发反馈调控方式的变化的作用。所以，动机的内化主要以兴趣、愉悦为特征，体现了个体自主性的增强，因此，几乎与内在的动机水平相一致。自我决定理论虽然还有些局限性，但是它为动机理论的发展奠定了基础。

三　自我效能理论

自我效能感（Perceived Self-efficacy）是指有能力成功完成任务行为的信念。Bandura（1997）指出，个体的行为、认知因素（如信念、意图、态度、期望、自我效能等）和环境因素（如社会压力、经历等）3者共同存在于一个因果关系的三角形中，3个因素是相互作用、相互影响的（见图2－2）。其中，认知、思维和情感在个体因素中是最重要的因素，而在不同因素的相互作用中，自我效能是最重要的部分，因此，Bandura提出了自我效能理论（SET）。

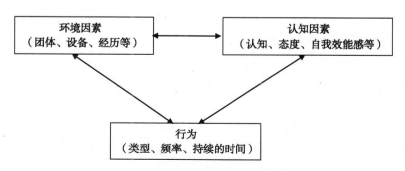

图2－2　社会认知理论中的三因素关系

（Bandura，1997）

　　自我效能理论在锻炼心理学领域有着重要的影响，尤其是在对学习行为的干预方面（McAuley & Mihalko，1998）。自我效能理论对个体行为的解释主要有自我效能和结果期望两个方面，而在对自我效能的影响因素方面从行为、认知、社会、生理4个方面来分析（见图2-3）；而结果期望则是从生理的、社会的、自我评价3个方面来判断的（见图2-4）。Bandura（1997）认为，个体行为的激发或维持受控制期望的影响，假如个体对自己的应对能力抱有很强的信心，就会导致个体决定去应对特定的情境。但是，也有多数学者支持自我效能比结果期望在解释行为中更具有解释性，因此，自我效能是预测体育学习行为最重要的变量之一（Sallis & Hovell，1990）。

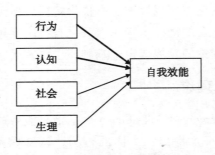

图 2 - 3　自我效能的影响因素
（Bandura，1997）

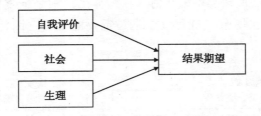

图 2 - 4　自我效能理论影响结果期望的因素
（Bandura，1997）

　　该理论的核心观点是个体通过对自己能力的评估（是否能成功完成某任务），以达到目的的信念或期望，并认为可以通过对个体的个人因素、环境因素以及个体的行为归因方式来影响其行为的变化，以达到干预的目的（Bandura，1997）。

　　Bandura 解释，自我效能在人们的行为活动中的作用是巨大的，因为个体的动机、情感状态与行动更多地认可自己相信的，而不是认可客观事实。自我效能感的变化体现在水平、强度和广度 3 个维度上。其中，水平这个维度决定了不同个体会选择不同难度的任务。在强度这个维度上，有较强的自我效能感的个体不会因为失败而引起自我怀疑，而是坚信自己有能力完成任务，因此，即使面临困难也不会退缩，不会放弃努力；而有较弱的自我效能感的个体容易受过去失误经验的影响而选择逃避或放弃努力。在广度这个维度上，有些人能在较多领域的活动及情境中都有较好的自我效能感；而有些人却只能在很窄的领域内认为自己是有效能的。Bandura 认为，自我效能感具有 3 方面作用。第一，自我效能感能够作用于个体行为的选择。第二，自我效能感的判断能够影响个体付出努力的程度以及在遇到困难（或不愉快）的经历时的坚持性。也就是说，自我效能感越强，其努力程度越大，越能持久。第三，自我效能感还能影响个体思维和情感的反应模式。

国内有较多的学者对自我效能感的理论进行了探讨。例如，张鼎昆等（1999）对自我效能感理论的产生背景、理论框架结构以及研究发展的未来趋势进行了讨论。高申春（2000）从心理学史的视角对自我效能感理论的背景、基本内容以及历史性的意义等进行了探讨。李晓侠（2005）则对社会认知理论的起源、主要的理论观点以及理论的发展趋势等进行了分析。王艳喜和雷万胜（2006）从自我效能感概念的界定以及信息的来源、作用、测量以及培养 4 个方面进行了归纳与总结。曾永忠等（2010）对自我效能感的研究现状进行了分析。范旭东和秦春波（2010）通过对学习行为理论的研究评述，把国外体育学习的行为理论归纳为信念和态度理论、能力理论、控制理论和决策过程理论四类。

在探讨自我效能感与其他理论相关关系的方面，学者们已经做了大量的研究，主要有自我效能感与成就动机理论的关系研究、与动机归因理论的关系研究、与能力观之间的关系研究、与目标设置理论的关系研究等方面。

在自我效能感的实证研究方面，有学者通过对 256 名大学生进行体育学习动机、成就归因、自我效能感与技能学习效果之间的关系进行了探索。研究认为，体育学习动机、归因以及自我效能感是影响大学生运动技能学习效果的重要内部因素。其中，自我效能感可以预测运动技能学习的效果，而且内部学习动机与运动技能学习的效果呈显著的正相关关系。进一步，内部稳定的归因对运动技能学习的效果有明显的促进作用（房嘉怡，2007）。吴本连等（2013）的一项研究从自我效能感的视角探讨了体育学习方式对不同技能水平大学生的影响。研究认为，体育学习的方式存在主效应，自主学习的方式要比传统的学习方式更佳；运动技能水平也存在主效应，中、高级班要比初级班的表现更优异。进一步，体育学习方式和运动技能水平具有交互效应，自主学习对技能基础较好的学生效果最好（吴本连等，2013）。

在自我效能感与体育学习关系的探索中，李繁荣等（2007）对大学生做了自我效能与学习及健康的关系探讨。研究结果发现，自我效能感、体育学习和健康之间有相互促进的作用。李京诚（1999）的一项研究基于合理行为理论、计划行为理论和社会认知理论，对199名大学生进行了体育锻炼参与行为的内部心理解释机制的探索。研究结果表明，合理行为理论的"态度维度"对体育学习行为意向具有显著的作用；而计划行为理论的"行为控制感"能预测学习的意向；另外，自我效能感还能预测学习行为（李京诚，1999）。刘海燕（2007）等探索了不同时间、不同强度的健美操锻炼，对女大学生自我效能感与心理健康的关系进行研究。研究结果显示，健美操的学习能提高自我效能感以及心理健康的水平，以60分钟中等强度锻炼效果为最佳；自我效能感能够预测女大学生的心理健康水平（刘海燕等，2007）。刘桂芳（2009）对社会自我效能感与学习的关系做了探索。研究认为，与同伴一起学习的社会自我效能感比独自学习的社会自我效能感要更高一些，说明了集体的学习形式能提高社会自我效能感；进一步，每周学习3—5次，每次60分钟中等强度学习的大学生社会自我效能感较高（刘桂芳，2009）。王振等（2015）的一项研究，采用问卷的形式对1070名大学生进行了调查，探索了拖延行为对大学生体育学习动机的影响，并试图验证自我效能感的中介效应。研究结果显示，大学生的拖延行为比较严重，但是有较高的自我效能感以及学习的动机；拖延行为与自我效能感呈显著的负相关关系，但与外在动机呈正相关关系。进一步分析表明，在解释学习动机中，拖延行为具有部分中介效应；通过模型拟合分析，拖延行为对自我效能感具有中介效应（王振等，2015）。

综上所述，自我效能理论是学习心理学领域的一个重要的理论。该理论能够比较全面地分析个体参与体育学习的动机。当然，该理论也存在一定的不足之处，例如，目前存在多种自我效能概念的不同解释，这在某种程度上给自我效能的测量带来了困难。

第四节　体育学习动机研究进展

20 世纪 70 年代末，行为医学研究得到了逐渐的发展，在一定程度上带动了体育锻炼动机的研究。最早的研究主要是对一些描述性的问题进行调查，虽然这些研究存在着一定的局限性，但有许多还是引起了学者们的注意。例如，一些研究者对影响体育锻炼行为的个体差异以及情境障碍等开始给予关注。随后，学者们从各自不同的角度出发，对体育锻炼与学习动机进行了系列的研究，由此学习动机的研究得到了蓬勃的发展。国外对体育学习动机的研究已经较为成熟，涉及心理学、社会学、行为学等研究领域。其中，心理学领域主要研究学习的动机、态度、自我效能感、影响因素等方面。而在对体育学习行为改变的研究主要集中在体育学习的坚持性（Adherence）、积极与消极的运动成瘾性（Positive and Negative Addiction），以及运用"自我效能""目标建立""群体内聚力"等理论探讨体育锻炼与学习行为的改变和保持（司琦，2008）。例如，学者 Dishman、Ickes 和 Morgan（1980）首次把自我动机强度作为判断体育学习坚持性的个体因素，对体育学习行为的持久性进行了研究；又如 Reid、Fishbein 和 Ajzen（1981）运用目的行为理论模型，探讨了个体态度、信念及意向对体育学习行为的影响；Reid 和 Osborn（1981）根据健康信念模型对体育学习的动机进行了研究；接着，研究者对认知行为经过修正后的各种因素进行了实证性的研究。Melready（1985）的研究发现，有以降低应激行为或缓解紧张情绪为目的的个体，其体育学习参与的动机很强。另外，还有些学者采用不同的理论模型，如从社会学习理论角度（Long，1986）、从自我效能理论的角度（Dzewaltowski，1989）对体育学习参与动机进行了研究。Dzewaltowski 等人的研究发现，体育学习的参与率与那些感知到的障碍显著相关，如参与体育学习时的运动量、体育学习所需要的空闲时间，等等。从此，体育学习动机的研究逐渐由单维度向多维度转变，研究的重点主要在以下几个方面。

首先，有些学者对体育学习参与动机的个体差异进行了比较研究（Silberstein，1988；Cass，1992）。例如，Silberstein 等人（1988）的一项研究，对男女性别学习目标的差异进行了比较。研究发现，男性参与体育学习的目标是自己能够变得强壮，女性却相反。有些类似的研究也表现了由于个体性别的差异、年龄层次的不同等，体育学习动机有所差别，对体育学习结果的预期也就有明显的差异。又如 Cass 等人（1992）的一项研究，对 127 名 55—90 岁的中老年人参与体育学习的动机进行了调查，研究显示，参与体育学习的主要动机，按得分的高低依次是"增进健康""喜欢学习""身体感觉好""喜欢交往"，等等。进一步，为了了解不同年龄的中老年人参加体育学习的动机，他们又把被试人群分为 3 个年龄组，即 55—64 岁组、65—74 岁组和 75 岁以上组。研究结果发现，3 个年龄组之间的体育学习动机存在显著差异。其中，75 岁以上老人组的最主要的学习动机是"我喜欢社会活动"，这说明了在这一年龄段的多数老年人参与体育学习最主要的目的可能是消除孤独感。

其次，许多学者在社会评价对体育学习参与的影响方面进行了一些有价值的研究。例如，有些个体有意愿参加学习，但是不愿意付诸行动，原因是担心负面的社会评价，很在意其他人对自己的看法。研究表明，体育学习行为与社会支持是密切相关的，各种形式的社会支持都对体育学习参与动机有着很重要的作用（King，Taylor，Haskell，Debusk，1988）。值得一提的是，亲友团的支持更能促进学习的愿望，从而激发体育学习的行为（Sallis，Hovell & Hofstetter，1990）。Duncan 和 McAuley（1993）的研究也发现，社会支持可以改善个体的自我效能感，并且间接地影响体育学习的行为，而自我效能感可能是这个过程中的一个重要的中介变量。进一步，个体能够长期地参加体育学习，可能更多地取决于实际应用的支持，而不是感觉和信息方面的支持（Fuchs，1997）。另外，学者 Weiss（1995）以影响体育学习动机的信息源为切入点进行了分析与探讨，并提出了体育学习动机的形成与发展，受个人、目标和环境等方面的心理因素影响。

再次，开始重视运用认知行为理论进行干预的研究。学者 McAuley（1992）对自我效能的研究进行了归纳与总结，并认为目标设置、社会支持等对体育学习动机过程的影响，可以运用自我效能的机制解释和探讨，他坚信运用理论模型来解释是非常有必要的。

最后，重视与体育学习动机紧密关联的 3 个因素的研究，即生理因素、行为因素与社会因素。生理因素是指通过神经学和生物化学方面的研究，来分析个体内部驱动力的转变状况；行为因素是指对诱因和需求之间的关系进行分析与探讨；社会因素是通过对复杂的或习得的行为来进行分析与研究。

国内对学习动机的研究也一直是体育研究领域的热点问题。学者们主要从心理与行为方面探讨体育学习的内在需求和行为特征等方面。例如，塞晓彬和郭赤环（2008）运用结构方程模型（SEM）的方法，对大学生体育学习的动机及其影响因素进行了多维度分析。研究表明，兴趣爱好是大学生体育学习的主要动机；而体育运动的能力、学校运动设施是影响大学生体育学习动机的主要维度（塞晓彬等，2008）。邓惟一（1987）做了需求和动机对大学生体育学习行为的作用的分析。研究认为，大学生体育学习动机的形成必须具备两个条件：第一个是内因，即内在的条件，例如自身的需求、欲望等；第二个是外因，例如刺激与环境等。另外，大学生对体育学习的需求是多样的，其中，健康与完成学业的需求是基本的需求，而需求只有在合适的条件下才可以转换为动机；大学生体育学习动机的形成是内因与外因共同作用的结果，外因中主要是社会环境因素起主要的作用（邓惟一，1987）。国内学者王东升等（2014）对500名大学生进行了一项研究，探讨自我效能在改变体育学习行为中的作用。研究结果表明，自我效能在学习收益与变化阶段起着完全的中介作用，学习收益与变化阶段和自我效能有较弱的预测效应；而自我效能在认知过程与变化阶段、行为过程与变化阶段具有部分的中介作用（王东升等，2014）。

有关大学生体育学习行为的坚持性研究，张春华（2002）等对体育学习坚持性的研究进展进行了归纳与总结，并认为导致体育学习中断的最主要的原因是对学习方案不满意，或者是对学习方案失去了兴趣；而坚持学习者则对学习的方案有较高的积极性（或兴趣）。研究进一步提出了学习坚持性的策略。在制定方案时应充分考虑学习者的实际情况；选择灵活的练习原则；建立合理的（或可接受）的目标；提供适合的运动处方；形成体育学习的规律性；放弃竞争；及时提供正向反馈；良好的人际关系；以小团队的形式进行体育学习；确保高质量的辅导。吴芳和殷晓旺（2006）对青少年人群的学习坚持性与学习动机、归因以及自我效能的关系进行了探讨。研究结果发现，青少年的学习坚持性动机是多维的，家庭与学校的教育对激发青少年体育活动参与动机，以及对体育学习价值的认识都有着极其重要的作用。青少年对体育学习的成败归因以及评价，都可以直接影响其对后续的体育学习行为的期望或动力。因此，引导他们建立正确合理的归因方式，以避免"习得性无助感"的产生，是形成积极的体育学习态度，促进体育学习坚持性的重要途径。

王爱丹和董晓春（2002）对大学生体育学习动机进行了分类，并认为大学生体育学习的动机可分为身体方面（如健康、形体等）、心理方面（如娱乐、振奋精神、磨炼意志、培养学习习惯、美的享受、发展个性等）、技能方面（如掌握运动技能、艺术欣赏、提高智能等）、社会方面（如人际关系、文化生活、促进交流等）、思想政治方面（如培养道德修养、培植人生目的、为政治服务）共5类。进一步，王和平（2007）对大学生体育学习动机的性别差异性进行了比较分析，并认为大学生的体育学习动机，男生主要在强身健体、调节情绪以及娱乐方面；而女生则主要在娱乐、强身健体、保持形体、调节情绪以及得到学分方面。大学生的体育动机在性别上既有差异性又有共同点。动机的共同点在于娱乐、交往、强身健体、调节情绪与寻求刺激这几个维度上；动机的差异性在于为了拿到学分、保持体态、防病治病、防御自卫以及发泄这几个维度上。

田晓芳（2003）对高中女生的体育学习动机和兴趣进行了调查研究，并认为多数女生的体育学习动机是积极的；而体育学习的兴趣主要来自环境因素、自身的成绩、教师的教法、个人的意志品质等方面。孙耀（2005）对成就目标的取向与体育学习动机的激发进行了探讨。成就目标（或动机）的取向，又分为自我型取向（Ego-orientated）与工作型取向（Task-orientated）两类。自我型取向的个体认可学习成功的关键在于能力，对工作的难度和能力的评价都是出于社会比较，因此，超越他人、展现自我便是成功；而工作型取向的个体赞同学习成功的关键是兴趣、努力以及合作，而成功就是圆满地完成某项任务。因此，工作型取向的个体能把注意力集中在任务完成的过程以及对相关知识、技能地应用与掌握上，对自我的比较是工作型取向的个体对自身能力评价的方式，是源于自身以往的表现而不是与他人进行比较。因为工作的难度和能力的评价都是出于自我的参照，所以，在学习过程中团结合作并愿意付出更多的努力，这类个体不仅学习效率高，而且能体会到学习的乐趣，是理想的动机类型（孙耀，2005）。

早期的动机研究关注的是本能和驱动，然而，近年来的探索更倾向于对个体认知、知觉和情绪的解释。目标定向理论和自我决定理论都是在社会认知理论的基础上发展起来的理论，但是，目标定向理论注重个人和情境因素对个体能力的作用，而自我决定理论则关注个人和情境因素对个体内部动机的作用。曹芳（2010）基于自我决定理论对体育学习的动机进行了分析。研究认为，在体育学习的过程中，教育者应该给予学习者充分主体的地位，并关注学习者的各种需求，注重学习者的情感体验。不能忽略学习者在基础条件（如身体条件、兴趣爱好、身体素质以及运动技能等）方面的差异，使学习者体验到拥有的归属感和能力感的自信，使学习者在自主学习的过程中自我调节和自我支持，鼓励学习者发挥团队精神、协同合作，从而激发学习者学习的动机，最终取得良好的学习效果。苏煜（2007）同样也是基于自我决定理论对高中生的体育学习动机缺乏机制进行了探索。研究认为，高中生体育学习动机缺乏机制的解释，主要是教师的教学方法不当和学校的基础条件（场地器材）的不完善所致。

王益权（2010）基于前人的研究，对影响大学生参与课外体育活动的因素进行了调查分析。研究认为，影响学生参与课外体育活动的因素分别是个人、学校、家庭和社会因素。其中，个人因素包括主观态度、上网时间、学业紧张等，这些是影响大学生参与课外体育活动的直接因素；而学校因素包括场地限制、课程设置、课程评价方式等，这些是影响大学生课外体育活动的重要因素；家庭因素主要是父母的体育行为，这是影响大学生课外体育活动的隐性因素；社会因素包括社会价值取向与社会发展的程度等，这是影响大学生课外体育活动的间接因素。程刚（2009）基于体育课程改革背景，对中学生的体育学习动机进行了探讨。研究认为，体育学习动机是激发学生积极参与体育学习的内部动力，建议教育者应该从学生的学习兴趣出发，培养学生群体性的参与意识，诱导学生积极地参与体育锻炼与学习（程刚，2009）。

进一步，顾亚军（2007）认为，有8条策略能够激发或维持学习者的体育学习动机。①首先是要充分发挥目标导向的功能，把学习者看作一个积极主动的探究者和发展中的人。②为学习者创设一个良好的学习环境，有利于激发学习者参与体育学习的兴趣。③有意识地激发学习者体育学习内在动机的核心，即好奇心。④建立良好的体育学习中的学习互动（如师生互动、生生互动）关系。⑤提高学习者的体育运动技能的水平，满足学习者成功的体验。⑥诱导学习者的学习心理，使学习者在情绪、意志以及焦虑的水平等方面有稳定的表现。⑦应用学习反馈的理论，多给学习者一些正向的反馈，使学习者有积极的归因方式，促进学习效率的提高。⑧关注学习者的发展水平，使学习者有一个适合自己的学习目标（顾亚军，2007）。

第五节　小结

综上所述，学者们从各自不同的视角对体育学习动机从心理与行为等方面进行了系列的研究，探讨体育学习的内在需求和行为特征。多数研究基于体育学习动机理论模型进行探索，从影响学习动机的因素、行为发生的效应、激发动机的策略、学习的坚持性等方面进行讨论。研究变得越来越具有解释性，不仅把人口学因素作为调节变量来考察体育学习行为的交互效应，而且把心理变量作为行为发生的解释要素（苗治文等，2006；Taymoori, et al., 2008）。例如，大学生体育意识的性别差异，主要表现在学习内容、学习频率、自我学习能力、学习效果和健康状况等中介效应上（单涛等，2007；Gilbert, et al., 1995）。进一步，对性别特征的体育学习行为研究发现，女大学生体育学习兴趣受其性格影响，表现为性格越外向，学习越积极，以及性格对体育学习习惯的形成也具有一定的心理定向作用（谭亚彬等，2004）。另外，社会环境因素借助心理要素的体育学习行为研究也有进展，如家庭成员、亲密同学和朋友对大学生体育学习态度的改变，进而影响行为的发生（常生等，2008；吴泽萍等，2009）。

进一步，根据文献的分析表明，体育学习行为的发生机制非常复杂，要受诸多因素的影响。因此，前人构建了许多解释理论（Ajzen, 1988，Becker, et al., 1975；Fishbein, et al., 1975；Rogers, 1983）。例如，有研究从社会生态学理论的视角认为，体育学习行为要取决于人格因素、情感因素和环境因素的相互作用，并提出了体育学习行为的综合影响模式（宋晓东，2001；Lioret, et al., 2007；Taymoori, et al., 2008）。然而，作为体育学习行为动因的"动机冲突"对行为的发生机制的解释还鲜有见到。因此，本书的第七章把大学生体育学习动机冲突作为体育学习行为的解释要素，探索大学生体育学习参与行为的发生机制，构建大学生体育学习行为动机冲突的解释模型。

第三章

体育学习归因理论

在生活中，人们常常会对自己或他人的行为，对发生在自己身边的各类事件，寻找出原因并做出具体的解释。那么，人们是如何对这些问题（或原因）做出解释的呢？解释又将会怎样影响以后的情感、动机及行为，从而影响着人们掌握新的技能以及适应新的环境？这些问题就是归因理论所关注并要解决的问题。自从 Heider（1958）提出归因的概念和理论以来，归因问题的研究始终是社会心理学领域的研究热点。到目前为止，学者们已做了大量的关于归因问题的理论与实践的探索，形成了许多的归因理论和模型，然而该领域的研究仍然是心理学研究的一个前沿性课题。本章就归因的概念、归因的理论以及体育学习归因的研究进展等方面进行探讨。

第一节　归因的概念

归因（Causal Attribution）是指解释自己和他人的行为（或事件）的原因，也是人们解释其行为的因素，并做出结论的一种认知过程（McCabe & Dutton，1993）。具体地说，就是个体对他人的行为或自己的行为所进行的因果解释和推论的过程。心理学研究中将归因理解为是一种过程，指依据行为或事件的结果，通过知觉、思维及推断等内部信息的加工活动而判断其结果的原因的认知过程。也就是说，将归因当成一种决策过程，个体面对某种结果，往往有多种可能的因素存在，需要通过比较、推断，最后做出决策，从中筛选出最有可能的一种或几种因素作为该结果的原因。总而言之，凡是导致人们寻找其原因的行为、事件或现象，都可以称为"结果"，归因就是由结果推断其原因的过程。因此，强调归因是由某种结果开始寻找原因的过程，是为了更好地符合人们的认识习惯。

第二节　归因的解释理论

奥地利社会心理学家 Heider 首先提出了归因的理论，并出版了《人际关系心理学》一书（Heider，1958）。后来，一些学者在此理论的基础上，做了进一步的探索，并逐步发展了一些新的归因理论，产生了一些归因解释的经典理论。20 世纪 70 年代，归因解释理论的研究，已经成为心理学研究的重要课题。

一　单维归因理论

最初，Heider 的归因理论，只有一个维度，即控制点（Locus of Control）。Heider（1958）认为，对个体知觉的研究，就是要考察一般人对有关他人（或自己）信息的处理方式，去寻求对行为的因果解释。在 Heider 看来，行为的原因也许就在于环境或个人。假如原因在于环境（如他人、奖惩、运气、工作难易等），则行为者就可以对其行为不用负什么责任；假如原因在于个人（如人格、动机、态度、情绪、能力、努力等），则行为者就需要对其行为的结果负责任。Heider 的关于环境与个人、外因与内因的归因理论成为归因理论研究的基础，他认为，人的知觉在人际交往上的作用，就在于它能使观察者预测和控制他人的行为。

二　相应推论理论

相应推论理论是 Jones 等人提出的归因理论（Jones & Davis，1965）。相应推论理论认为，人们在进行归因时，需要从行为及其结果，往回推导出行为的真正意图或动机，而推导出来的行为意图或动机，与所看到的行为及其结果相对应，即为相应推论。当观察者所获得的有关行为以及行为原因的信息越多，那么观察者对该行为原因所做出推论的对应性就越高；当一个行为（或结果）越是异乎寻常，那么观察者对其原因所做出推论的对应性就越大。进一步，他们认为，影响相应推论的主要因素有以下 3 个：首先，是具有非共同性结果的特点；其次，是社会期望；最后，是选择自由。

三　凯利的归因理论

凯利在 1973 年提出了一个归因理论。他认为，人们在归因过程中，往往会涉及 3 个方面的因素，即客观刺激物（存在）、行动者以及当时所处的情境（或关系）。这 3 个方面的因素构成了一个"协变"的立体框架，遵循协变性原则，因此被称为三因素归因理论。三因素中的任何一个因素的归因，都取决于行为的 3 个变量，即一致性、一贯性和区别性。一致性是指人，即其他人对同一刺激是否也能做出与行为者同样的反应方式；一贯性是指情境，即行动者是否能在任何情境或任何时候，对相同的刺激做出同样的反应；区别性是指客观刺激物，即行动者是否对同类其他刺激做出不相同反应。

四 成就归因理论

Weiner（1972）在 Heider 的归因理论的基础上，进一步发展了归因的理论。Weiner 认为，内因与外因只是判断归因的一个方面，还应当增加另一个方面，即暂时与稳定方面。这两个方面都是至关重要的，而且是独立的，暂时与稳定方面在形成期望、预测未来的成败上具有重要的意义。他认为，努力、注意、他人帮助等因素是受个人意志控制的，是可控因素；而能力、运气、心境等因素是不受人的意志控制的，是不可控因素。

五 多维归因理论

归因在日常生活中是一种较普遍的现象，几乎人人都有从自身经验出发，归纳总结出行为原因与其行为之间联系的看法。Abramson 等人于 1978 年，在 Weiner 的归因理论的基础上，进一步发展了归因理论。他们依据习得的无能为力的行为研究对失败的归因做了补充，增加了第三个方面，即普遍与特殊的方面。例如，某个学生由于对语文老师的偏见，讨厌（或厌倦）上语文课，因此在语文考试中，也总是得不到好的成绩，于是他就放弃对语文学习的努力，这就是习得的无能为力的表现。进一步，如果这种无能为力只表现在语文这一门课程上，那就属于特殊的方面；如果扩散到其他课程上，那么属于普遍的方面了。Weiner 在此基础上，对行为结果的归因进行了系统的探讨，并把归因分成 3 个维度，即内部归因和外部归因；稳定性归因和非稳定性归因；可控归因和不可控归因。内因是指行为（或事件）发生来自个体自身（内部）的原因，如人格、品质、动机、态度、情绪、心境以及努力程度等个人的特征。如果个体将行为（或事件）归于自身的原因，则称为内部归因。外因是行为（或事件）发生的外部条件，包括背景、机遇、他人影响、工作任务难度，等等。如果个体将行为（或事件）的原因归于外部的条件，则称为外部归因。而综合归因是指在许多情境中，行为（或事件）的发生，可能不是由单个的内因（或外因）引发的，而是二者都可能有作用，在这种情况下，称为综合归因。在成败归因中，个体在成功时倾向于内部归因，而在失败时倾向于外部归因。成功时的内部归因则有利于自我价值的提升，失败时的外部归因能减少自己对失败的责任。在竞争条件下，个体倾向于把别人的成功归于外部的原因，从而减少别人的成功给自己带来的压力；如果别人失败了，个体则更倾向于将其归为别人的内部归因。对别人的成败归因，个体往往会有明显的使自己处于最有利的位置以保护自我的价值，这种归因倾向称为动机性归因误差。

第三节　体育学习归因研究进展

近年来，关于体育学习中社会心理现象的研究得到了迅速的发展，从而使人们越来越重视社会心理现象在体育学习中所起的作用。归因理论是在该领域做出突出贡献的三大社会心理学理论之一（Landers，1983）。而对于试图发展、验证或应用归因理论的研究者来说，体育学习领域为其提供了很好的研究条件。

在体育学习领域对归因问题的研究中，虽然以 Kelley（1973）的方差分析归因模型以及 Jones & Davis（1965）的对应推断理论为代表的归因认知过程理论也有一些研究，但是大多数研究者都是以 Weiner（1972，1979，1985，1986）的归因理论为基础，以内因、外因二分法为测量工具来对归因做测量。虽然已经有很多研究者对此提出了质疑（Bukowski & Moore，1980；Roberts & Pascuzzi，1979），但是以能力、努力为内部因素，以运气和任务难度为外部因素的经典测量方法，还是得到了广泛的应用。随着 Weiner 三维度分类方法的出现，研究者们已经意识到只有对各种原因进行归类，才有可能理解原因真正的意义。只有区分原因的部位（内因—外因）、稳定性（稳定—非稳定）和控制性（可控的—不可控的），才能对多种不同的原因进行比较，预测各种原因可能导致的心理和行为的结果。

检验和运用 Weiner 的归因理论，首先要让被试者作为归因活动的主体积极地参与进来，才能准确地测量他们的实际知觉原因。现有的研究中，多数研究者把研究的重点放在检验 Weiner 假设的一些基本的关系上，例如，用来预测成就结果的不同归因模型，等等。但是，还有许多 Weiner 假设的关系，未得到研究者的检验。例如，Weiner 的最基本假设是归因可能是通过期望和情绪的中介作用来影响个体行为的，然而在体育学习领域，还很少有研究者对这些内容的关系予以探索。在 Weiner 的归因模型中，情绪是最重要的变量之一，又是预测行为的前因变量。在体育学习中，各种情绪与情感表现也是最为明显的。成功的结果会引发个体骄傲、幸福、满足、快乐、感激等积极的情绪反应；而失败的结果会引发个体挫折、失意、生气甚至羞愧等消极的情绪反应。这些情绪反应，对个体后续的行为将具有重要的作用（Weiner，1985）。然而，在体育学习的研究中，研究者在一定程度上忽视了归因在情绪产生中所起的作用（Vallerand，1983）。

McAuley（1992）等的一项研究，对结果的成败归因与后续的情绪反应的关系进行了探索。首先，让一组台球运动员按照正常的比赛规则进行比赛，然后以性别和能力给予分组，采用原因维度量表来测量这些运动员对输、赢的原因及其对各维度的感知。接着，运用一份情感量表来测量运动员的情绪以及强度。在这份情感量表中，有 4 种积极的情绪、4 种消极的情绪以及 1 种中性的情绪（惊讶）。研究结果发现，成功者明显地表现出自豪、自信、满意和感激的情绪反应；而失败者则更多地体验到了生气、沮丧、无能或惊讶。进一步，研究者为了充分了解这些情绪与归因各维度之间的关系，再分别对成功者与失败者的数据做了多元回归的分析。结果发现，成功者的 3 个原因维度，综合解释了不同情绪变异的 16%—25%。另外，研究还发现，情绪变化最明显的预测指标是原因的可控制性，也就是说，感觉到的原因的可控制性越高，引发积极情绪的反应就越多。这些研究结论与 Forsyth（1981）等人在学业情境下获得的研究结果相一致。失败条件下，归因与情绪之间的相关未达到显著水平，没有达到统计学意义；而成功的结果却诱发出更为强烈的情感反应，这些研究结论也与 Weiner（1979）等人的一项研究结果相一致。

有研究发现，原因的 3 个维度都与情绪反应有显著相关的关系（Forsyth & McMillan，1981；McAuley et al.，1983；Valler，1987）。McAuley & Duncan 在 1989 年做了一项实验研究，探讨了预期没有被实现所引起的情绪反应的变化以及与原因各维度知觉的相关关系。预期没有被实现是个体去探寻原因的重要的前提条件（Wong & Weiner, 1981）。假设实际的（真正的）结果与个体对结果的预期相差越大，个体对原因的探寻活动就会越迫切，并且归因的迫切性也就会越高，就越会导致更加强烈的情绪反应。研究选取研究生作为被试者，采用自行车测速器任务，探讨归因与没有实现的结果而引发的情绪之间的相关关系。首先，按照性别把一些研究生两两配对，然后将他们随机地分配到两种预期不能实现的实验条件下，即高预期而失败；低预期而成功。自行车测速器是通过电线和一个便携式的电子记分板相连接，它可以同时记录在一次测试中两个被试者的旋转次数与时间。研究者可以运用人工电子仪表盘来操纵计分板上所显示的成绩，并使其中一个被试者的旋转次数的记录只达到60%，而电子记分板则放在被试者的正前方，两个被试者均可以看到自己或对方的比赛成绩以及比赛剩余的时间。两个被试者中间被屏风隔开，使被试者不能看到对方，以免被试者发现成绩差异是人为的。首先进行3次训练，取他们的最好成绩进行比较，然后测量他们在正式比赛中对成绩的预期。实验结果表明，在练习中记录的成绩被"打了折扣"的被试者，对随后的正式比赛中获胜的预期较低，因此就得到两组被试者，即一个高预期组，一个低预期组。在正式比赛时，研究者再一次人为地操纵成绩，使高预期组被试者在比赛中失败，而低预期组被试者在比赛中获胜。比赛后，再运用原因维度量表（Russell, 1982）测量被试者对胜利（或失败）的归因，并运用情绪自评量表，测量被试者的感激、满意、愉快、惊讶、自豪和自信或者不满意、不愉快、沮丧、内疚、羞愧、生气、无能等情绪体验。进一步，进行多元变异分析的结果显示，两组被试者都倾向于做出内部的、不稳定的和可控制的归因，而且影响最大的是稳定性维度。再对两组被试者的情绪反应做分析，结果表明，低预期而获得成功的被试者更加感到满意、自信或自豪；而高预期而失败的被试者更加感觉到不愉快、无能或生气。值得注意的是，对每个原因维度单独或相互作用于每种情绪所做的多元回归分析，得到了意外的结果，原因维度与消极情绪之间有更加紧密的相关关系，即高预期而失败时比低预期而成功时，体验了更为强烈的负面情绪反应。原因的部位和稳定性维度，共同解释了不满意、沮丧、内疚、羞愧、无能和惊讶等消极情绪变异率的4.1%—40%。这项实验研究的结果表明，即使是在受到严格控制的实验室情境中的自行车比赛，运动员也有情绪的投入。Weiner（1985，1986）假设的归因与情绪间的一些关系得到了实验数据的验证。Weiner 曾对两种情绪进行了区分，即基于结果的情绪以及基于归因的情绪。虽然满意被认为是基于结果的情绪，但是它也可能是与自我评价相关的基于归因的情绪（Weiner，1986）。

　　在体育学习领域的归因研究中，有学者指出，有些研究者把客观的成败结果看成被试者感觉到的成败结果，这种情况的发生，有可能是研究者误解了被试者的真正的想法（刘永芳，2010）。Spink & Roberts（1980）的一项研究证实了主观上感觉到的结果也不一定就是真实的结果。那么，归因与情绪到底是与什么相关呢？

　　为了回答这个问题，McAuley 在 1985 年做了一项研究。研究选取了参加世界锦标赛的女子体操运动员为研究对象，选的项目分别是跳马、自由体操、平衡木和高低杠。首先让被试者分别对这 4 个项目的比赛成绩做出归因，为了了解每个项目的"成功知觉"和"实际得分"与各原因维度的关系，对数据做了相关分析。研究显示，除自由体操外，跳马、平衡木和高低杠项目的原因知觉维度都与"成功知觉"显著相关，而与实际成绩不存在显著的相关关系。跳马、平衡木和高低杠项目的"成功知觉"与原因稳定性有显著的相关关系。进一步，跳马项目的"成功知觉"的归因倾向于内部的、可控的因素。这项研究结果与前人的研究结论一致（Maehr & Nicholl，1980；Spink & Roberts，1980），即"成功知觉"（而非实际成绩）是归因的重要条件。

　　另外，Duncan & McAuley（1989）在后来又做了一项研究，采用结构方程的拟合分析，考察了成功知觉、原因维度和情感三者之间的相关关系。在一学期的训练课程结束后，首先让每位学员对自己的成绩做出评价，进行归因，并描述自己的情绪（综合成绩）。一周后，在学员们完成了期末自由体操的比赛后，就这次比赛的成绩，对他们再次进行测试（单次成绩）。研究结果发现，两种条件下，都有超过半数以上的学员认定自己表现不错，因此，他们感觉到自己的成功。所以，在结构方程的拟合时，研究者只关注了正面的积极的情绪。正面情绪是满意、自豪、愉悦、胜任和感激等情绪的累计得分，最后，用各相关的数据来拟合 Weiner 在1985 年提出的模型，得到的结果见图 3 - 1。

　　从图 3 - 1 可以看到，成绩知觉对原因的 3 个维度的知觉有着正相关的关系，个体原因的稳定性对未来成功的知觉与预期有影响，而原因的 3

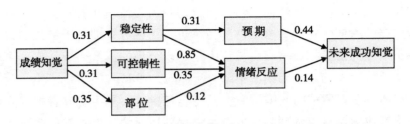

图 3 - 1　Weiner 的知觉、原因维度、预期和情感反应的结构模型（**Weiner，1985**）

个维度都影响着个体对成绩的情绪反应。预期与情绪反应对个体的成绩的知觉均有影响。由于该模型的拟合指数不太理想 [GFI = 0. 77，卡方 χ^2 (12) = 70. 21]，因此，把模型中一些不太显著的路径删除了，并另外增加一些路径，如成绩知觉对情绪反应、成绩知觉对预期以及情绪反应对预期的影响，修正模型以及路径系数见图 3 - 2。

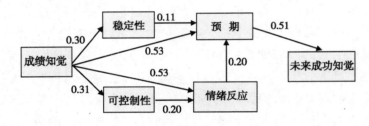

图 3 - 2　修正模型（Duncan & McAuley，1989）

在图 3 - 2 的修正模型中，稳定性与预期的路径系数已接近统计学意义的显著性（P = 0. 08）水平，其他路径的系数均已达到统计学意义的显著性水平（P < 0. 05），说明自我成绩的知觉既可以对原因的稳定性发生作用，也可以影响可控制性的知觉，从而影响对成绩的预期和对情绪的反应；成绩的知觉也可以直接作用于对成绩的预期和对成绩的情绪反应；而成绩的预期对未来成功的知觉有显著的影响。虽然该模型对 Weiner 的初始模型进行了修改，然而也能说明它们之间（成绩知觉、归因、预期、情绪和行为）的复杂关系。在体育学习领域的未来研究中，可以进一步对这类研究内容给予关注，探讨成绩知觉、归因、预期、情绪和行为等的多变量的相关关系，并进一步验证该模型。

自我效能（Self-Efficacy）定义为个体对自己是否有能力去完成某项任务（或工作）行为的自信程度的判断（Bandura，1986）。Bandura 认为，个体除了对一般的结果有期望外，还有另外一种期望，即对效能的期望。

结果期望是指个体对自己的一种行为可能会导致另一种结果的推测。如果个体能够预测自己的行为将会导致注定的结果，那么这一行为就有可能被激发。Bandura 另外还特别强调个体的自我效能感除了能够影响外显的行为与表现外，还可能会影响个体的归因。在体育学习领域中，相关的研究人员对自我效能感与运动员的动机和行为方面进行了大量的探索。在测量方面，研究者往往采用设计有一定困难（或障碍）的任务，最终产生不同的成败结果来对个体的自我效能感进行测量。虽然个体效能感首要的信息来源是凭借自己过去的成败经历，但是效能感也能影响个体对成败经历做出归因，从而作用于以后的效能感与行为。研究表明，有较高效能感的儿童，倾向于把失败归因于自己不够努力，而有较低效能感的儿童，则倾向于把失败归因于自身能力的不足（Collin，1982）。Weiner（1979，1986）特别强调个体的归因是能通过对将来结果的预期，从而影响个体的行为。而 Bandura（1986）则认为它们之间的相关关系有可能更为复杂，个体的效能感在归因中扮演着非常重要的角色。也就是说，与成败结果一样，个体的自我效能感也是归因非常重要的信息来源，而归因也通过影响效能感对个体将来的行为产生重要的影响。

McAuley（1989）等为了考察自我效能感与归因之间的相关关系，做了一项实验研究。研究选取儿童作为观察对象，采用自行车测速器任务项目，研究者通过操纵电子记分板上显示的成绩来达到控制研究对象的自我效能感的预期以及比赛中获得的成绩（实际成绩）。被试者被随机分到高效能组和低效能组两组参加比赛。等比赛的结果出来后，再让被试者对自己的成败结果做出归因。研究结果发现，实际成绩的知觉，影响了儿童对他们自己的归因。也就是说，知觉到自己成功的儿童，做出了更加稳定的和可控的归因。这就说明了具有较高自我效能感的预期，能够导致个体做出稳定的和可控的归因。研究结论与 Weiner（1979，1986）的研究结论一致。

学者 Peterson 等在 1982 年编制了"归因风格问卷"（ASQ），随后在 1988 年又发展了"语句解释的内容分析"（CAVE）技术。他们曾运用这些研究工具，对运动员的归因风格与其运动成绩，及其相关心理与行为反应之间的关系进行了探讨。Peterson & Davis（1983）对 104 名大学生运动员怎样应对运动生涯中的失败与挫折的问题进行了研究。研究对象选取 50 名男子足球运动员、5 名男子篮球运动员、16 名男子棒球运动员、8 名男子游泳运动员、10 名女子篮球运动员以及 15 名女子游泳运动员。首先，让他们填写了一份匿名的问卷，主要了解运动员们以退役或其他消极的方式来应付挫折与失败的频率，以及运用开放式问卷让他们描述自己会用什么方式来应对在比赛中失败的状况，如沮丧、愤怒、吸毒、嗜酒、打架、破坏公物和放弃学业等。然后，让被试者对自己的运动生涯做出评估，如成功或是失败，并报告自己知觉到的对自己运动生涯的控制程度。最后，还进行了"归因风格问卷"测试，让他们给出一个造成自己运动生涯目前状况的"最主要的原因"。研究者只对认为自己运动生涯失败的被试者进行了路径分析，研究结果却验证了习得无助的模型，即内部的、稳定的和普遍的归因，对个体缺乏控制感具有预测作用；而个体缺乏控制感又对赛场上的习得无助感具有预测作用。值得注意的是，除了愤怒这种情绪以外，习得无助感又能够预测被试者的其他所有的消极反应。

Peterson（1988）的另外一项研究中，对 34 名运动员采用"归因风格问卷"及一份自我修复能力和动机的自评量表进行了调查。研究结果发现，个体在原因的稳定性和普遍性上的得分，与克服伤痛的能力、受挫后调整好心态的能力、对自己在运动生涯中成功的控制感以及良好的运动动机等均存在相关关系。

Seligman（1990）等对一所大学的游泳运动员进行了调查研究，首先，让被试者填写一份"归因风格的问卷"，接着组织被试者参加游泳比赛。在比赛中，教练经过人为地操控，将错误的成绩记录显示给运动员，得到反馈后的被试者将进行下一轮的比赛。根据习得无助的理论，运动员的归因风格将影响其在前一轮比赛中对不理想的成绩做出解释，而这种解释将影响运动员在下一轮比赛中的表现。研究发现，具有优良归因风格的被试者的表现比上一轮更好，而具有悲观归因风格的被试者的表现则相反，实验的结果证实了研究的假设。

Reifman & Peterson（1988）的一项研究中，通过收集、整理并归纳了当地新闻报道的相关内容，使用 CAVE 技术，对 Orioles 棒球队的教练、队员和经理人的归因及其行为进行了研究。在 1988 年赛季初，球队在屡屡失败中创下了有史以来的最糟糕的纪录。研究者首先分析了整个球队越来越悲观是否是因为"持续的失败"。其中，归因在扮演什么样的角色？研究结果说明了队员们的悲观情绪确实愈演愈烈，并且与他们的归因风格有密切的相关关系。随后，研究者继续对队员的悲观情绪是否会引起一系列习得性无助行为进行了考察，例如失误、过界球、基线跑失败，等等，结果发现，屡屡的败绩，特别是悲观的归因风格，已经使整个球队陷入了习得无助的怪圈，队员们经常在没有完全失败之前就已经放弃了比赛。

第四节　小结

综上所述，在体育学习领域，对怎样运用归因的理论及方法来讨论相关的问题已经进行了许多有参考价值的研究，但是目前的这些研究，多数还只是停留在对过去的理论模型的验证上，未来的研究还有待于更加地全面与深入。例如，对个体的归因过程以及对其心理和行为后果的研究，以发展前期归因的理论模型为基础，以期在人们的体育学习行为中得到切实有效的应用。

近年来，中国国民体质呈下降趋势，七成以上的国人遭遇亚健康的威胁，慢性病患病率快速攀升，发病率和死亡率居高不下，已成为威胁中国人民健康的主要问题（王陇德，2004）。令人忧虑的国民体质以及学生体质的不断下降，致使与身心健康有关的健身运动研究已经成为目前研究关注的焦点。美国健康和人口服务部指出，健身运动是 15 类减少与降低死亡和疾病的最有效的干预行为之一。因此，大量的研究者已经开始运用心理学的理论及方法来解释与运动、健身相关的问题。其中，研究者们做了大量的探索，却还没能解决的一个问题就是怎样才能让人们维持（坚持）体育锻炼的行为。有研究表明，在参与锻炼的前 6 个月，归因为维持体育锻炼行为提供了大约 50% 的动力（Dishman，1982；Morgan，1977）。另外，有大量的与体育锻炼行为坚持性（或放弃）有关的研究，都对归因问题给予极大的关注，即人们坚持参与体育锻炼的原因，或者人们放弃体育锻炼计划的的原因。然而，除了一些研究（如戒烟、减肥）（Eiser，Vandder Plight，Raw & Sutton，1985）较为深入以外，还有大量的研究问题需要学者们做继续的努力与探索。

体育学习与锻炼的行为不仅会产生情绪，而且会受到情绪的影响。过去的研究主要关心的是个体情绪的变化是怎样依赖于运动的结果以及归因的，却很少有探讨个体情绪的变化是怎样影响运动的行为与表现的。未来的研究应重点探索情绪的反应与产生体育运动行为的相关关系。如果情绪变化是由特定的归因引起的，而情绪反应又会影响随后的体育锻炼行为表现，那么只要对不当的归因进行修正，负面的情绪反应就可以得到转变，从而减少一些如个体的习得无助现象等。有研究表明，在体育技能的学习和练习阶段，儿童倾向于把失败归因于自身能力的不足，从而产生无能、挫败或羞愧的情绪，导致其体育运动生涯的结束（Gill, Gross & Juddleston, 1983）。因此，归因训练也是体育学习领域的重要内容，应该让孩子们知觉到成功的获得是源于自身不断的努力（而不是天生的能力），帮助他们树立信心，敢于迎接挑战，为成功而付出努力。所以，从归因角度来探索体育锻炼的动机（或动力）问题，是体育学习与锻炼领域的一个未来的研究方向。

目前在归因测量中存在的最大问题是有些研究者仅凭个人主观的经验或判断来推测被试者归因的维度。虽然原因维度量表（Russell, 1982）在归因测量中有了一个很大的进步，它能够使被试者在归因过程中的主体意识增强，从而使得研究者对数据的分析更加可信。如果研究者不能准确地判断被试者的原因维度（实际的）知觉，就不能准确地检验相关的归因模型，也不能应用相关的研究发现去指导现实的体育学习与锻炼。因此，未来的研究应该进一步完善与发展测量的工具，以更加准确客观地了解个体真实的归因。

总之，从目前的研究现状来看，未来的研究希望能在归因与体育坚持行为、归因与体育锻炼动机、归因测量与相关模型检验等方面取得更大的进展。

第四章

体育学习顿悟理论

"顿悟"在学习创新过程中是一种常见的心理现象，作为学习的形式，也是心理学家们研究的课题之一。自从苛勒提出了"问题解决"的顿悟现象以来，学者们已对其进行了卓有成效的实验研究，获得了许多具有启发性的成果（李亚丹等，2012；吴真真等，2009；Macgregor，et al.，2001；Ormerod，et al.，2002）。然而，这些研究主要集中在知识学习过程中的效率解释机制方面，特别是解决数学学习困境的成果尤为显著（Hauk，2005；Hobden，et al.，2011；Knoblich，2001；Repsold，2002）。而针对体育学习中的顿悟现象解释却不多见。运用"Insight"和"Motor Learning"相关词汇加上"Sport"的限定，在相关文献数据库中进行了联词组合的检索，结果未发现直接相关的研究文献。

然而，从实践的现象学观察，"顿悟"作为一种学习现象，在体育学习中同样存在。那么，怎样运用顿悟现象的解释观点讨论体育学习的效率呢？为了进一步解读这个问题，帮助我们构建体育学习的效率与顿悟的关系，还需要对学习中的顿悟现象进行分析，然后才能讨论顿悟与学习效率的关系问题。

考虑到目前研究对体育学习理论的探索现状，本章在分析比较了体育学习传统观点的基础上，主要采用 Haith 和 Krakauer（2013）在近期提出的体育学习解释观点作为顿悟模型构建的理论依据，使其更能针对学习效率进行解读。从理论构建的方法上讲，模型理论构建思路主要分为两步进行：①在提出体育学习效率的顿悟解释模型以前，需要对体育学习的过程机制与学习顿悟的机制进行诠释；②基于这些特征讨论，运用理论"溯因模式"的方法（Retroductive model，Blaikie，2003），介绍体育学习效率的顿悟解释模型。

第一节　学习顿悟的概念

"顿悟"被解释为在解决问题"困境"中获得答案时发生的心理现象（Jones，2003）。所谓"困境"（Impasses）是指学习中常见的一种过程状态，主要表现为重复无效地尝试解决问题或暂时的放弃行为（Kershaw & Ohlsson，2004）。而顿悟则表现为跳出"困境"，突然"Aha!"——明白了该如何解决问题，且获得了有效解决问题的方法。相关的研究发现，经顿悟后获得的解答方法通常是简捷而高效的（傅小兰，2004；Kershaw & Ohlsson，2004）。

早期的顿悟现象观察来自苛勒的"完形"心理学解释。他运用猩猩取食的动物实验，通过表述猩猩借助箱子和竹竿等物体获取水果的行为过程，首次揭示了猩猩的成功行为，反映了其对环境观察后的突然醒悟的现象。根据实验的观察，苛勒认为学习中的问题获释是一个完形的过程，是突然得到的理解。所以，"突变"是顿悟现象的基本表现特征。Galperin和Kotik（1983）把这种"突变"解释为仿佛开启了问题答案的闸门，克服了熟悉概念的定式，更加关注问题的细节。这种理论不仅强调了有机体与环境的相互作用，而且强调了有机体的能动作用。

关于顿悟现象的研究，早期的观点是从创新思维的解释角度把问题解决过程表述为"意识—潜意识—意识"的过渡。例如，Wallas曾在1926年就提出了一个与顿悟现象有关的4阶段创新过程解释。这个创新过程包括"准备期"（Preparation）、"酝酿期"（Incubation）、"豁朗期"（Illumination）和"验证期"（Verification）。从学习过程的角度讲，"准备期"是解决问题过程中自我知识的形成阶段，主要是收集资料；"酝酿期"为探索解决问题的孕育阶段，最大的特点是潜意识的参与。然而，潜意识工作的外部表现是"困惑"（解决问题前的"困境"），但解决问题的过程则表现为"消化"了已有的信息，开始思考解决问题的方案；"豁朗期"是启发唤醒阶段，表现为创造性的新意识突发产生。这是认知结构发生调整和重建后获得的结果，表现为思维摆脱了过去的经验和观念的束缚。在情绪上反映了突然的、完整的、强烈的快感变化，所以，也称为"顿悟期"；"验证期"是对突发灵感所得的新想法进行验证，如果验证是可行的，则问题得以解决，反之，则需要部分或全部地重新进行调整。Simonton

（1988）将其简化为"经验—思维"的模式，并认为学习中的顿悟实际上是依赖已有的知识经验和思维方式。在面临问题困境时，已有知识经验和思维方式推进了解决方法的"变异"，对其进行修改和完善，产生适合当前问题的解决方案。这种学习模型的最大特点是"意识—思维"（准备和验证阶段）和"潜意识—思维"（孕育和豁朗）的综合运用，而不只是片面强调某一种思维。因此，该解释模型至今在学习理论中仍具有一定的影响。

在后期的研究中，顿悟现象主要作为"问题获释"来探索，使其带有明显的学习特征解释。例如，Kaplan 和 Simon（1990）认为，顿悟是观察新问题的情境学习行为，主要表现为思维和情绪的综合反应，具体归纳为 4 个方面：①顿悟前的"潜伏期"，反映了潜意识的思维过程；②顿悟前伴随着失败感；③突然意识到解决问题的方案；④顿悟通常与一种新的问题表征方式有关；另外，从学习特征分析的视角，傅小兰（2004）又把顿悟的特征归纳成 6 个方面：①问题解决前的困境；②突发性的质变过程；③解决问题准确完整；④解决问题依赖于情境；⑤解决问题的方法保持时间较长；⑥顿悟情境可以迁移。

另外，关于顿悟现象的特征解释，有学者运用信息加工的观点来讨论顿悟的过程。例如，Davidson（1995）等认为，顿悟是对信息进行选择性的编码并进行联结和比较的心理过程，其操作结果反映了以非标准的、高度新奇的方式对基本的信息进行编码、联结和比较。持这类观点的学者认为，问题获释主要表现在非一次性完成的信息搜索过程中，表述为通过启发性信息的获取，逐渐形成解决问题的表征，使解答方式由混沌状态向有序状态变化，并对问题的整体结构特点逐渐领悟。同时，与之相应的策略也随之向启发性更高的方向转变（张庆林等，2004）。

可以看出，尽管对顿悟特征的表述存在着多种解释，但值得注意的是，这些观点普遍认同顿悟主要表现为"问题获释"的学习过程，反映了学习的性质。例如，有学者认为，顿悟是一般的知觉、确认、学习等心理过程的延伸（Weisberg，1992）。从学习理论的角度，更有学者把顿悟解释为具有典型学习特征的体验和能力（Hays, et al., 2002）。例如，Hays 等认为顿悟是一种"改变的能力"，并与"顿悟经验"有着密切的关系。Smith（1997）将"顿悟经验"与顿悟做了进一步的区别，他认为顿悟作为一种对问题的理解包括在正常的认知过程中，而"顿悟经验"则是灵感突现的一种特殊的心理过程。在常规问题的获释中，"顿悟经验"也许不重要，而对于学习来说，"顿悟经验"则必不可少。

第二节　顿悟现象解释理论

一　表征转换说

在顿悟机制的探索中，"表征转换"的观点认为，顿悟式的学习实际上是一种初始表征的转换过程（Knoblich，et al.，2001；Ohlsson，1992）。其中，初始表征被认为是与问题解决无直接关联的，是记忆中被激活的知识，或者是学习者认为的问题空间。根据表征转换说的解释，当初始表征转换为新的问题表征时，知识转变才能被成功地激活（Galperin & Kotik，1983；Knoblich，et al.，2001）。具体地讲，在解决问题的过程中，由于初始表征对于解答问题存在着局限性，顿悟式的学习是通过消除这种"限制"（Constraint Restriction）或"分解组块"（Decomposing Chunked Objects）来实现重新构建表征的过程。消除"限制"的目的在于减弱无关知识的激活，而"分解组块"则是按事物的意义进行重新组合。这两个过程的结果效应是转变被激活的知识（即问题表征的转变）。例如，Knoblich（2001）等通过眼动实验，对 24 名被试者解决"火柴棒算式"问题（Matchstick Arithmetic Problems）进行了观察，结果发现初步表征结构的转换是顿悟问题获释的关键所在，即被试者解决问题时视觉搜索的特征显示顿悟出现在新的表征形成的时刻。

根据顿悟式学习的表征变换说，成功地解决问题取决于对问题表征方式的转变，所以，学习效率的关键在于发现解决问题的表征。相关的研究认为，正确的表征是通过对具有高度选择的"错误问题空间"和"元水平问题空间"进行搜索获得的。顿悟就是克服错误问题空间的"限制"，并在元水平问题空间中领悟正确的表征（张庆林等，1996）。

基于这种思路，顿悟式的学习效率解释机制实际上是克服错误问题空间的"限制"。为了解释这种顿悟机制，有学者借助非语言视觉空间信息加工网络的概念来讨论与顿悟有关的学习效率（罗劲，2004）。这种观点把"可视图像"作为克服错误问题空间"限制"的解释途径。也就是说，学习获得的表象会影响大脑中的原型图像表征，而良好的原型图像表征有利于激活"非语言的"视觉空间信息加工网络，完成视觉信息的重组，促进问题表征方式的有效转换。

二 进程监控说

在顿悟式的学习中，"进程监控说"是基于"当前状态"与"目标状态"（或子目标状态）的比较操作来解释学习的效率问题的。其中，顿悟是当两种状态达到最小化时的结果（MacGregor，2001；Ormerod，2002）。例如，爬山法（Hill-climbing）的问题解决范式就是典型的进程监控解释。即解决问题如同爬山，当爬山者发现路线与目标不相符时，才会领悟到错误并不断调整自己的路线直到到达目的地。基于这种解释思路，顿悟是对解决问题现状的领悟，主要由两个方面来决定：①解决问题时当前状态与目标状态（或子目标状态）的差距；②解决问题（或达到子目标）所剩下的步骤（MacGregor，2001）。具体地讲，当前状态和目标状态的差异越大，而操作的步骤变得越少时，意味着无法实现最小的距离（Minimum Distance），这称为"标准失败"（Criterion Failure）。对于学习者来说，"标准失败"则意味着不能解决当前的问题。这样，"标准失败"作为一个警示，提醒学习者另辟蹊径。因此，学习是一个反复选用新方法的尝试过程，顿悟意味着这种选择的"结束"，学习效率则表现为尽快结束这种选择。

基于"进程监控说"的解释，学习效率的提升问题主要表现在如何尽快地发现当前状态与目标状态的差异。MacGregor（2001）等曾设计了一个"9点问题"的实验，观察不同线条组合的选择对学习效率的影响（MacGregor，2001）。该实验要求被试者在相交的线条中选出4条线，且仍满足9个相交点（每条直线平均相交2个点）。由于第1条线相交了3个点，第2、3条线分别各相交2个点，因此，对于前3个选择步骤来说，当前状态与目标状态之间的差异不会很大。这样，"标准失败"最有可能出现在第4条线选择的时刻。研究提示，在"9点问题"的实验中，如果采用对角线的方法，则要比采用水平线的方法更容易产生顿悟。大多数被试者的失误都是因为"标准失败"出现得太晚，而并非个人的知识限制所致，这说明是操作性的失败。另外，Ormerod（2002）运用一个"8币问题"来观察与顿悟有关的学习效率问题。该实验要求被试者移动2个硬币，使8个硬币中每个硬币都能与另外3个（且只与另外3个硬币）接触。这样，顿悟表现在当被试者意识到将其中 2 个硬币需要放置到其他硬币上面时。这个实验表明，学习的效率与操作硬币的选择次数有关，也就是说，当选择越多时，问题的解决就会变得越慢（Ormerod，2002）。基于已有的研究分析不难看出，"进程监控说"对学习效率的解读是基于操作的领悟，这与前面讨论的"表征转换说"在本质上的差异是前者的解释观点强调学习是认知性的领悟，而后者的观点则强调学习是操作性的领悟。

三　原型激活说

与以上讨论观点不同，"原型激活说"把学习顿悟解释为一个"原型启发"的过程。所谓"原型启发"是指对解决问题相关事件的认知，主要表现为"原型问题"在大脑中形成相关事件的表征。对于顿悟来说，"关键性启发信息"具有指导性和决定性的意义，这是因为关键性启发信息主要用于激活原型问题与当前问题的联系，并引导对当前问题启发式搜索，所以，它对于顿悟问题的顺利解决起到了非常重要的作用（张庆林等，2004，2005）。

在顿悟式学习的探索中，"原型激活说"的价值主要体现在它对学习的启发性解释上。这种理论揭示了学习效率的提高要依赖于关键信息的启发。例如，有研究曾运用中国古典的"装缸问题"对顿悟进行观察，结果发现顿悟依赖的关键性启发信息是通过规避错误的"问题空间"，对"元水平空间"进行搜索来获得正确的解答步骤（任国防等，2007）。另外，张庆林等（2005）采用学习原型启发的实验范式，通过"9 点问题"的任务操作，观察内隐与外显学习的原型启发效应，结果显示，"9 点问题"的学习效率与恰当的"原型"激活有关。也就是说，仅仅激活原型并不一定保证成功解决"9 点问题"，而只有从原型中获取关键性的启发信息才能提高解决问题的正确率。

值得注意的是，相关的研究认为关键信息的激活要依赖于控制加工（曹贵康等，2006；吴真真等，2008，2009）。这意味着顿悟式学习会消耗认知资源，其中原型材料的难度越大，认知负荷就越大，关键信息的激活就越难。例如，曹贵康（2006）等运用一个"4 等分问题"的学习任务，通过比较内隐和外显学习的效率，结果发现外显学习的方法更容易激活关键的启发信息。另外，吴真真等（2008）运用中国传统字谜的学习任务，设计了"学习多个原型字谜——测试多个目标字谜"的二阶段实验范式，结果发现，学习材料的数量对顿悟产生的影响不大，但是，学习内容对顿悟有较大的影响。这些研究都说明了在顿悟式的学习中，为了提高效率，应关注认知负荷问题，合理安排学习材料的原型内容。

根据"原型激活说"的解释，学习情绪也是影响顿悟的因素之一（陈丽等，2008；李亚丹等，2012）。例如，陈丽等（2008）运用原型字谜的学习任务，让被试者在正、负情绪状态下完成目标字谜学习的测验，结果发现，对于学习材料的难度而言，被试者在正面情绪状态下完成中等难度的目标字谜测试时，对原型材料的激活程度最高。因此，正面的情绪对顿悟有着积极的影响（陈丽等，2008）。进一步，李亚丹等（2012）以汉字字谜为学习任务，采用"原型学习—问题测试"的范式，让被试者在不同情绪条件下（通过竞争诱发的积极、中性和消极态度）来完成实验任务，结果发现，情绪与竞争存在着负交互效应（李亚丹等，2012）。也就是说，在竞争状态下，与积极情绪相比，消极情绪和中性情绪的正确率更高。研究者解释，学习竞争下拥有正面情绪的被试者可能会满足于现状，从而减少学习的努力程度。而对于负面情绪的被试者来说，竞争情景可能会激发努力程度，促进原型激活。这些研究说明，在顿悟式的学习中，情绪对学习效率的作用并非想象得那样简单。但是，至少可以知道，竞争对于顿悟来说，可能具有中介效应。其中，值得注意的是，无论情绪怎样，都是通过努力来作用于顿悟的，也就是说，与情绪有关的努力程度越大，顿悟的原型激活率就越显著。

四　认知神经说

近年来，随着研究方法的改进，一些研究试图从脑机制原理方面来探索顿悟式学习的效率解释。例如，运用 EEG、ERP、PET 和 FMRI 等技术观察脑在处理顿悟信息时的活动状况，以解释学习的效率（罗劲，2004；邱江等，2011；Goel & Vartanian，2005；Jung-Beeman，2004）。这些研究为将来的顿悟式学习提供了训练的可能性。例如，罗劲（2004）的研究发现，大脑海马区域对问题表征转换具有加工作用，而扣带前回与左腹侧额叶则对思维定式的打破与转换具有加工效应；同时，Goel 和 Vartanian（2005）采用 FMRI 技术发现，右腹外侧前额叶是负责定式转移或表征转换的关键脑区；另外，创造性思维与双侧额叶中央回有关，特别是右侧额叶、左侧颖叶中部和缘上回的活动表现尤为突出；Jung-Beeman 等（2004）运用 FMRI 和 EEG 技术相结合的方法，发现学习顿悟中右侧前颖区对非相关信息间的联系具有加工效应；Bowden 等（2005）、Bowden 和 Beeman（2007）也发现，类似的区域对新奇答案具有激活效应，并认为大脑的准备状况（激活程度）对于顿悟的产生具有重要的意义。

就目前顿悟的认知神经心理学研究现状来看，由于这类研究都是基于已有的理论设计实验范式来观察大脑在学习状态下的激活程度，所以，这些成果对理论问题做了进一步的延伸，使之有了训练大脑的可能性，为顿悟现象的应用起了推进作用。研究带给人们的启示是，顿悟的认知神经心理学研究所采用的学习范式涉及学习能力、努力、学习经验、元认知、动机、反馈等经典要素（王婷等，2010；Bechtereva, et al., 2004；Bowden, et al., 2005；Bowden & Beeman, 2007；Howard-jones, et al., 2005）。从实证材料方面讲，这些经过了实验验证的要素为构建理论模型提供了结构上的构想效度依据。

第三节　体育学习顿悟解释模型

所谓体育学习，是指通过练习并与环境互动的方式达到高效执行某项运动动作的过程（Gattia, et al., 2013）。从学习效率的角度看，这一过程涉及许多交互成分，包括相关动作信息的收集、运动执行策略的选择、动作执行的控制，等等（Haith & Krakauer, 2013；Ste-Marie, et al., 2012）。Haith 和 Krakauer（2013）把这个看似复杂的交互过程归纳为两种具体的体育学习机制，即"基于模式的学习"（Model-based learning）和"非模式的学习"（Model-free learning）。首先，Haith 和 Krakauer 认为，人类行为的基本特征实际上是"适应"（Adaptation），所以，体育学习反映的是以减少系统错误为目的的适应过程。这样，适应范式中的学习就被解释为内在的"前模式"（Forward Models）发生相溶性改变的机制。根据 Haith 和 Krakauer 的解释，所谓"前模式"是指基于当前运动系统的现状对后续运动的状态进行预测的神经网络，主要表现为通过小脑对自身的控制，实现更快更准地计算身体与环境关系状态的动力系统。对于此系统来说，执行过程主要是通过对运动执行错误的觉察和对新环境的预测，并不断更新内在的"前模式"，从而引导运动表现能力的提升。也就是说，学习实际上是通过对运动错误信息的知觉与预测，产生"镜像模式"（Inverse Models），并以此为依据形成运动动力关系的模式（或图式），供任务执行时质量监控的计算之用。在 Haith 和 Krakauer 的解释中，这一执行监控过程被界定为基于模式的"控制策略"（见图 4-1A）。从这个意义上讲，Haith 和 Krakauer 认为，由于学习是借助于模式的认知，学习效率的提升具有间接性的特征。

Haith 和 Krakauer（2013）认为，与之并存的还有另一种体育学习机制，主要表现为直接的控制操作并受操作结果的反馈驱使。这种学习是通过强化式地反复执行来获得长期固化技术的过程。由于其过程缺乏"前模式"的操作表征，仅仅依赖操作结果的反馈强化，所以，与"模型"学习相比，"非模型"的学习在"控制策略"上主要依赖工作记忆对成功结果进行精准计算的操作（见图 4-1B）。

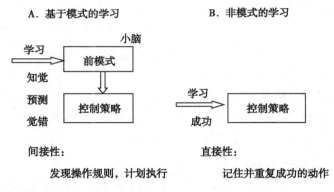

图 4-1　人类运动技能学习的模式与非模式机制
（Haith & Krakauer，2013）

关于体育学习的效率问题，传统的技能学习机制理论存在着多种解释。把 Haith 和 Krakauer 的解释观点进行对比分析后，发现其解释的方法类似于信息反应的"开放"类运动与自我启发的"闭锁"类运动的特征解释（Afshari，2011；Schmidt，et al.，2007）。但是，Haith 和 Krakauer 对体育学习特征的解释，是基于"模式操作"和"结果控制"来表述学习过程的发生机制，而"开放"与"闭锁"解释理论是把注意作为体育学习的基本分析元素。例如，Schmidt 和 Lee（2005）在讨论"开放"与"闭锁"的运动特征时，着重强调了注意控制的工作机制。根据 Schmidt 和 Lee 的解释，"开放"的运动特征是运用心理的运动程序，要求注意集中在运动执行之前，其运动执行的形式是迅速地反应环境对任务的要求，且动作一旦开始，就不能停止；相反，"闭锁"的运动形式对反应时间的要求相对较低，运动执行的过程需要注意持续地参与，并通过适时的监控减少实际与期望之间的目标误差。由于这种观点强调注意的执行方式，许多研究将相关的概念延伸到技术执行的特征解释上，并运用了"开放性运动技术"和"闭锁性运动技术"的研究概念（Schmidt, et al., 2007）。在体育学习的研究领域中，这种运动形式的解释已逐渐被用来进行运动技术分类的讨论（Afsharia, et al., 2011）。由此可见，关于"开放"与"闭锁"运动特征的解释观点主要倾向于对技术分类的讨论，而 Haith 和 Krakauer 的学习解释观点则更注重对体育学习过程特征的诠释。Badets 和 Blandin 曾在 2010 年根据类似 Haith 等的观点解释框架，把体育学习分为"观察学习"和"操作学习"两种过程形式，并设计了相应的实验任务用于观察体育学习的效率。结果发现"观察学习"促进学习的效率是因为其涉及图式（模式）的认知。另外，Verwey 等在 2011 年也曾用体育学习的模式概念完成了一项研究。在这项研究中，Verwey 等以年龄为观察变量，考察被试者对模式表征的综合学习情况，结果发现年龄对运动模式表征的学习有影响。研究建议，对于中年以上的人群来说，采用内隐学习的方式，会更有利于其形成完整的运动模式，从而提高学习的效率。总之，近几年出现的这些研究成果说明"模式"与"非模式"的体育学习机制解释观点正在逐渐得到实证数据的支持。

如前所述，体育学习是通过环境互动和练习实现有效完成运动动作的过程。根据 Haith 和 Krakauer（2013）对体育学习特征的解释观点，任何体育学习都可以通过"基于模式学习"和"非模式学习"中的一种形式来实现（见图 4 - 1）。而对于体育学习的任务来说，学习过程可以分别解释为以"模式"为主的操作机制和以"非模式"为主的操作机制（Fermin, et al., 2010）。然而值得注意的是，从任务操作的层面上讲，Fermin（2010）等和 Gattiar（2013）等都把体育学习"模式"解释为"运动表征"。另外，根据 Haith 和 Krakauer（2013）对"非模式学习"的解释以及 Hansen（2011）等对操作控制的讨论，技能学习任务在"非模式"的操作情况下，主要表现为执行进程的监控。这样，运用学习顿悟的原理来解释体育学习的效率问题时，"运动表征"转换实际上就是一个"模式"操作的问题。其中，"模式"操作的关键是"模式识别"。也就是说，对于"模式"操作的任务来说，学习的效率反映在解决任务结构与运动环境关系的构建上。主要通过运动表征的认知与相关信息的提取来实现对模型的识别，并以此形成有效的控制策略（Fermin, et al., 2010; Knoblich, et al., 2001）；而根据学习顿悟的"进程监控"理论，"非模式"类的技能学习效率应体现在"操作控制"上，即对于"非模式"操作的任务来说，对操作进程的监控是提高学习效率的直接路径（Haith & Krakauer, 2013; Ormerod, 2002; Macgregor, 2001）。

在确定了以上两个基本观点后，我们需要对体育学习的顿悟机制进行解读，然后构建学习效率的解释模型。具体从以下 3 个方面来阐述。

首先，分析基于"模式"的体育学习。根据 Haith & Krakauer（2013）的观点，技能的习得主要反映在对运动执行模式的识别上，这是一个不断由"镜像模式"替换"前模式"的过程，然后通过控制策略来实现操作的学习。运用顿悟学习的解释，其实质就是表征转换的过程（Knoblich, et al., 2001）。具体地讲，在这个过程中，学习需要克服原有表征的"限制"，进行环境与操作的"分解组块"。由于旧的运动反应组合（运动表征）会干扰新的反应结构的形成，所以，学习需要克服这些旧的运动反应结构，使其转变为新的运动表征（见图 4 - 2 中 A 部分）。例如，在乒乓球的接发球学习中，学习者需要对每种情境下接发球的反应模式进行识别，了解如何回应来自各个方向和各种形式的发球（如上旋球、下旋球、侧上球、侧下球等），并构建每种情况下一一对应的反应模式组合。其中，学习顿悟则表现为学习者对对方发球方式的正确判断。

其次，对于"非模式"的体育学习来说，由于学习目的是基于操作与控制趋向最佳化，技能的习得主要表现为熟练准确地完成运动动作的操作，而操作的控制策略是结果与目标的一致性（Haith & Krakauer, 2013）。运用顿悟现象的解释观点，最佳的控制策略是通过"进程监控"来实现的，表现为"当前的动作执行"与"标准的动作执行"差异比较的过程（Ormerod, 2002; Macgregor, 2001）。例如，对乒乓球发球的学习，学习者需要根据选择的目标，操作控制动作的执行过程，将球发到指定的地点。这样，学习的效率就表现在每次执行都能做到一致性，所以说操作的"进程监控"是学习的关键（见图 4 - 2 中 B 部分）。

最后，需要指出的是，无论是"模式"还是"非模式"操作的体育学习，关键信息的启发对于顿悟的产生都非常重要。从"顿悟原型激活"

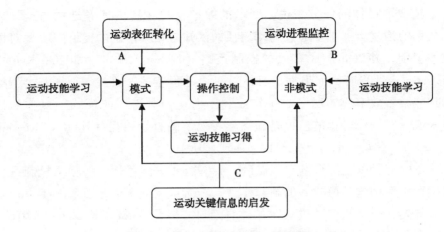

图 4－2   运动技能学习顿悟机制解释模型

的解释观点看，关键信息的启发包含在整个学习过程中（张庆林等，2005）。也就是说，无论是运动模式的认知，还是动作控制的操作，都离不开关键信息的启发（见图 4－2 中 C 部分）。

通过图 4－2 对体育学习的顿悟机制的解读，不难看出体育学习与知识学习（如数学学习等）之间的差异主要表现在体育学习（包括技能学习）的操作控制是一个必不可少的执行过程，而知识学习则表现为其是以思维过程为主的形式。那么，体育学习怎样与学习效率形成关联呢？在这里，我们基于 Hays（2002）等对顿悟式学习的特征解释，提出一个体育顿悟式学习的解释观点。与传统的 PML 理论相比，顿悟式体育学习的观点认为，学习效率的提升不是基于"练习律"与"反馈方式"的解释，而是把顿悟过程的解释作为考察的前提。

根据 Hays（2002）等对顿悟式学习的解释，顿悟的产生是建立在"学习能力"与"主观努力"的基础上的。具体地讲，顿悟式的学习过程是个体在认知自己学习能力的基础上，激发了学习的努力程度来实现"表征转换""进程监控"以及对"关键信息"的理解。许多研究证明，在体育学习中，无论是"模式"还是"非模式"的操作过程都把学习能力和努力程度作为效果考察的要素（Lee, et al., 1994; Schmid & Lee, 2005; Verwey, et al., 2011）。例如，Verwey（2011）等在讨论年龄对体育学习的影响时指出，在观察年龄对学习效率的中介效应时，学习能力与努力程度应是基本的结构。也就是说，体育的学习不仅依赖学习能力，也离不开主观的努力；从学习认知的视角，Shalley 等（2009）也认为，能力与努力可以达到认知的最优化，促成顿悟的发生。其中，特别值得一提的是，Hays（2002）等建议，顿悟式的学习离不开个体对自己和他人学习表现的认知以及对这些认知的反应调节能力。Hays 等认为，学习过程中对关键信息的把握程度体现了个体的学习能力，即学习能力越强的个体，则越容易捕捉到学习中的关键信息。

需要说明的是，与传统的体育学习观点比较，顿悟式技能学习解释观点中的学习能力与主观努力讨论是着重解释它们在顿悟过程中所扮演的角色。根据顿悟式学习的解释，能力与努力的作用路径是通过顿悟现象的效应来解释学习结果的。而传统的体育学习观点则是从信息处理的角度来讨论其对学习效率的影响的（Ranganathan & Newell，2013）。具体地讲，在顿悟式的体育学习中，效率的提升是基于多个顿悟的累积，顿悟越多，技能掌握就越快，学习效率也就越高（Hays, et al., 2002）。而能力与努力则是促成顿悟累积的关键要素。为了进一步解释这两个要素的操作性界定，根据 Hays 等（2002）的建议，本书提出了一个顿悟式体育学习要素的"内""外"驱动效应解释。具体地讲，体育学习中的顿悟主要是由来自内部的学习能力和外部的学习环境共同驱动的结果。其中，作为内部的驱动要素，"学习能力"反映了相对稳定的顿悟影响要素，主要包括"体育知识""运动元认知"和"运动经历"；而外部学习环境的驱动效应则主要表现为"主观努力"。它与教师对学习动机的激励、采用的教学方法以及学习的互动有关（见图4-3）。

根据如图4-3所示的解释模型，顿悟式体育学习效率的机制表述为"学习能力"与"主观努力"分别来源于"内部"和"外部"的驱动效应，促成顿悟的发生，从而实现学习效率的提升。其中，作为内部驱动源的"学习能力"是就"顿悟"有关的基本要素而言的，反映了学习者自身具有的相对稳定的要素。从操作性概念上讲，界定为个体学习运动技术的先决条件，包括与体育有关的知识结构、运动的元认知以及参加运动的经历（见图4-3），分别命名为"体育知识""运动元认知"和"运动经历"。一般地讲，缺乏体育学习能力的人是不太容易在学习中获得顿悟的。而"主观努力"则反映了外部学习环境驱动的效应，对顿悟起着重要的作用。就其操作性概念而言，"主观努力"来源于教师对学生学习动机的激励、教师运用的教学方法以及学习中的互动，分别命名为"动机激励""教学方法"和"学习互动"。特别需要指出的是，从学习的顿悟过

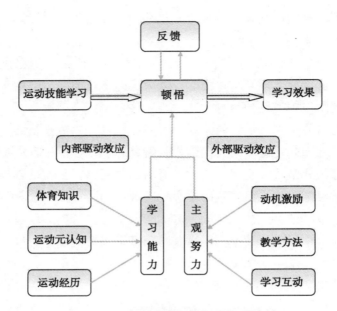

图 4 - 3   运动技能学习的顿悟解释模型

程考虑，学习反馈是一个重要的元素，它可以强化顿悟的效应，对学习效率的提升形成操作性监控的作用（Sigrist，et al.，2013）。见图 4 - 3。

（一）关于学习能力的解释

在体育学习效率的顿悟解释模型中，"学习能力"是促进顿悟的基本元素之一，主要反映了学习者顿悟的基本内在条件。Sidaway 等（2012）认为，在运动技能学习中，学习者的认知能力对于学习信息的领悟和反馈效率都起重要的作用，特别是它对于运动技能学习中的"表征转换"和"关键信息"的获取非常重要，制约着体育技能习得的快慢、深浅、巩固及运用的程度，是运动技能可持续发展的重要内在因素（Sidaway，et al.，2012）。相关的研究表明，个体自身的学习能力与相关的知识结构、元认知和学习经历有关（Hays，et al.，2002；邢强等，2009；Seidler，2004）。

（1）体育知识作为学习能力的表现

"体育知识"是指学习者具有的与体育相关的知识，并随着学习内容的增加而逐渐丰富，所以它是相对稳定的能力要素。体育知识是人们在体育学习过程中通过反复地实践所积累的认知结果。教师、教练在做示范动作或讲解相关的动作要领、原理、规则以及动作技术概念时，都是在做体育知识方面的传授，而运动技能是通过练习获得的动作活动方式。体育知识与体育技能既有区别又密切相关，与领悟有关的体育知识是体育技能形成的关键。体育技能的结构越复杂，越需要以一定的体育知识为指导，体育技能是对体育知识的应用。概念是人类知识的基本成分，人们利用概念可以构成各种复杂的知识，包括对规则、定律等的认识。动作概念是有关动作技术、运动知识、原理、规则等的抽象概括，是运动知识的基本成分。研究显示，体育知识之所以是技能学习能力的要素是因为它可以帮助学习者正确理解新的学习内容（Rosalie & Müller，2012）。从顿悟的解释原理看，在体育学习的知识体系中，尽管内容是千变万化的，但许多知识元素是相通的，这构成了许多相通的关键信息，为顿悟式学习提供了信息分析的来源。学习者通过利用已有的知识结构来获得启发性的信息，以促进顿悟的发生。例如，有关乒乓球的技能知识可以帮助学习者在学习网球中获得顿悟。但是，个体在解决问题时，由于知识结构包含了较多其他的信息（即干扰事件），会影响学习相关原型的提取。因此，是否能够顺利提取相关的原型，获得重要的启发信息，是个体学习能力强弱的体现（邱江等，2011；张庆林等，2011）。

（2）运动元认知作为能力在学习中的监控作用

"运动元认知"作为"学习能力"的要素之一，反映了运动技能在学习中的自我意识和自我调控的功能，界定为个体对自己运动知识结构认知的程度。在运动技能学习中扮演着本体感受的角色，是学习能力体现的具体维度（Sigrist，et al.，2013；董大肆，2005）。根据 Sigrist 等（2013）的解释，在运动技能学习中，"运动元认知"主要为学习者提供反馈监控和调节的校标。邢强等（2009）的一项研究结果显示，元认知监控程度高的被试者的顿悟问题的解决比元认知监控程度低的被试者表现得更优秀，元认知的监控是顿悟问题解决的影响因素之一，如果激活了原型也即获得了关键启发信息。从学习顿悟的原理讲，"运动元认知"为动作执行的进程监控提供了必不可少的信息分析渠道，所以，对学习顿悟具有重要的意义。

（3）运动经历作为知识储备是学习能力的表现

"运动经历"是"学习能力"的迁移源（Seidler，2004）。Seidler 的研究表明，不同技能的学习是可以通过迁移来获得的，这种迁移就是把经历作为信息源来实现。进一步，Seidler（2004）认为，经历可以促进学习能力的提高。他们曾用实验展示了"运动经历"作为运动技能学习能力迁移源的效应。通过对照组的实验设计，让被试者学习 5 个技能任务，其中 3 个任务是类似的，其余 2 个是毫无关系的，结果发现类似任务的学习获得了更宏观的知识。他们解释这是因为前一学习任务形成的"经验"为后续的学习提供了条件所致，说明了经历与能力之间存在着促进关系（Seidler，2004）。

（二）关于主观努力的解释

"主观努力"作为顿悟式运动技能学习的重要成分之一，主要反映了顿悟的外部驱动效应取决于学习的环境。从顿悟的解释观点讲，教师通过对学习动机的激励，提高学生的主观努力程度，进而获得学习的顿悟。同时，教师采用的教学方法，其内容、难度以及形式都可能影响学生学习的积极性，进而涉及主观的努力。最后，学习的互动可以从学习环境的层面来影响个体的主观努力程度（Eisenberger，et al.，2003；Hays，2002；Mainhard，2012）。

（1）动机激励对主观努力的促进

相关的研究表明，动机激励可以增加"主观努力"（Eisenberger，1999，2001；Eisenberger，et al.，2003）。首先，这些研究发现清晰明确、具有激励性的目标常常能激发个体的主观努力。对高绩效行为后获得奖励的期待，往往会激发个体的自主感，增强学习任务的兴趣，并促进顿悟（Eisenberger，2001；Eisenberger，et al.，2003）。其次，激励方式的主要效应是引发学习的动机（Afshari，et al.，2011）。动机是学习行为的内在动力，对于主观努力具有重要的意义（Afshari，et al.，2011；Wulf，et al.，2010）。需要指出的是，在过去的运动技能学习研究中，学习动机的效率问题通常被忽略了。Wulf，Shea 和 Lewthwaite（2010）指出，这是因为传统的 PML 理论没有把个体的最佳动机状态考虑在运动技能学习的练习和反馈效率中。然而，Collins 和 Amabile（1999）则把动机作为学习顿悟的来源。他们认为，运用动机激发的方式，不仅可以提高学习的兴趣和投入，更重要的是可以增加主观的努力。进一步，Afshari（2011）等认为，学习动机的激励是提升个体学习动因的直接路径，通过激发学习的动机，行为过程才能增加主动性的成分，这对顿悟非常的重要（Afshari，2011）。

（2）教学方法提升主观的努力

Hays（2002）等建议，教学方法不仅能够从外部环境上影响学生学习的积极性，更可以增加后续学习的努力程度。学习的努力程度，在很大程度上取决于教学的方法（Hays，et al.，2002）。丰富的教学手段，可以激发学生的主观努力。相反，教师的教法单一，学生的主体地位常常得不到尊重，主观的学习努力则会下降（霍军，2013）。

（3）学习互动激励主观的努力

相关的研究建议，师生之间、生生之间的积极互动能够提高学生学习的主观努力程度（Hays，et al.，2002），并从学习环境的层面激发学生的努力程度（Mainhard，et al.，2012）。在运动技能学习的过程中，通过师生间的互动与共享，激发学习者在学习上的主观努力，从而促进学习效率的提升（Beaumont，et al.，2012）。而且，对于运动技能学习来说，师生之间的互动比其他知识的学习更容易操作。因此，体育学习中师生互动式的教学也是营造主观努力环境氛围的重要手段之一（祖晶等，2009）。

（三）关于学习反馈的解释

控制论中，把系统输出信息对被控对象产生的结果返回到原系统并对信息的再输出发生作用的过程称为反馈。而在学习过程中，教师把教学信息传达给学习者，再把教学信息对学习者的作用结果接收回来，并给予分析与调节，再把信息返送出去的过程就是学习反馈的过程。学习反馈还包括学习信息反馈和学习调控反馈。

（1）反馈与信息分析

相关研究表明，顿悟与学习反馈有着密切的联系（Hansen，et al.，2011；Hays，et al.，2002）。如同信息交换平台，反馈可以实现有目的、有保证的操作与控制。例如，运用录像教学的反馈，通过把记录的学习状态回放、反馈给学生，进行对比纠错的学习，可以增加顿悟的发生概率。从顿悟式学习的视角解释，在运动技能学习的过程中，反馈引起的学习表征更能为原型启发和关键信息的获取提供有利的条件，而更多的顿悟的发生，又会促进准确的反馈。在运动技能学习中，利用顿悟的信息，不仅可以使学习者体会到顿悟成功的快乐，更能将其作为反馈觉错信息的来源，适时地给予正确的引导，促进学习与效率的良性循环。从这个角度讲，也是提高学习效率的有效途径（王晓波，章建成，2009；金亚虹，2005）。在学习过程中，课堂教学信息还具有诊断的功能，教师可以通过学习者的反馈信息，及时了解学习者遇到的难点与疑点，诊断出其"思维困境"的具体症状，及时给予点拨与提醒，促进顿悟的发生。

（2）反馈与监控

相关研究发现，及时地反馈可以强化控制模式（Sigrist，et al.，2013；Hays，et al.，2002）。在运动技能学习效率的顿悟解释模型中，学习反馈是强化关键信息的重要途径。反馈式教学还可以通过强化顿悟来提高学习者对学习进程的感知度。

课堂教学的信息反馈还具有监控的功能。在教师获得信息反馈做出诊断后，就可以根据接受的信息结果来对教学内容、教学进度以及教学方法等进行调整，使学习过程保持良好的状态，实现调控教与学的过程（刘志勇等，2013）。教师如果能够及时地接收来自学习者准确的反馈信息，对于学习者较好的行为表现给予肯定的评价，也能使学习者获得心理上的满足，从而增强学习者的信心与兴趣。反之，当学习者对教学内容有疑惑，对教师有否定、拒绝等负向的反馈信息时，也能促使教师做出调整或改进。

第四节　小结

顿悟是学习中普遍存在的现象。体育学习与知识学习相比，除了认知参与以外还需要操作控制的配合。因此，从顿悟现象的解释观点考察，体育学习中的技能习得主要是通过认知形式的"表征转换"和操作控制的"进程监控"来实现的。同时，"原型启发"中的关键信息获取也必不可少。本书基于体育学习的顿悟特征，提出了运动技能学习的顿悟解释模型，主要表述为学习效率的提升是可以通过顿悟的累积来实现的。即学习过程中，顿悟发生率越高，学习的效率也就越高。进一步，运动技能顿悟式学习的基本结构要素包括了内部驱动效应的"学习能力"与外部驱动（学习环境）效应的"主观努力"。同时，学习反馈对于顿悟的发生也会起重要的作用。就学习的效率而言，它们是一种互动的关系。进一步，"学习能力"的结构要素主要包括体育知识、运动元认知和运动经历；而主观努力的结构要素主要包括动机激励、教学方法和学习互动。

本书建议，未来探索的方向应该是对这个解释模型的实证数据进行求证，主要从以下4个方面来考虑。

第一，对解释模型的效度进行检验，确认学习能力与主观努力在体育学习效率中的顿悟解释效度。

第二，通过实证数据来确定体育学习中基于学习能力和主观努力的顿悟与学习效率的关系。

第三，进一步确认体育学习中的学习能力和主观努力的结构要素。

第四，探索开发基于该模型的教学实践路径。通过教师的教学为学生顿悟的激发创造有利条件，以提高体育学习的效率。

第五章

习得无助的理论

自从美国心理学家 Seligman（1967）提出习得无助的概念以来，习得无助现象就引起了心理学界广泛而持久的关注，并在多个领域进行了研究。研究探索的焦点主要集中在对习得无助的产生机制的探讨上。有习得性无助感的学生往往表现出认知障碍、情绪障碍，等等，对他们进行归因、动机、学习策略等方面相互结合的训练，在一定程度上，能够有助于他们提高战胜困难的信心，帮助他们改变消极的归因方式，增加对学习任务的关注朝向，从而增加努力的程度。而采用灵活、有效的学习策略，能提高学习成绩，更好地解决学生的习得性无助感的问题，更有利于学生在学习成长过程中准确地了解自我、评价自我。因此，对体育学习中的习得无助现象研究有重要的价值。本章就习得无助的概念、习得无助的理论、习得无助的研究进展等方面进行探讨。

第一节 习得无助的概念

所谓习得无助（Helplessness），是指个体遭受接连不断的失败和挫折，并被不当归因所左右时，便会感到自己对一切都失去控制和无能为力，从而产生了对自己丧失信心的心理状态与行为（Overmier & Seligman，1967）。Seligman 认为，习得无助行为是由相互联系的 3 个方面组成的。首先，不可控的环境是习得无助产生的条件，即个体认为行为与结果的联系是随机的、不可控制的；其次，是伴随性的认知，即个体认为任何积极的行为都不能改变其失败的结果；最后，是放弃的行为，即个体对偶然性认识后所表现的直接结果，会用无助的心态来对待将来发生的事情，如自卑、缺乏自信等。也就是说，个体会放弃任何的努力去避免类似的事情再次发生（Seligman & Steven，1971，1993）。Seligman 在分析这种现象时指出，人们对不幸事件的归因有类别特征，即有不同的归因方式。他把这些归因方式分为以下两类：一是消极的归因方式，即内部—普遍—稳定的归因方式；二是积极的归因方式，即外部—具体—不稳定的归因方式。具有消极归因方式的人，把挫折和失败归结为内部、稳定、普遍的原因，把成功归结为外部、不稳定的、具体的原因。而具有积极乐观的归因方式的人却与此相反，他们往往把失败和不可控事件归结为外部、不稳定、具体的原因，而把成功归结为内部、稳定、普遍的原因。因此，当具有消极归因方式的人遇到挫折时，他们会倾向于产生习得性无助感和抑郁（Seligman，1998）。

第二节　学习与习得无助

就学习而言，无助感与个体对失败的内部、稳定的归因密切相关。习得性无助感的个体当失败时倾向于内在的、固定的和不可控的归因；而成功时倾向于做出外部的归因。他们指责自己的失败和不赞许自己的成功，他们经历了太多的羞辱、抱怨和绝望（Timothy L. Seifert，2004）。多数研究表明，个体的能力归因与行为效能感，与成绩和自我效能感都成正相关关系（Schunk，1984；Schunk & Cox，1986）；个体的自我效能感与任务的难易程度归因呈正相关关系，而与运气归因呈负相关关系（Schunk & Gunn，1986）；学习无助感与自我效能感和成绩呈负相关关系（Relich，et al.，1986），而成绩与能力、努力和任务难易程度归因呈正相关关系（Schunk，1984）。Cullin（1985）的一项研究也发现，个体过去的学习成绩对归因有显著的影响，有较差学习成绩历史的个体，更有可能将失败归因于自身能力的低下，而且过去的学习成绩能通过自我概念而间接地影响个体的归因。个体知觉到的自身能力的缺乏与学习动机的持续低下，致使他们做出了失败是源于自己缺乏能力的结论（Marsh，1984；Marsh，et al.，1984）。反复的学业失败将导致个体做出自我保护策略以及行为无助模式的产生（Harvard Valas，2001）。在一项对青少年的研究中发现，当他们预感到在某项活动中会失败而失败代表着自己低能时，活动的成绩很容易会让他们觉得受到了很大的伤害（Carolyn M. Jagacinski & John G. Nicholls，1990）。

中国学者也对学生的习得无助行为做了许多有价值的研究。例如，吴增强（1995）以初中生为实验对象，做了一项不良的习得性无助的实验研究。研究结果发现，外部奖赏不但不能提高成功组学生的内在动机，反而增加了失败组学生的习得无助感。值得一提的是，数学作业的成败，对习得性无助倾向有非常显著的影响。他做的另一项实验研究，针对信息反馈不一致导致的习得无助机制进行了探索。研究结果表明，在认知活动中，信息反馈的不一致是导致习得性无助的关键因素。信息反馈的不一致，引起了不可控的消极认知，损害了学生的认知与情绪，这些研究与过去的研究结论相一致。

产生习得性无助感的最主要原因，是个体在学习中经受了反复的失败。学生由于正处于个性发展的时期，心理上比较脆弱，然而其可塑性却相对较强，反复的挫折使他们无法感受到成功的快乐，逐渐失去了自信心，慢慢产生了退缩的行为，多数情况下都不敢主动尝试，更不敢接受挑战。个体长期学习的失败经验还有可能会导致其他一些不良情绪产生，例如灰心、沮丧等，并严重地损害了个人的自尊与自信心。但是，为了保护自尊，他们就会做出消极的防御，即采取避免引起别人注意的方式。例如，即使他们能够提出问题时也不开口说话，久而久之，他们的学习状况日益恶化，学习会成为一种负担，毫无乐趣可言，继而表现出自暴自弃、心灰意冷等负面情绪，由此，逐渐形成了习得性无助。而一旦产生了习得性无助感，就会引起动机、认知和情绪的障碍，严重阻碍学生的发展。

第三节　习得无助的认知解释理论

随着习得无助理论的逐步发展与演进，该领域的理论模型不断演变出新的解释理论。目前，运用较多的是"基于归因/解释风格的习得无助理论""基于目标的习得无助理论""基于习得无助感的归因理论""基于信息加工的习得无助理论""基于自尊保护的习得无助理论"和"基于认知解释模式的习得无助现象理论"等理论模式。

习得无助理论是在 20 世纪 60 年代由美国学者马丁·塞里格曼和史蒂芬·玛瑞尔首次提出来的。1967 年，他们在对狗进行的一项学习实验中发现了这一现象。他们先把狗关在笼子里，只要蜂音器一响，就给狗以痛苦的电击，狗既不能预料也无法控制，经过多次实验后，实验者改变了操作的方式，蜂音器开始响，但是在电击前先把笼门打开，此时的狗根本没有想到逃避，而是还没开始电击就先倒在地上痛苦地呻吟和颤抖。狗本来可以主动积极地逃避，却在绝望中等待痛苦的降临。随后，他们又把狗放在一个中间只用矮板隔开的实验室里，让它们学习逃避电击。在电击前10秒室内先亮灯，这时狗只要轻轻跳过矮板就可以逃避电击，这些技能对于正常的狗来说是非常容易学习的，但是实验中的狗绝大部分都没有学会逃避电击。它们先乱抓乱叫一会儿，后来就干脆趴在地上等待电击，没有任何反抗，这时的狗就对逃避或回避电击的学习产生了严重的困难。实验结果表明，有些遇到过不可控事件的动物，会减弱对以后可控事件的调节反应。这种在不能逃避或回避的痛苦情境下，不能领悟到可能成功的反应（学习和认知缺失）以及在被电击时反映出明显的情绪性（情绪缺失），等等，这些主观现象被称为"习得性无助感"（Overmier & Seligman，1967）。

Hiotro（1971）的一项实验同样也证明了"习得性无助感"在人类的行为中也会出现。在此项实验中，研究者选取了大学生作为被试者，让其中一组大学生能顺利地完成停止噪音的学习任务；而让另一组大学生无法停止那些噪音，由此，使被试者在最初的学习任务中产生了习得无助感。随后，让两组被试者完成猜字谜的任务，研究结果显示，有习得无助感的被试者在猜字谜中的成绩表现不如前者，说明了个体在一个情境中形成的习得无助感还可能会迁移到另一种情境中。另外，还有一些学者在实验中也发现了习得无助感能导致个体消极的认知定式，这种定式会使个体认为成功或失败是自己的行为无法控制的，最后导致其放弃了努力（William，Miller & Seligm，1974；Petersone-Tal，1993）。

对习得无助现象的研究，研究者基于对动物的条件反射的观察，揭示了习得无助行为产生的机制，随后继续探讨了人类的习得无助行为。因此，习得无助理论的提出，引起了学者们广泛而持久地关注，研究涉及人们在生活中的各个方面。习得无助方面的研究，学者们基本都严格地遵循了实验的设计，研究的焦点主要集中在习得无助现象的产生机制以及操作的变量方面，产生了许多有参考价值的习得无助理论模型。近年来，积极心理学的研究得到了蓬勃的发展，而习得无助的研究方法，尤其是对操作变量严格控制的实验方法，为积极心理学的科学化研究提供了宝贵的参考价值。正是因为习得无助理论可以预测重大事件的结果，所以也为临床上对抑郁的诊断和治疗提供了有效的方法，对预测学生在学习中的习得无助行为提供了重要的理论依据。

　　早期的习得无助理论是基于行为主义的学习理论，当时，行为主义学习理论在心理学领域占据着统治地位（Peterson & Seligman，1993），因此，早期的习得无助理论在很大程度上受到行为主义的影响。习得无助理论在传统的行为主义学习理论的基础上，加上了个体的自我反应——"期待"这个中间变量。这种"习得"性的无助感伴随着认知，能影响个体对其他问题的看法，所以习得性无助感的后果是对个体的行为、认知和情绪等都造成了严重的损害。习得无助的早期理论还对习得性无助与抑郁和焦虑的关系、无助的生理变化以及对身心健康的影响等方面都进行了大量的探讨。

　　习得无助理论研究的焦点是关于其产生的机制。各个理论都有着自己不同的解释，研究取得了很大进展。行为控制论认为，习得无助形成的原因是环境导致行为结果的不可控，治疗的关键是让个体发现自己的行为是有效的；而归因理论则认为，消极的归因方式是习得无助产生的原因，治疗关键是建立积极的归因方式；认知理论认为，解决问题时信息反馈的不一致造成认知努力无效，导致认知疲劳引发无助；目标理论则认为，个体追求成就目标引起习得无助，因此，建立起适应性动机模式和追求学习目标是最重要的；自尊保护理论则认为，自尊保护机制是导致习得无助的原因；人格理论认为，人格特质与性别因素对习得无助的产生和治疗有很大的作用。

　　行为控制论强调外在环境的作用，归因理论、认知理论与目标理论等则强调个体内部认知的过程。研究从强调事件的控制性转向认知过程，从强调外部环境转向内部心理过程以及内部心理和外部环境的交互作用，研究的变量涉及认知、动机、自尊、社会环境、人格特征、性别、家庭环境等多个方面，这些也会是今后研究的方向。

　　研究的方法主要是通过实验的方法，研究者往往要设置一个"困难场景"，如猜字谜、做难题等，让被试者经历失败，诱发无助感，然后改变实验环境、实验实施的方式、题目的难度等各种影响因素，观察被试者的表现。实验主要通过观察被试者失败后的表现，来区分习得无助型被试者和自主型被试者，这种方式不易对操作进行控制，影响信度与效度。也有研究者采用了比较新颖的方法，例如，Zeynep Cemalcilar（2003）等用"迷津卡片"和"构词字母颠倒卡片"作为实验材料，采用直接改变对行为结果的认知来治疗习得无助，实验中研究者直接告诉被试者成绩差的原因是题目太难或者题目本来就是解不开的。研究较少使用问卷调查法，目前习得无助的科学量表还比较缺乏，研究者通常是使用 IAR（学业成就责任问卷）、归因的问卷或解释风格的问卷来测量，但也有研究者提出，归因问卷和解释风格问卷只能了解普通的解释类型，与一些具体的情境不相符，因此，将来很有必要编制一些更好、更多的科学量表，以满足进一步研究的需要。

目前，国外对习得无助的研究较为宽泛，主要涉及产生机制、治疗和预防等方面，主要应用在心理治疗和教育领域。国内的研究相对较少，内容也大多是从理论上讨论，实证研究较少。但是，对习得性无助感的研究，越来越受到研究者的关注。因此，在中国的文化背景下进行习得无助感的实验研究，也许是未来的研究方向。

中国学者对习得无助现象的研究相对较迟。周国韬（1988）首次介绍了习得性无助感的理论，随后，在 1994 年，又对习得性无助感进行了探讨，让我们对习得无助理论有了更进一步的了解。吴增强在 1994 年发表了《习得性无能动机模式简析》，给我们介绍了归因训练的模式。郭德俊、刘道云（1995）发表了《习得无助评介》，分析和讨论了习得性无助感理论的发展进程。刘志军、钟毅评于 2003 年发表了《习得无助感理论发展研究的简评》，把已有的习得性无助感理论做了分类和简评。曹新美和郭德俊（2005）又发表了《习得性无助理论模型的演变与争议》，左颖慧、陈建文（2006）和孙嘉卿、李卓等对习得性无助感理论的最新进展又做了进一步的论述和评价。虽然已经有较多的学者开始关注习得无助现象的研究，但是与国外的研究相比，在许多方面还是不足的，例如，在产生的机制以及学习的实验研究方面等，需要结合中国的文化进行进一步的研究。

综上所述，习得无助的理论对许多问题的研究，都是在对动物研究的基础上进行的，对动物无助现象的研究大多采用归纳法，而对人类无助的研究则采用的是逻辑演绎推理的方法。首先，以评估动物心理变化为依据；其次，对人类的习得无助现象提出假设，收集事例再去验证假设。这些研究方法对习得无助的研究，起到了一定的作用，但是随着研究的不断发展以及认知心理学的兴起，研究者发现这些理论不能解释个体在不可控制的条件下产生的所有的心理反应。例如，在某些特定的情境中，不可控性是否会导致一种特定的心理行为模式？是否会导致人格特质的变化？人类习得无助现象是普遍性的还是特殊性的？随着对这些问题的进一步不断深入地研究，使习得无助理论有了新的发展，形成了习得无助的认知解释理论。

一　习得无助现象的综合解释模型

该模型是学者王进（2007）基于"习得无助"理论的"动机缺乏模式"和"功能缺乏模式"发展起来的在体育竞赛中的努力缺乏综合模式，是以心理过程的调节机制（包括认知和努力）来解释失败后引起的"习得无助"现象。这种解释包含了以上两个模式的关键部分（见图5-1），主要内容包括以下几点。

第一，个体任务失败导致归因引起朝向认知的活动。

第二，朝向认知的过程不但对控制性进行判断，并与努力的付出相关。

第三，非控制判断归因的认知过程决定后续任务非控制期望。

第四，努力判断的归因认知过程，导致对目标可能达到的认知。

第五，后续任务的朝向状态，导致后续任务的努力付出。

第六，努力缺乏导致后续任务的表现不佳。

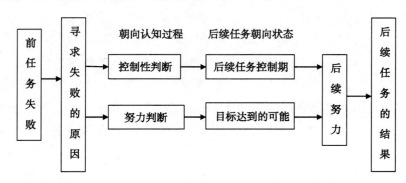

图5-1　习得无助认知解释模式（王进，2007）

以上习得无助的综合解释模式与"动机缺乏模式"和"功能缺乏模式"的不同之处在于对失败引起朝向认知活动状态的解释，即由失败结果导致对原因的认知，不但会导致个体对失败的控制性进行判断，而且能导致个体对努力付出的判断。当个体越倾向于认知失败是非控制的或者是不可避免的（如能力不足、任务太难、运气不好等），并越归因于个人已经尽力了，归因朝向认知过程的强度就越强。但是，后续朝向认知活动状态的强度是否增加要取决于其归因的方式，也就是说，当归因方式是稳定的和普遍的因素，个体对后续任务的控制期望越小，对达到目标的可能性认知也越小。同时，增加努力的可能性也就越小。当个体归因朝向内部控制点时，判断认为自己努力付出不够，后续任务朝向状态的强度就会增加，表现为达到目的的可能性认知和后续控制感期望的增加，导致个体努力的增加。

王进（2007）认为，失败导致的归因判断，主要反映在朝向认知的活动上，而朝向认知的活动往往能决定后续朝向的状态，这一过程决定了个体对达到目的的可能性的认知和对后续控制感（或可避免感）的期望。而后续朝向状态又会导致个体对努力的再付出的判断，最后在运动表现上体现出来。因此，归因的方式是一个重要的中介变量，因为个体出现失败后首先是寻找原因，即寻找失误的原因。关于失败的动机推论，Kuhl 认为，个体失败后往往会增加努力来解决后续问题，但是，Abramson 和 Weiner 等的观点则认为，是否增加努力要取决于对失败的归因。当个体把导致失败的因素归于与后续任务无关时（非稳定或具体因素），动机才有可能增加。在多数情况下，动机相关的努力是通过增加后续朝向状态来实现的，因此，失败能否引起习得无助感主要取决于后续朝向状态的程度和努力的付出。

二　学习归因与习得无助感

这方面的研究起源于"内—外"控制点，控制点是 Rotter（1982）提出的，它表现了个体在生活中对奖励和惩罚决定因素的一般期望，一个极端是内部控制点，另一极端是外部控制点。Rotter 发现有外部控制点的个体的观念，与习得无助感的部分观念非常的相似，同时，他的实验研究也表明了这类被试者比内部控制点的被试者更会有要逃离或躲避不良刺激的反应。

习得无助的早期理论无法解释个体对不可控事件反应的个体差异性，以及不可控制事件导致的无助感的原因，因此，为了弥补早期习得无助理论的不足和方法上的缺陷，阿伯拉姆森与塞里格曼等（Lyn Abramson，Martin Selgman & John Teaselale，1978）对习得无助理论模型提出了批评，并对习得无助模型进行了重新构建。在不可控的事件导致无助的过程中，增设了因果归因的中介关系，在整体上修订了习得无助理论（Peterson，1993）。在重新构建的习得无助理论中，Abramson（1978）等人认为，个体不一定要亲身真正经历重复发生的事件，而是只要认定将来的事件或结果会是不可控的，就有可能形成无助感。Abramson（1978）等人吸收了Heider（1958）、Weiner（1972，1974）和 Kelley（1967，1972）等在解释行为原因时所采用的不同维度，把 3 个重要的因素吸收到归因的重构理论中。第一个因素是个体的内在与外在（Inherent VS. External），即个体对不可控事件的内在解释，导致了对该事件特定的无助感；相反，个体对不可控事件的外在解释，则导致了对普遍事件的无助感。因此，个体对不可控制事件所做出的内在或外在解释，会影响个体的自尊心，即如果是内在的解释，很可能会使个体的自尊心受到伤害，而如果是外在的解释则不会受到伤害。第二个因素是稳定与不稳定（Stable VS. Unstable），个体如果将失败解释为是不稳定的因素，那么无助感是短暂的；而个体如果将失败、不幸解释为稳定的因素，无助感将会维持下去。第三个因素是普遍与具体（General VS. Specific），个体对不可控事件的普遍归因会影响其生活的各个方面，而个体对不可控事件的具体归因只影响生活中的某个方面。即个体在失败时，如果进行普遍性的归因，就会导致扩散性的精神崩溃；相反，用一种具体性的原因来解释失败，就不会导致全面的消极的影响。

Abramson（1978）等人基于重构理论，通过对人们理解事件时所用措辞的习惯不同，进一步对"归因风格"（Attribution Style）也称为解释风格（Explanatory Style，Peterson & Seligman，1984）进行了划分。归因风格是指个体在面临不可控的事件时，所选择的因果解释的特定倾向。归因理论把失败的事件作为不可控的因素时，把它认定为是内部的、稳定的和普遍的解释。进一步，它在将来或者是在其他的情境中也是难以控制的，这种归因风格被称为悲观的归因风格。反之，如果把某些不好的事件认为是可控的、不稳定的、外在的和具体的归因时，则称为乐观的归因风格。归因重构理论的提出，使习得无助的早期理论得到了发展，同时，也为研究习得无助现象提供了新的视角。随着认知心理学的发展，对习得无助理论的研究也进入了认知领域。

Seligman & Teasdale 在前人研究的基础上进行了总结与归纳，并提出了习得无助感的修正理论，即个体归因或解释类型。归因理论主要是利用Attributional Style Questionaire 来了解被试者的归因。多数运用 ASQ 的研究表明，当个体把不可控的坏事件归于外部的、不稳定的和特殊的因素时，就不容易产生无助感；而当个体把失去控制归于稳定的因素，就会使无助感长期存在。因此，对相关事件做哪种归因，将对个体是否会形成无助感产生影响，也会对将来的期望产生影响。

解释风格（Explanation Style）运用的量表是 Martin & Seligman 编制的 *Content Analysis of Verbatim Explantion*（以下简称 CAVE），心理学家们通过验证发现，CAVE 与 ASQ 有高度的相关性。解释风格常常被用来解释某些人为什么会比其他人更容易发生无助感或者更容易得抑郁症。Hjelle（1996）指出，悲观主义（Pessimistic）解释风格往往是将消极的事件作为内部的、稳定的或整体的解释，而将积极的事件做特殊的、不一致的和外部的解释；但是，乐观主义（Optimistic）解释风格常常是将消极的事件作为外部的、不一致的或者特殊的解释。前者与抑郁水平、学业成绩（不理想）、消极被动、拙劣的操作表现等有显著的相关关系；而后者与行为的坚持性、好心情、优秀的操作表现等紧密相连。

修改后的理论进一步对个体无助感的迁移性、弥散性等进行了具体研究，结果发现，将不好的结果归因于"一般因素"风格的个体，无论是否在类似曾经产生无助的情境里，他们都很容易表现出习得无助感的特征；而将不好的结果归因于"特殊因素"风格的个体，则只有在类似曾经的情境中才会出现习得性的无助感。

以归因理论解释风格为基础的习得无助感的理论，指导了大量的实践活动，但是该理论也有不足之处。例如，该理论重点强调了个体内部的认知过程，但是将复杂的心理活动过于简单化了，对行为动机的理解过于偏颇。

Abramson 认为，与个体经历不可控的消极事件相比，动机缺失性的机制与程度应该是个体对不幸事件的结果更为复杂的归因。也就是说，如果个体将不可控的消极事件归因于内部的、稳定的、普遍的因素，那么，一种扩散的习得性无助感或者抑郁的状态就会出现，导致自我评价的降低，动机也会降到最低水平；否则，个体在经历消极事件后所形成的习得性无助感，就只能是受限于特定时空条件的、不普遍的、不足以降低个体自我评价和弱化个体的动机，甚至有可能会强化随后的行为动机。也就是说，消极事件原因的可控制性和部位、稳定性、普遍性一起决定了无助感的产生和随后的行为动机，而不是某种原因单独起作用。因此，归因模式的解释模式对无助感的症状，尤其是对抑郁有很重要的中介作用。

Abramson（1989）等在 11 年之后又提出了抑郁的无望感理论，扩展并具体说明了习得性无助感的再形成。他指出，消极归因模式是抑郁症的很多因素中的最重要的也是最危险的因素，被称为"无望抑郁"。在这个理论中，"无望"被作为无助的一个方面，如果发生了无望，意味着无助也就形成了。而且，他假设消极的归因模式以及抑郁的症状，只有当消极事件发生时才有联系，没有发生时则无相关联系。个体在经历了一个消极事件时，具有抑郁性归因方式的个体比无抑郁性归因方式的个体更容易体验到无望感，从而产生抑郁，特别是无望抑郁。

归因理论认为，要矫正或者预防个体无助感的核心是要学会积极的归因，进行归因的训练，转变以前错误的归因方式。个体通过一系列学习、反馈以及强化措施，最终会达到预期的目标。在完成任务的过程中，要把主要精力投入正在进行的学习中，而不是担心失败的结果从而产生焦虑的情绪。即使是失败了，也能从挫折与失败中调整自己的学习策略，认识到是自己努力不够或是外部的其他原因，而不是自身能力的不足。

在归因训练方面，归因训练的核心是建立理想的归因模式，即建立一种有助于提高成就动机与行为的具体的归因和维度。Forsterling（1985）对 3 种归因训练的理论作了比较后指出，它们的共同点是都把重点放在关注归因的稳定性和可控性两个维度上，认为如果个体把失败归结为稳定的、不可控的因素（如自身能力等），就能导致其产生负面的情绪，相反，如果个体把成功归结为稳定的、不可控的因素（如自身能力等），就会增强其对将来成功的期望，增进自尊心、自豪感及自信心；如果个体将失败归因于是不稳定、可控的因素（如努力等），则能够保持对成功的期望。因此，研究者在实际的归因训练中运用这些理论，应该引导个体在成功时做出能力方面的归因，而在失败时则应做出自身缺乏努力的归因，以此来提高个体的学习动机。

然而，这种归因模式在归因训练实践中也遇到了一些问题。例如，学者们对个体在失败后缺乏努力的归因的实际效果也存在着一些争议。Covington & Onelich（1979）的一项研究发现，个体如果失败后加大了努力，还是得到失败的结果，个体就有可能会转变归因的方式，导致其归因于自身能力的缺乏，从而使个体产生一系列的消极行为。另外，个体在成功时归因于能力，在失败时归因于运气不好的归因模式也存在一些异议。Anderson（1983）的一项研究发现，个体把失败归因于学习策略的失误，在某些情境下，能够提高学习的积极性。因为学习策略是一种不稳定的和可控的因素，因此，归因于学习策略，一方面，能够使个体仍然做出继续的努力；另一方面，能促使他们改变策略，考量该如何去努力。

国内的学者在归因训练方面也已经做了大量的探索。例如，隋光远（1991）的一项研究中，运用努力归因与现实归因相结合的方法，对初中生进行归因训练，以提高学生的学业成绩的动机水平。在 2005 年对这些学生又进行了后续的追踪研究，结果发现，归因的训练具有持续性的效果。另外，胡胜利（1996）的一项研究中，通过在不同的课堂情境中，对小学生进行成就归因和再归因的训练，研究结果认为，韦纳的归因训练模式与策略指导相结合的训练方式，能有效地改变小学生在不同课堂情境下的成绩归因倾向，并能增强学生学习的动机水平，提高学习的效果。韩仁生（1997，1998）分别对小学生和中学生进行了归因的训练，研究结果发现，经过训练后，小学生的学业成败归因明显发生了变化，成功大多归结为能力等稳定的因素，失败大多归结为努力等不稳定的因素。而对中学生的归因训练，能使学生的归因和情感反应向着积极的方向转变，可以通过对未来学习的期望，使学生的成就动机和坚持性水平得到较大的提高。而葛强、景圣琪（2005）做了一项对电大学生的归因训练的实验研究，结果也表明，学生的归因方式有了明显改变，由消极的归因方式转变为积极的归因方式。王晶莹（2006）的一项研究也表明了归因训练的效果显著。

三　学习目标与习得无助

20 世纪 70 年代末，Diener & Dweck（1978，1980，1986）曾对儿童的习得性无助感行为进行了一系列的研究。他们的研究发现，具有同等能力的儿童，在面对失败和挑战性任务时，表现出两种不同的反应模式。一种是掌握定向模式，即适应动机模式。具有这种模式的儿童，大都有自信的表现，不容易被困难的学习问题所压倒，面对失败时，他们倾向于自我控制，关注点在于该如何掌握学习的任务，表现出积极的情感状态，对未来的成功抱有较高的希望，他们的成绩没有下降，坚持时间长，不断提高自身努力，选用更多的策略来解决复杂的学习问题。而另一种是习得无助感模式，即不适应的动机模式。具有这种模式的儿童，在遇到困难问题时，往往过低地估计自己的学习能力，对学习任务表现出烦躁、厌倦、泄气、失去自信、失去希望，有退避的倾向，他们的成绩不断下降，表现出消极的情绪，坚持性较低，对成功不抱希望，他们常把失败归因于不可控制的稳定的因素（如自身的能力等）。

两类儿童的行为表现截然不同，主要是源于他们的动机模式的不同。自主性倾向的儿童具有适应性动机模式，习得无助倾向的儿童则具有适应不良动机模式。在这两种动机模式里，个人的目标结构起着重要的作用。自主性倾向的儿童追求学习目标（Learning Goal），当他们面临学习挑战时，学习新知识是目标，他们重点关心自身能力的发展，他们会根据兴趣来选择任务，而不是判断他们在执行任务中能否有良好的表现，勇于接受有挑战性的任务，并认为不管是挫折或失败都可以帮助自己调整学习策略，使自己获得新的学习技能。而习得无助的个体追求的是成就目标（Performance Goal），他们很在意外界的评价，看重所取得的成绩，认为失败或成功就是能力的评判标准。因此，当他们面临学习难度的挑战时，良好的表现或者避免失败是他们的目标，他们担心失败，认为失败是因为自身能力的缺乏，逃避具有挑战性的任务，不愿从别人那里寻求帮助。因此，最重要的是要培养儿童建立起适应性的动机模式和努力追求学习的目标。

另外，Dweck 还指出，两类儿童的目标定向与他们对"智能"的不同理解有关。习得无助儿童认为自己智能是固定不变的、不可控制的。因此，认为自己能力低是一个不可改变的事实，他们不相信经过自己的努力可以克服学习困难并提高能力。这些儿童不大可能采取进取性目标，并在困难面前显得信心不足、无能为力。而自主性儿童则认为智能是可以训练的、可控制的和可变化的。这类儿童认为自身能力可以在学习活动中得到提高，所以他们选择挑战性的目标。正因为如此，习得无助儿童的自尊大部分通过成就目标来实现，他们采用尽可能获得成功和避免失败的策略来提高和维持自尊。自主性儿童认为自尊是在学习目标下体验获得的，进取性、挑战性的任务将促进自尊的获得。Kernis（1998）也认为，采用"表现目标"的个体习惯使用"赞同取向"（Acclaim Orientation），如果经历了失败他就会感到自尊受到了威胁，自尊就会处于不稳定状态，而不稳定的自尊就会导致焦虑或害羞感，并使他们采用一种自我防御的保护方式。而采用"学习目标"的个体习惯使用"掌握取向"（Mastery Orientation），他们积极追求发展的目标，常与不断努力、关注策略、积极情感、困难中的高坚持性联系在一起。

四　信息加工与习得无助

学者 Sedek & Koft 于 1989 年提出了习得无助的信息加工理论。习得无助的早期理论，是把个体对行为结果的不可控制作为导致习得无助感的关键因素。而 Sedek & Koft（1989）等人则认为，是不可控性导致了习得无助感。因为个体在尝试解决问题的过程中，任务的信息与结果不一致。这些不一致的信息，导致检验假设的活动失去了功效，这种长久无效的活动导致个体的认知处于耗竭状态，同时，伴随着操作上的失误，最终形成了习得无助感。这种失调是个体不能建构一个关于将来行为的合适的认知图式（计划）引起的。习得性无助信息加工理论认为，个体长期面对解决问题中的信息不一致，是不可控状况的一个关键因素，而这种因素会形成无助感的所有反应症状，不仅仅是认知成分，信息不一致也会造成情感的缺陷，引发负面情绪并伴随明显的抑郁感。当个体处于可控情境中时，其认知活动会获得有意义的一致性的信息反馈，在提出假设、验证假设的过程中，问题的不确定性将会降低；而当个体处于不可控的情境中时，会得到无意义的不一致的信息反馈，这样就增加了个体对问题的不确定性，不能得到一个合理地解决问题的假设，再加上感觉到无论怎样努力都毫无结果，个体就会表现出一种认知上的疲劳，会停止思考，不愿意再进行任何的活动。进一步，这种认知上的心理状态还会迁移，直接影响后来新任务的完成。

习得无助信息加工模式的描述性概念具有 3 个方面的含义。第一方面，不可控性对新颖的、无规则的任务或活动操作有重要的影响。第二方面，不可控性的负面影响对复杂的认知任务更为显著，因为复杂任务的策略与支配的有效利用要求有更高的认知努力，而对简单的认知任务影响则较小。第三方面，认知耗竭的心理状态是导致反应性抑郁的重要因素。信息加工模式同时也强调，认知耗竭的心理状态是暂时的，使它向稳定变化的过程有两种类型。一种类型是消极的、抑郁的自我图式的激活，形成了关于自我的消极的思考（Beck, 1967；Kaiper, Maedond & Derry, 1983）；另一种类型是个体始终以自我为中心，导致了负面情绪的扩散和进一步维持低自尊的知觉（Snyder, 1989）。但是，也有很多学者有着不同的看法。

例如，有学者认为不可控事件与适度的抑郁相联系，可能产生了更努力的认知活动（Dwards，Weawy & Gleicher，1991）。Pittman & Dagostin（1985，1989）的控制动机理论认为，当个体面对不可控的事件时，导致一种控制动机被剥夺，并且由于降低内部控制动机的倾向，个体选取一种更为谨慎的、更加保守的信息加工策略，增加了他们判断和决策的准确性。但是，太过小心谨慎，也可能带来消极的结果，阻碍任务的完成。Pittman（1980）和 Swann（1981）的一项研究发现，不可控的经历也可能增加个体处理特征信息的需求，加强认知归因的活动，可能导致个体具有一种更为宽泛的信息搜索能力。总之，认知耗竭的状态逐步伤害了个体建构性的信息加工（Sedek & Kofta，1990）。Sedek & Kofta（1989）认为，习得无助的信息加工理论，进一步支持了 Seligman 等人关于习得无助的最初理论，然而这一理论被提出后，也引起了学者们在理论上的一些争议。例如，Snyder & Frankel（1989）认为，信息加工理论没有说明习得无助感让个体自尊心受挫的原因，歪曲了习得无助的理论，为此，他们提出了习得无助的个人主义解释理论。

五　自尊与"习得无助"

Frankel & Snyder（1978）认为，造成习得无助产生的主要原因是个体有保护自尊和增加自尊的愿望。人们习惯于对好的结果表示赞扬，而对坏的结果采取否定的态度。当个体获得与原有的认知不同的评价时，个体的信心开始动摇了，在随后的任务中非常容易受到挫折，他们非常担心失败，认为自己能力缺乏，因此故意减少努力，而当出现失败时，就把低努力作为借口，他们把失败归因于个人本身，而这种归因方式会伤害到自尊，就会唤醒自尊保护的机制，从而改变归因的方式来保护自尊。这种防御性策略是个体通过放弃努力或较低的努力来保护自尊不受伤害，个体认为是自身努力不够而不是自己能力不足引起的失败，这能够减轻失败对他们自尊心的伤害。有研究表明，对于青少年来说，当他们感觉到在任务活动中会失败而失败就意味着自己能力差时，任务活动的成绩特别容易让他们受到伤害（Carolyn M. Jagacinski & John G. Nicholls，1990）。

Tomas & Joachim（1998）的一项实验研究结果也同样支持了自尊保护机制是引发习得无助感的主要原因。另外，他们还特别指出，是否在公开（或保密）的条件下完成任务，是影响个体能否产生习得无助感的重要因素。因为在公开条件下的失败表现会威胁到他们的自尊，所以，他们容易放弃或减少努力；但是在保密的条件下，自己的表现不对外公开，不会让自尊受到太大的伤害，个人的表现会比较积极，因此不容易形成习得无助现象。

他们先把被试者分为两组，给第一组做不能解决的题目，给第二组做非常简单的题目，分别让他们经历失败或成功的体验。接着，把所有被试者分别放在两种条件下（公开或保密）完成智力测试的任务。公开条件下的被试者被要求在测验答题纸上署名以及写上年龄和考试项目等信息，而在保密条件下的被试者被告知测试是匿名的，不要求在答题纸上署名或写上年龄等信息。结果发现，在公开条件下的被试者，前一次实验中的失败者比成功者表现得要差一些，完成的任务数也少；而在匿名条件下，在第一次测试中无论是成功者还是失败者都有积极的表现，努力完成测试，完成的结果（成绩）两者之间没有显著的差异。并且，在"成功—公开"的情境中，被试者倾向于把成功归于稳定的、内部的、普遍的因素。例如，归因于自身的能力等来提高自尊；而在"失败—公开"的情境中，被试者倾向于把失败归于不稳定、外部的、特殊的原因。例如，归因于任务很难、努力不够、运气不好等来减轻失败对自尊的伤害。甚至有失败者认为，能否完成任务取决于外部因素，例如，题目难度等，而自身的智力并不重要，并怀疑智力测试的有效性。

Snyder（1981）同样也认为，低努力是一种防御性的策略，当遇到不能控制的某些重要情境时，个体就会放弃努力，以防止得出低能的结论。也就是说，放弃努力是避免失败的一种方式。Gernigon，Fleurance & Reine（2000）通过实验同样证实了当个体经历了习得性无助感后，更加倾向于轻易地放弃或者在某些简单的任务中出现更为频繁的失败。具有无助感的个体，在学习中尽管做出了许多努力，但是还是反复的失败，重复的失败将引发个体自我保护策略以及无助感的模式（Harvard Valas，2001）。反复经历失败的个体可能会形成一种"防御性的悲观主义"，以保护自己（Martin Marsh & Debus，2001）。

Seligman 也认为，当个体遇到失败事件时，如果归于内部的原因会引起自尊的丧失，如果归于外部的原因自尊就不会受到伤害。稳定性的归因会影响习得性无助感和抑郁的持续时间。当个体把失败归于稳定的原因时，抑郁和习得性无助感就倾向于长期性；而当失败被归于不稳定的原因时，抑郁和习得性无助感则倾向于暂时性。普遍性的归因会影响习得性无助感反应的范围的大小。当个体认为失败事件的原因具有普遍性时，习得性无助感就会出现在生活中的各个方面；而当失败被归于比较具体的原因时，无助感就只会出现在某种特定的情境中。也就是说，个体在失败时，如果进行普遍的归因就会引起扩散性的消极影响，相反，如果进行一种具体的归因就不会引起广泛的消极影响。

第四节   体育学习习得无助研究进展

体育学习（Motor Learning）主要是指个体参加体育活动的一种能力，是在学习的基础上，以准确、高效地完成运动动作的能力。与学业中的学生习得无助的研究相比，对体育技能学习中学生习得无助的研究相对较少。

在体育学习中的习得无助现象的研究中，有学者对习得无助现象进行了个案调查研究，研究发现，"习得无助"者的表现特征有自我怀疑、自我否定和自我设限等，继而表现出颓废、沮丧、胆怯、懦弱、甚至绝望。"困学—难学— 畏学—厌学—更难学—放弃学习"是学习过程中习得无助学生心理历程的渐变与恶性循环。在这一渐变历程中，学生形成了无助感，最终导致他们放弃了所有的努力，出现失败（陈辉强，2005）。另有学者通过对宁波1006名儿童、少年调查发现，大部分体育能力低下的学生都厌恶体育学习，该研究还证实了体育能力低下与体育好恶呈高度的相关性。在体育教学中，这种技能"低下"与"厌恶"形成了一个恶性循环，最终导致体育习得性无助感的产生。这类学生常常会以各种理由请假、见习等，想方设法逃避体育课（章济时，2005）。傅银鹰等人的另一项研究也显示，在体育课中，学生如果把学习的成功或失败归因于稳定的因素，例如能力、学习任务难度，则会对未来的学习结果抱有成功或失败的预期，并会增加自豪感、自信心或产生羞耻感；相反，如果学生把学习的成功或失败归因于不稳定的因素，例如身心状态、运气、环境，则不会影响他们对未来成功或失败的期望（傅银鹰，2002）。另有一项研究发现，在各种因素中，能力和努力是最为重要的两个因素，假如学生将失败归因于能力，就容易放弃努力，久而久之就会产生习得性无助感。同时，习得性无助感还会引起认知、情感和行为的障碍，例如，在认知上表现出自我怀疑、自我否定和自我设限，形成外部事件无法控制的心理定势。在情感上表现出低自尊和抑郁，在行为上回避放弃，对简单的技能也会感到困难，对体育课没有兴趣，严重的则会放弃体育学习（徐亚康，2003；刘永芳，1998）。尹晓燕等也指出了在体育学习中的习得无助现象普遍存在，并提出了一些相应的对策（尹晓燕、匡晋海，2007）。

在归因训练方面的研究中，有学者对中学生做了体育学习中归因训练的实验研究，研究结果表明，实验组的学生在成败归因、情感、期望水平和意向等方面训练后都有积极的转变（王斌、马红宇，2000）。另一项对大学生的归因调查发现，大学生大多将体育学习的成功归因于兴趣（长期地）这一稳定的和可控的因素。因此，西方传统的理想归因模式，例如，刻板、机械和不真实等特点也受到了批判（胡红，1993）。周绍斌等人对体育教学归因训练方面的实验设计、变量控制和统计分析等进行了探讨（周绍斌、王斌，2000）。涂运玉等人分析了体操教学中学生习得无助感的表现、成因及其与归因间的关系，并结合归因训练的通用模式，提出了适用于体操教学中习得无助感学生的归因训练对策（涂运玉、刘芬梅，2007）。

在对学生的归因指导方面，目前的研究中主要是将成功归因于能力和努力等内部可控性因素，而将失败归因于缺乏努力。但是，也有学者指出，强调缺乏努力的归因，在解释增加努力而进一步得到失败的结果时，会导致个体认为额外的努力是对无能的补偿，从而怀疑自己的学习和运动的能力。如果在进一步增加了努力的情况下失败继续重复发生，则会导致个体直接归因于自身能力低下。因此，过分地强调将失败的结果归因于努力的缺乏也并不一定能产生积极的效果，如果不结合当时的具体情况进行合适的归因分析和指导，可能会起到适得其反的效果，而目前国内的研究似乎忽略了这个问题。

体育学习领域中，归因研究中的一个突出问题，是一些研究者没有注意到归因的应用研究——归因训练，这导致归因研究只是在理论上的探讨，而忽视了体育学习实践的客观要求。在体育学习中进行归因训练可以预测成绩。归因训练方法具有新颖性和有效性的特征，还有体育活动本身具备一些适宜进行归因训练的特点，例如，通过测试与练习，能让学生接受反馈的信息与强化归因。有些体育学习项目可以在短期学会，而知识学习的连贯性较强，因此，体育学习的归因训练相对于知识学习而言比较容易获得效果。

从现有收集的文献资料来看，与文化课学习领域及体育技能学习领域的习得无助现象研究相比，对体育竞赛中的习得无助现象的研究则更少。体育竞赛中的习得无助现象研究基本处于起步阶段。王进（2007）通过实验设计验证6个有关认知过程理论的假设，由80名体育专业学生参加投篮对抗比赛来决定胜负，然后再参加投掷飞镖比赛的任务。对被试者的朝向认知活动、后续朝向状态、后续努力与第二任务成绩的关系进行分析。结果发现，失败的被试者比成功的被试者更关注结果引起的原因，同时，对后续控制感更低。当归因倾向于非控制因素时，后续的努力下降。另外，归因的方式对后续努力和投标成绩都有影响，从而发展了一个体育竞赛中的努力缺乏综合模式。

第五节　小结

综观前人的研究，对习得无助现象的探索多在文化课学习领域。对于体育学习中的习得无助现象，则多侧重于理论上的研究，如习得无助的产生及预防、对策及建议等，但未见有进入实践的研究成果，并且缺乏有效的研究方法。多数研究的成果是基于归因的理论来进行探索的，但是，运用认知过程理论对体育学习过程中习得无助现象的探索还不多见。因此，本书实践篇中的第十章"习得无助"与体育学习，试图基于认知过程解释模式理论对体育学习过程中的习得无助现象进行探索，以一个案例来验证该理论的适用性。

第六章

学习完美主义理论

完美主义是一种重要的人格特质，与多种心理现象和行为有着密切的关系，并参与其发生机制。研究表明，完美主义既可能给人带来行为的动力和成功感，也可能使人的行为产生非适应的改变，从而产生挫折感。尽管追求完美是人类的天性，并且有时能给我们带来种种的益处，但是，有时也会把人变得不可理喻。追求完美的本性为何会演变成完美主义，甚至演变成心理疾病，这是很值得我们进行深入研究的。本章就完美主义的概念、理论模型、测量工具、研究进展等方面进行探讨。

第一节　完美主义的概念

完美主义（Perfectionism）定义为批判性自我评估倾向的人格特质，主要反映了个体力争尽善尽美的心理定式（Frost，et al.，1990）。

早期有关完美主义的概念，仅仅描述为一维的人格特征。例如，Adler 认为，完美主义是个体为了摆脱自卑带来的痛苦，而设立了高于实际目标的心理倾向。这种倾向不仅在目标设置上严于评估，而且一旦实现目标后，又会继续去追求更高的目标，并进入新的目标导向活动，由此，能够不断地完善自我。所以，Homey 把完美主义看作神经症的类型之一。Ellis 也用"不合理的"（Irrational）或"自我挫败"（Self-defeating）的特征来描述完美主义的现象。完美主义是在认知上以完美为主要的价值判断，在动机上，受追求"完美感"和回避"不完美感"的冲动驱使，以牺牲做事效率和主观幸福感为代价的一种心理模式。完美主义可以是针对某些特定领域和特定情境表现出的一种状态，也可以是一种泛化在工作和生活的方方面面的人格特征。当完美主义成为某个人的基本人格特质（Mardinal Trait）时，此人即可被称为"完美主义者"。把完美主义看作一种人格的特质，还意味着在一定程度上受到遗传因素的影响。

根据文献的分析，对完美主义的维度区分大致可以分为两大派。一派是以 Burns、Pacht、Frost、Stoeber、Hewitt 和 Flett 为代表的单一维度——消极论派。Burns 等认为，"完美主义者并不是指那些健康地追寻优秀，并在力争达到高标准的过程中体验到快乐的人，而是指那些把个人标准定得高于自己能力，强迫自己不断向不可能实现的目标努力，完全以工作量来衡量自己价值的那些人。"也就是说，积极正常地追求完美不被 Burns 看作完美主义者，只有那种在非现实的标准的强迫下追求完美的人才算是完美主义者。而另一派是以 Hamachek、Slaney、Johnson & Slaney、Ashby 和 Kottman 为代表的，他们则有不同的观点，他们认为，完美主义既有消极的一面，也有积极的一面，可以分为神经质的完美主义和正常的完美主义。

对于那些追求完美，却没有表现出强烈的不完美焦虑的"积极的完美主义者"，一些学者主张用"追求卓越"（Strive For Excellence）来描述这种特质。Greenspon 是这种提法的最强烈支持者，他认为"健康的完美主义"本身就是一个"Oxymoron"（自相矛盾）的，完美主义必然是不健康的，健康的就不会是完美主义。但是，由于追求卓越而陷入完美主义的旋涡又是很常见的心理现象。消极的完美主义者往往同时表现出高积极的动机（即追求完美和卓越）和高消极的动机（即回避不完美和失败）。追求完美而不陷入消极的完美主义，意味着个体人格的成熟与平衡，这类群体无论被贴上"积极的完美主义者""健康的完美主义者"还是"追求卓越者"的标签，都不够准确恰当。在日常用语中，人们在使用"完美主义"这个概念时，也主要是指消极的完美主义者，只有少数人在用这个词的时候是指积极的完美主义者。

"完美主义"的概念并不是心理学中的专用术语，在政治哲学领域中，完善论（Perfectionism）是指一种类似于自由主义的政治理念，亚里士多德、阿奎那、斯宾诺莎、马克思等人被看作完善论的哲学家。然而，心理学中运用的 Perfectionism 与政治哲学中运用的 Perfectionism，在概念的内涵和外延上都有着较大的差异。另外，在美学领域中，尽管还没有学者像政治哲学领域中那样把完美主义归纳成自始至终的学术倾向，人们审美现象中的"完美主义"（审美）与"反完美主义"（审丑）的长期争执与融合，让我们可以预期完美主义的研究将会有一个更为广阔的前景。

"完美主义"这个词语在人们的日常用语中是很常见的，而对完美主义这个心理现象的研究，却只有一个短暂的历史。在 20 世纪 80 年代以后，Bums、Pacht、Hollender、Frost、Hewitt 和 Flett 等学者们把完美主义作为一个研究领域划入心理学的研究中，而之前类似的研究概念只是偶尔出现在心理学的著作及研究论文中。例如，弗洛伊德认为人们的本能需求是对"美、清洁和秩序"的要求，学者 Janet 以"内在的不完整感"来描述具有强迫型人格的人，阿德勒指出人们具有"追求完美"的动机，森田正马认为有些人具有"不完美恐怖"（Imperfection Phobia）的现象，马斯洛归纳的"审美需要"以及 Homey 描述的那些追求"完美自我形象"的完美主义者，这些描述都可以作为完美主义的最早研究。而完美主义作为一个研究领域却只有短短 30 多年的发展历史，在这期间已经出现了许多有价值的研究，但是，对完美主义的研究概念还没有一致的定义。其实，在不同的情境下，"完美主义"的内涵差异较大。从动机的层面来看，追寻完美和担心不完美是两个相互影响的动机，而不是一个动机的两个方面。进一步，这两种动机还可能隐含了更为强烈的其他动机，也就是说，个体追求完美、回避不完美的动机，会与其他动机融合在一起。例如，一个人在自己的私人空间里可能并不是特别注意整洁，但是，在公共场合中有可能过度地注意自己的仪表。此时，他对整洁的要求，可能是想要得到他人赞赏的积极动机，同时，也具有担心他人批评这个消极动机。另外，追求成功的动机和担心失败的动机，融合在追求完美和规避不完美的动机上，所以在我们身边就可以发现有些人在工作中要求完美无缺，而在其他事情上就没那么苛刻。

纵观学者们的论述，对完美主义的定义已经由单一维度逐渐向多维度转变；由只强调完美主义的负面特征到开始关注完美主义的积极方面转变；由只是关注与完美主义相关的行为层面到逐渐深入对完美主义的结构特点进行探究等方面转变。

第二节　完美主义的解释理论

Adler 在他早期的研究中就发现，追求完美的个体常常会感到行为结果与期望相悖。根据 Horney 的解释，有完美主义倾向的个体，在智力和行为标准方面都表现出较大的优越感，同时，对自己也严于批判，对行为的结果总是不满。这种人为的"高标准"常常导致个体的行为取向并非兴趣引导。因此，追求完美常常令人陷入困境，甚至导致心理上的问题。在相关的心理学研究中，多数学者都会用"完美主义"来描述那些负面的心理现象，并倾向于关注完美主义的强迫性人格障碍特征，考察其对心理健康、抑郁、自尊、焦虑、行为拖延、饮食紊乱、神经质以及自杀倾向的关联效应。另有研究显示，饮食障碍患者的完美主义得分明显比普通人要高，完美主义与对自己的身体满意度、追求苗条、体形与节食等方面存在显著的相关关系。完美主义是一种人格特质，也就是在个性中具有凡事都追求尽善尽美的倾向。其重要的特征是制定个人的高标准，有很高的自我批评或自我怀疑，害怕失败，关注外表的表现，追求条理、次序与整洁。在有关完美主义理论模型的研究方面，Kaner 等人提出了完美主义的社会反应模型，并认为个体的完美主义是对残酷的环境条件的社会反应，个体对处于这种环境的应对方式就是使自己尽可能地趋于完美。

近年来，国内、国外涌现了大量的有关对完美主义的探索。研究内容主要分为两个方面。一方面是关于完美主义问卷的编制、修订以及信度、效度的检验；另一方面是对完美主义与心理或行为的相互关系以及产生机制的研究。研究大多主要探索完美主义的预测、中介或调节效应，而对完美主义本身的性质以及产生机制方面的研究较少。尽管目前对完美主义的探索已经有了一段历史，但是学者们对于其概念的界定、重要的特征等仍有较大争议，这对将来完美主义定量研究、产生的机制以及视域的拓展都有较大的影响。

一 完美主义的单维人格理论

Burns 认为完美主义是一种病态的单维人格特质。他归纳了 10 种完美主义者常见的认知模式，例如，全或无的思考、高度的概括化、失败的选择性注意，等等，然后与功能失调性态度量表、不合理信念量表，编制出了第一个有关完美主义的测量工具，即 Burns 完美主义量表（BPS）。该量表由 10 个条目构成，运用 Likert 的 5 点计分，根据被试者的得分情况分为 5 级，即健康的非完美主义、轻度的完美主义、中度的完美主义、重度的完美主义和彻底的完美主义。得分越高代表完美主义的程度越严重。Burns 首先创立了完美主义的定量研究，对完美主义领域的研究做出了重大的贡献。但是，单一的维度假设很快就受到了后继研究的质疑。近年来的研究表明，完美主义不仅有消极的成分，也有积极的成分，两种成分虽然相互独立，但是两者之间还存在较低的正相关关系。

二　完美主义的二维结构理论

Hamachek 首次提出了完美主义的二维结构理论，把完美主义分为正常的完美主义和神经症性的完美主义两大类。二者间的最大区别是正常的完美主义是在努力完成各种任务的过程中，能对自己的良好表现感到满意；而神经症性的完美主义则是不管自己做得多么好，却总是认为不够好，导致对行为结果的不满。Hamachek 认为，正常的完美主义者由追求成功的动机驱使，而神经症性的完美主义者则由担心失败的动机驱使，Hamachek 的二维区分法为后续的分类研究提供了有价值的理论基础。

APS-R 是基于完美主义的二维结构理论建立起来的。这种对完美主义的界定，与过去描述性研究中所使用的定义，以及近年来在实证研究中所使用的定义最为相似。近年来，APS-R 逐步得到了广泛的应用，国内学者杨丽等对 APS-R 进行了中文版的修订，共有 22 个条目，内部一致性系数为 0.82，7 周后各分量表的重测信度均大于 0.68。Slaney 等人从完美主义的行为视角，编制了近乎完美主义量表（APS），主要用于大学生的心理适应问题的测量。该量表共有 32 个条目，4 个维度，即标准与秩序、人际关系、焦虑和拖延。内部一致性系数为 0.71—0.86，4 周后的重测信度为 0.79—0.87。随后，Slaney 等又在文献分析与访谈的基础上，提出了"差异"的概念，即个体感知到目标与实际表现之间的差距，并提出"差异"应当属于完美主义的消极维度。因此，Slaney 在 APS 的基础上，修订编制了近乎完美量表的修订版（APS-R）。APS-R 包括了高标准、秩序和差异 3 个维度。其中，高标准和秩序是积极的完美主义指标，而差异是消极的完美主义指标，各分量表的内部一致性系数为 0.85—0.92。

三　完美主义的三维结构理论

Hewitt 等人提出，完美主义的自我指向只是完美主义结构的一个基本成分，应该同时具有人际指向的成分。因此，他从完美主义的指向角度提出三维结构的模型，即自我导向的完美主义、他人导向的完美主义和社会决定的完美主义。自我导向的完美主义包括为自己设置的高标准、对自身行为进行严格的评价和显著的动机。他人导向的完美主义是以一些异想天开的、不切实际的完美作为标准要求和训责他人，方向指向外部和他人。社会决定的完美主义是指个体去满足他人对自己设计的目标或期望，在这个维度上得到高分的个体，非常在意自己的行为是否符合他人的要求，担心得到负面的评价。也就是说，得到他人的认可及避免负面的评价对于他们来说非常的重要。

Hewitt 等人在此基础上又编制了多维完美主义的心理量表（HMPS），在自我导向的完美主义、他人导向的完美主义和社会决定的完美主义 3 个维度上，共形成 45 个条目，采用 Likert7 点计分。HMPS 经检验具有良好的信度、效度，3 个因子的内部一致性系数为 0.82—0.87，3 个月后的重测信度为 0.75—0.88。国内学者陈思远等人采用大学生、中学生样本分别进行了中文版的修订，内部一致性系数和重测信度都达到 0.67 以上。

四　完美主义的多维交互人格理论

Frost 等人指出，以往的研究将完美主义的重要特征放在了高标准上，这种特征不利于对正常的完美主义者和神经症性的完美主义者进行区分，因此，对自我过分的批判性评价应该更加符合完美主义的概念。所以，他首次明确地提出了完美主义应该有多维的人格特质，而且同时应该具有积极和消极的两种成分。Frost 从完美主义心理产生的角度归纳出 6 个维度：错误的在意度（CM），行为的迟疑度（DA），个人的标准（PS），父母的期望（PE），父母的批评（PC），组织条理（O）。因此，他编制了 Frost 多维完美主义的心理量表（FMPS）。该量表由 35 个条目构成，采用 Likert 5 点计分。PS 因子和 O 因子属于积极的完美主义的指标，其余的因子是消极的完美主义指标。总分为前 5 个因子的总得分，O 因子不计入总分。FMPS 被验证具有较好的信度和效度，与其他完美主义量表的相关系数在 0.91 以上，各因子的内部一致性系数为 0.78—0.92。国内学者訾非、杨宏飞等人进行了中文版的修订，各因子内部一致性系数为 0.60—0.81，重测信度为 0.63—0.82。

五　完美主义的分类理论

有学者提出了完美主义的研究应按标准来划分人群，那么究竟该怎样来分类？学者们从不同的角度提出了一些不同的看法。一些研究者认为，如果将人群分为完美主义者、不良完美主义者和非完美主义者，弱化了

"差异"这个维度在完美主义成分中的贡献，他们认为采用二类分法较为合理。而另一些研究者则认为，中位数法更能体现 3 者间的区别。总的来说，三类分法和四类分法最为常见（廖燕然等，2010）。

三类分法。多数研究者基于 Hamachek 对正常的完美主义与神经症性的完美主义的区分作为三类分法，即适应完美主义者、适应不良（或非适应性）完美主义者和非完美主义者。适应完美主义者具有较高的积极的完美主义水平以及较低的消极的完美主义水平。适应不良的完美主义者在积极的维度和消极的维度上水平都较高，这类人群既以高标准严格要求自己，又容易产生自我怀疑和自我挫败感。而非完美主义者在积极的维度上水平较低，在消极的维度上也没有统一的特征，程度水平通常介于前两者之间。适应的完美主义者—非完美主义者—适应不良的完美主义者，在积极的指标上水平程度依次下降，而在消极指标上水平程度依次上升。

四类分法。Alden 提出，完美主义具有"高标准"和"适应不良"的自我评价两种成分，根据成分的高低可组成 4 种组合。Gaudreau 和 Thompson 也认为，以完美主义为标准划分人群，不能直接使用成分本身，而应该采用两种成分的交互作用。采用"高标准"和"差异"两个指标得出了完美主义的 2×2 组合，分别命名为非完美主义（低标准—低差异）、个人标准完美主义（高标准—低差异/适应完美主义者/正常的完美主义者）、在意评价完美主义（低标准—高差异）和混合完美主义（高标准—高差异/适应不良的完美主义者/神经症性的完美主义者）。4 类完美主义在内化机制以及心理指标上均存在显著的差异。研究结果发现，"低标准—高差异"组的人群本身并没有设定很高的标准，只是以自我监控、自我怀疑或自我贬低为主要的特征，属于高神经质的群体，而且在人群中占有较大的比重。"低标准—高差异"组的自我效能感、正性的情绪以及对成绩的满意度均显著低于"低标准—低差异"组，但是，抑郁、负性的情绪以及焦虑的水平均显著高于"低标准—低差异"组，而在平均绩点上二者之间无显著的差异。Gaudreau 等认为，这种类型的完美主义可能是代表了那种非内化的、受到外部控制的完美主义，即个人的动机、目标与价值观受到了社会标准的驱使。

完美主义的测量经历了从单维到多维的结构，从临床心理疾病的测量、成人测量到一般的测量、青少年的测量，测量的理论和测量的工具逐渐丰富并完善，越来越趋于客观、标准和稳定。

第三节　体育学习完美主义研究进展

近年来，对完美主义的研究已经成为一个热点。研究证明，完美主义现象不仅与个体的抑郁、焦虑、进食障碍、自杀行为、拖延行为和神经质等存在显著的相关关系，而且会导致个体的精力衰竭、持续疲劳、慢性病和严重头痛等身体上的疾病。完美主义的许多特征与体育竞技领域的追求完美、高标准要求、引发焦虑、担心出错等都有紧密的联系，因此，完美主义现象与体育运动的关系密切相关。体育学习领域的完美主义是指完美主义在体育运动领域的具体应用。有研究指出，过度的完美主义与运动员的成绩呈负相关关系。例如，Hall 等的研究发现，过度地追求完美的一些优秀运动员，由于对运动成绩太过奢求，以及过度的严格的自我批评倾向，导致很难从自己的运动成绩上得到满足或成功感，致使这些运动员常常处于高压之中，而过大的压力和由此引发的焦虑又会成为运动能力下降的一个重要的因素。例如，Hill（2010）等的一项研究认为，完美主义现象是导致运动员患有持久的心理压力的来源，并且会使运动员的运动倦怠风险日益增加。Flett & Hewitt，Stoeber & Eismann（2007）等也提出，应该把完美主义现象当作运动员非适应性调整的主要的因素。Gotwals，Dunn，Wayment（2003）指出，完美主义现象会影响运动员的自信心以及团队合作的精神。进一步，Anshel & Mansouri 也认为，完美主义现象会影响体育归因的方式，并由此引发负面的情绪和糟糕的运动表现。

然而，在体育运动领域，完美主义对运动员的影响是积极的还是消极的，学者们持不同的观点。Gould 等人通过针对奥运冠军的采访归纳出，完美主义对他们的优异成绩起到了重要的作用，并认为完美主义是奥运冠军身上特有的一种人格特质。同样，也有一些研究结论支持了这种观点，即完美主义与运动员的成绩呈正相关关系。例如，Hardy 等的一项研究认为，完美主义是优秀运动员的一种积极的人格特质。体育学习的一个最显著特征就是要最大限度地追求成功，体育学习本身就要求个体有一种接近完美主义的倾向，因此，较多优秀的世界级运动员都把自己看作一个完美主义者。也正是完美主义让运动员们不惧困难，勇攀高峰，一次次地不断挑战人类的极限，创造了新纪录。

Flett 和 Hewitt 将完美主义定义为个体即使在面临困难的情况下，也仍然严格坚持自己的高标准，并且在日常生活中同样将不可能达到的高标准放在很重要的位置。从这个角度看，完美主义似乎又是消极的、非适应性的。目前，大多数学者倾向于支持完美主义是一个多维度、多因素的心理结构，是积极的、适应性的。例如，积极的强化以及渴望成功；消极的、非适应性的。例如，高标准、回避失败以及对失败结果的认知和行为。

国内对体育运动领域完美主义的研究相对较少。连文杰、毛志雄等在2007年，首次在体育学习领域对完美主义研究进行了介绍，并将完美主义研究引入中国的体育领域。他们在对国内外文献进行分析的基础上，对体育学习领域的完美主义主要从以下几个方面进行了探讨，即完美主义的心理结构、完美主义与运动表现、锻炼成瘾、目标定向、竞赛焦虑、整体自尊等（连文杰、毛志雄等，2007）。

国内的学者在对完美主义的探讨中，有多数学者同样也赞同完美主义是多维度的，既有积极的一面也有消极的一面。例如，李雷（2007）等对运动员的完美主义与运动竞赛焦虑之间的关系进行了探索。研究显示，运动员在竞赛过程中追求完美，并且能够控制因成绩不理想而引发的消极思想，就能够减少焦虑并增强自信心，竞赛中的完美主义将成为一种健康的追求，即使有不够完美的表现，也能使成绩得到改善。另有学者对112名高校的体操运动员的饮食障碍、运动动机及赛前情绪与完美主义之间的关系进行了探索，研究结果显示，体操运动员饮食障碍、运动动机及赛前情绪与运动员的完美主义有密切关系，并认为完美主义作为运动员的一种人格特征，在运动员的选拔与训练中教练员应给予重视（祝大鹏，2009）。田宝等（2010）以601名特奥会的智力残疾运动员为研究对象，采用相关分析与结构方程验证拟合模型的方法，对运动员的成就目标定向、完美主义和运动成绩的关系进行探索。研究结果显示，目标定向与追求完美对成绩具有直接的正向预测效果；成绩回避的目标定向、掌握回避的目标定向和失败的消极反应，对成绩有直接的负向预测效果；成绩趋近的目标定向与掌握趋近的目标定向，通过对完美的追求可以间接地预测运动成绩，而且对完美的追求有显著的正向预测效果；成绩趋近的目标定向、成绩回避的目标定向与掌握回避的目标定向，通过对失败的消极反应，可间接地预测运动成绩；成绩回避与掌握回避对消极的反应有显著的正向预测效果，而成绩趋近对消极的反应有显著的负向预测效果。冯鑫（2011）对大学生运动员的完美主义与自尊以及训练比赛满意度之间的关系进行了探索。研究结果认为，运动员的完美主义个人标准维度，与自尊和训练比赛满意度之间呈显著的正相关关系；而运动员完美主义的特征，例如反复思考、关注错误、知觉到父母的压力和知觉到教练的压力与自尊和训练比赛的满意感呈显著的负相关关系。

另外，在完美主义与心理疲劳相关关系的探索中，王翠萍（2011）的一项研究对运动员的完美主义与运动性的心理疲劳之间的关系进行了探讨。研究认为，运动员的完美主义与运动性的心理疲劳有着显著的正相关关系。其中，关注错误与运动性的心理疲劳关系最为密切。李小萌，张力（2013）采用"运动领域完美主义量表"（MPS-S-C）和"运动员心理疲劳问卷"（ABQ）对 119 名现役的运动员进行调查研究，对运动员的完美主义与运动性心理疲劳之间的关系进行了探讨。研究也认为，运动员的完美主义与心理性疲劳之间存在显著的正相关关系，外趋型完美主义者在知觉到教练的压力和关注错误中表现最为突出，更容易引起心理疲劳。其中，还包括成就感的下降、情绪体力的耗尽和运动负性的评价等；内趋型的完美主义者在关注错误因子与反复思考的因子上的表现最为突出，更容易引发低成就感的心理疲劳现象。另外，运动员表现出较高的完美主义特质，运动员的心理性疲劳主要表现在成就感下降与情绪体力耗尽上。因此，中国体育运动领域的完美主义现象的研究不仅数量较少，而且凸显出研究范围狭窄和研究对象也有较大的局限性等特点。

完美主义量表，是研究完美主义的测量工具。到目前为止，经过编制并检验的完美主义量表有以下几种：完美主义的量表（Burns，1983）、神经质的完美主义问卷（Mitzman，et al.，1994）、积极与消极的完美主义量表（Terry-Short，et al.，1995）、完美主义的认知调查表（Flett，et al.，1998）、完美主义的问卷（Rheaume，et al.，1995）、近乎完美的量表—修订版（Slaney，et al.，2001）和完美主义的自我展示量表（Hewitt，et al.，2003）。其中，以 Burns 的完美主义量表（Burns，1983）、Frost 的多维完美主义量表（Frost，et al.，1990）、Hewitt 的多维完美主义量表（Hewitt，et al.，2003）和近乎完美的量表—修订版（Slaney，et al.，2001）比较有代表性。另外，近年来，国内很多学者对完美主义量表进行了编制或修订。例如，訾非对中文 Frost 的多维完美主义的问卷进行了信度和效度检验，编制了消极与积极完美主义问卷。杨丽（2007）等也对近乎完美的量表修订版（APS-R）进行了中文版的修订。选取 1174 名大学生作为被试者，研究结果显示，量表的内部一致性系数以及信度和重测后的信度都比较理想。探索性和验证性的因素分析都支持 APS-R 的高标准、秩序和差异的理论构建。高标准的分量表与自尊、自我效能感以及正性的情绪均呈显著的正相关关系，差异的分量表与抑郁、状态焦虑、特质焦虑以及负性情绪均呈显著的正相关关系。研究认为，APS-R 的中文修订版有较高的信度和效度，是国内完美主义的研究以及心理咨询和治疗的有效工具。李建伟（2007）等通过开放式问卷的调查整理与分析，然后采用探索性与验证性的因素分析进行检验。研究结果显示，可解释的总方差为 55.35%，各维度的项目载荷为 0.52—0.82。信度为 0.82—0.92，重测后的信度为 0.80—0.91（P < 0.01）。问卷包括了 38 个条目的 6 个维度，分别是完美的期待、个人的高标准、条理性、担心错误、自省以及父母要求。研究认为，本土化青少年的完美主义问卷，可作为本国青少年完美主义研究使用。

体育运动领域的完美主义测量，主要是为了了解在体育运动中完美主义的状况及其相关的影响因素。研究者一般采用心理测量法，主要在基于完美主义量表的基础上进行修订后应用。

最早的关于体育运动领域的完美主义测量，是一份适用于运动情境的完美主义量表，称为"MPS-Football"（Forst & Henderson，1991）。此量表共有 34 个条目 6 个维度，分别是"关注错误"（10 个条目）、"个人标准"（7 个条目）、"父母期望"（4 个条目）、"父母批评"（4 个条目）、"教练期望"（5 个条目）和"教练批评"（4 个条目）。

学者 Dunn 等编制了"体育领域多维的完美主义量表"（Dunn & Syrotuik，2002）（Sport-Specific Version of the Multidimensional Perfectionism Scale，简称 MPS-S）。该量表是在 Frost 的完美主义量表基础上，专门针对体育运动领域完美主义的测量进行修订的。由 4 个分量表构成，一共 30 个条目，分别是"关注错误"（Concernover Mistakes）共 8 个条目，例如，"虽然我在整场比赛中都表现得很好，但是，即使出现了一个小的错误，我都会对自己感到特别的失望"等。"个人标准"（Personal Standards）共 7 个条目，例如，"在运动中，我为自己设置了极高的目标"等。"知觉父母压力"（Perceived Parental Pressure）共 9 个条目，例如"在竞赛中，我感觉自己从未令父母满意"等。"知觉教练压力"（Perceived Coach Pressure）共 6 个条目，例如，"只有在竞赛中表现优秀，教练员才会满意"等。

Elison（2009）采用了 Hill（2004）等的完美主义量表来测量运动员，研究主要探索完美主义的积极因素对运动产生的影响。该量表共有 59 题，包括适应性与非适应性两个分量表。适应性包括努力成为优秀、组织、计划和对别人的高标准。非适应性包括关注错误、觉察到父母压力、需要认可和沉思。Hill（2010）等采用了 Hewitt 和 Fletts 编制的多维完美主义量表，研究了优秀青少年运动员完美主义与倦怠倾向应对的调节作用。

根据文献分析表明，在国内体育领域有关完美主义的测量研究还相对落后。连文杰（2007）对中国运动员的完美主义人格特质的结构及测量进行研究。研究认为，运动员的完美主义人格特质的心理结构包含了 5 个方面的因素：自我知觉的标准、反复思考、关注错误、知觉到父母压力和知觉到教练的压力，并就这 5 个方面的因素编制了"体育领域完美主义量表"（简称 MPS-S-C）。

后来，有学者以 496 名中国不同项目的运动员为测试对象，对多维运动完美主义量表进行了信度和效度检验。结果表明，探索性因素各条目的因子负荷为 0.56—0.86，4 个因子总变异为 62.86%；验证性因素分析拟合指数为 $\chi^2/df = 2.69$，GFI = 0.93，CFI = 0.89，RM-SEA = 0.04，IFI = 0.91，NNFI = 0.90。4 个分量表的内部一致性系数分别为 0.74、0.77、0.74 和 0.76。5 周后的重测信度为 0.77。效标关联效度检验显示，多维运动完美主义与自我定向、躯体焦虑、个体失败焦虑以及社会期待焦虑等负面的情绪有低的正相关关系；而与任务定向和自信有显著的负相关关系。研究认为，量表的信度、效度能满足心理测量学的统计要求，可用于中国运动员的运动完美主义研究（祝大鹏，2010）。

对体育运动领域的完美主义量表的分析表明，早期是把完美主义量表运用到体育领域。后来，有学者对完美主义量表进行修订或编制。然而研究发现，完美主义的测量要从自己研究变量的相关性、分析问题的角度以及完美主义定义等来选定。例如，Hill（2010）采用的完美主义量表，分为社会与个人倾向两个维度。而 Elison（2009）所采用的完美主义量表，则分为适应性与非适应性两个分量表。因此，大多数研究者都清楚要针对自己研究的对象与分析内容选取合适的完美主义量表来做测量。在测量工具的选择中，不同视角的完美主义量表，有不同的完美主义影响因素，能使研究更加丰富。但是，值得注意的是，在采用某个完美主义量表来测试体育领域时，必须清楚选用这份量表的真正意义，才能保证研究结果的准确性。

对体育领域完美主义的预测变量的探寻是令研究者们感兴趣的主题。根据文献分析表明，对这些变量的研究大致可以分为以下几类。

第一类，主要是针对完美主义与运动表现关系的变量研究，即将完美主义作为因变量。例如，完美主义对满意度、运动焦虑、运动倦怠、情绪、失败感、因果归因等的影响。

第二类，是将完美主义作为因变量，探讨能够促进运动员完美主义产生的因素。例如，父母的教育方式、教练员的风格等。

第三类，是探索完美主义的中介效应。例如，Hill（2010）对完美主义在应对方式与运动性疲劳的中介作用进行了探讨。另外，人口学变量、情境变量与心理变量等的交互作用，也是体育领域完美主义研究的主要因素。在人口统计学变量的研究中，例如，Anshel（2010）对性别在体育完美主义"识别与重建"中的作用进行了研究。情境变量与完美主义的关系，主要是探索哪些因素会对完美主义有影响，例如，对幸福感、动机、自信、自尊、拖延、饮食障碍等的相关研究。总之，这类研究相对较多，是体育领域完美主义研究的主要因素。

近年来，完美主义研究领域的内容得到了不断的扩展，Jowett（2012）以"自动动机"和"控制动机"为中介变量，探索了完美主义与运动疲劳之间的关系。Gaudreau（2012）对运动员的完美主义与主观幸福感的关系进行了探讨。对体育领域 2×2 的完美主义模式进行了验证，研究以自我倾向（SOP）与社会描述（SPP）的完美主义为"象限"，分成了高高、高低、低高和低低 4 个"象限"。研究的目的是探索在体育领域 4 个组与主观幸福感（包括积极的情感、生活满意度与主观活力感等）之间的关系。研究结果显示，高高型自我倾向（SOP）与非完美主义相比，具有较高的积极情感、生活满意度和主观活力感；而高高型社会描述（SPP）与完美主义类型比较，则有着较低的积极情感、较低的生活满意度以及较低的主观活力感。另外，Chabaud、Ferrand、Maury（2010）对运动员完美主义的特质与焦虑在"感知拖延行为"中的角色进行了探讨。值得一提的是，Anshel、Kim、Henry（2009）的一项研究对完美主义的维度以及性别在其中的作用进行了探索。完美主义的维度包括 4 个方面：父母的期望/完美（PE/C）、整洁/秩序（N/O）、自我完美（SC）以及教练的期望/完美（CE/C）。研究认为，自我完美（SC）与整洁/秩序（N/O）与运动有显著的相关关系；女运动员在父母的期望（PE）上得分较高，而男运动员却在整洁/秩序上得分较高；自我完美（SC）与教练期望（CE）这两个维度与性别无显著相关关系，但是，性别能对自我完美（SC）与整洁/秩序（N/O）产生作用。

综上所述，国内外体育领域对完美主义的研究具有以下的特点。

第一，目前国内对完美主义的研究主要表现在具体的应用上，视野还不够宽泛，对各因素间的关系探讨比较多，而对产生机制的分析则较少。研究还处在较肤浅的现象分析阶段。

第二，国外的研究已经达到了相对较高的层次，特别是对与体育领域相关的自尊、焦虑以及运动员的生理、心理各相关的因素与完美主义的相关关系的研究更加细致与深入。

体育领域的完美主义研究大致可以分为以下几类。

第一，较多的学者关注完美主义与运动表现间的相关因素研究。例如，完美主义与运动焦虑、运动自尊、运动动机与运动倦怠等方面相关关系的研究。

第二，有许多学者对完美主义与运动员人格特质的相关性进行了研究。例如，完美主义与自尊、自我价值、自信心、躯体自我、情绪、归因方式等的关系进行了探索。

第三，有部分学者对完美主义与运动员的饮食障碍等给予了较多的关注。例如，Schwarz 对女性运动员完美主义与自身躯体的满意度以及饮食态度的相关关系进行了探讨。Krane 也做了类似的完美主义者的身体满意度与焦虑和饮食的关系的探索。

第四，有些学者对体育领域完美主义的研究进展进行了综述。如 Flett&Hewitt（2005）、连文杰（2007）等在基于文献分析的基础上对完美主义研究进行了归纳总结。

第五，有部分学者对完美主义与其他变量进行了探索。例如，完美主义与幸福感、应付方式、害怕失败、时间拖延等变量的关系进行了讨论。

总之，国内有关体育领域完美主义的研究，已经从现象分析转向对产生机制的探索，而国外对完美主义的相关研究，则表现出从更宽泛的视野转向对更为深入的变量间关系的探讨。体育领域完美主义的研究正朝向广度、深度以及其复杂关系的方面不断地深入。

第四节　小结

完美主义研究领域目前存在的最大问题是学者们对研究的核心定义和性质没有达成一致的意见，由此，导致研究者们使用各种不同的术语和成分，对研究定义进行界定或操作，致使概念与各维度的混乱。由此，对完美主义本质的探索，仍需要后来的研究者们对其性质做更深层次的探讨，除了运用量表以外，还应该运用不同的方法来收集证据，例如，对脑神经的研究，等等。

目前，完美主义的研究范围还不够宽泛。尽管大部分学者都赞同完美主义是多维度的，应同时包括积极和消极的成分。但是，多数研究者仍然只关注其适应的不良性，把完美主义当作一种负性的特质，以及消极心理和行为的潜在变量。而对积极完美主义方面的研究相对比较匮乏，例如，积极完美主义与学业成绩、人际的交往、价值观、主观幸福感等方面的相互关系，以及积极完美主义的形成机制等都是将来的研究值得探索的方向。

另外，目前，多数学者把完美主义当作预测变量或中间变量来考察某种心理机制的较多，这在一定程度上减弱了对完美主义的探索。探讨产生（或形成）完美主义（积极或消极）的路径上是否有其他的中介（或调节）变量，也是未来的研究方向。

近年来，国内的学者们对完美主义的研究做了积极的探索，对国外的一些量表进行了基于中国文化背景的修订。虽然，他们均以实证的方法来验证完美主义维度结构的合理性，但是，结构的信度和效度仍需要不断地检验。因为，中国文化背景下的完美主义的心理结构，与西方的理论可能会有所不同。因此，有必要构建适合中国人的完美主义的心理结构理论。

就体育领域完美主义的发展趋势而言，未来的研究将在以下几个方面展开。

第一，体育学习中的完美主义现象与文化、内隐、潜意识和前意识等层面的研究还未见到，期待将来的研究可以在这些层面进行探索。

第二，体育学习中的完美主义形成的模式研究有待继续深入。

第三，体育学习中积极完美主义的现象有待深入展开。

　　第四，普通的完美主义者、非完美主义者与体育领域神经质的完美主义者在脑神经功能上是否有所不同，也是值得关注的问题。

　　第五，针对体育领域的功能障碍型完美主义的心理干预和治疗应该也是未来研究关注的重点。

实 践 篇

第七章

"动机冲突"与运动行为

所谓动机冲突，是指在某种情境活动中，当同时存在两个或两个以上欲求目标引导的行为选择时，个体所产生的心理冲突（Balasko，et al.，1998；Hofer，et al.，2007）。而运动行为定义为以健康为主要目标的身体活动，通常把参与体育活动的强度、频率和持续时间作为度量单位（宋晓东，2001；Kohl，et al.，2010；Whitelaw，et al.，2010）。就大学生而言，体育锻炼行为的动机冲突主要表现在学习动机与锻炼动机之间的选择上。这种选择解释为在有效利用的时间里，学习成就是欲求的目标，而体育健身也是欲求的目标，这样，学生可能会面临一种行为选择的冲突。研究表明，这种行为动机冲突在青少年中普遍存在（Baron，et al.，1986）。所以，本章把大学生体育锻炼动机冲突作为体育锻炼行为的解释要素，探索大学生体育锻炼参与行为的发生机制。进一步，由于大学生体育锻炼的动机冲突主要表现为学习与体育锻炼之间的选择，因此，本章主要考察大学生对学习和体育的"刻板印象"以及大学生在这些动机选择中"自我意识"可能产生的中介解释效应，从而构建大学生体育锻炼行为动机冲突的解释模型。

第一节　运动行为动机冲突的行为解释

运动行为动机冲突是指在体育锻炼的背景下，个体在行为前同时存在除体育锻炼动机以外的其他动机。当包括体育锻炼动机在内的多个行为目标不能同时实现时，个体通常会面临着行为的动机选择。在这种情况下，对任何一种行为动机的选择都要投入注意力、思维、判断及努力，所以，行为动机的选择实际上表现为一种心理的冲突（Hofer，et al.，2007，2010）。体育锻炼动机冲突的结果造成行为实施部分不能实现或全部不能实现，并使体育锻炼动机所指向的目标的实现受阻。Lens 等（2005）和 Peetsma（2000）分别对学生的学习行为和体育锻炼行为进行了观察，结果发现，体育锻炼行为的"动机冲突"在学生中是一个常见的现象，但是，它们之间可以通过成就目标来建立平衡关系（Lens，et al.，2005；Peetsma，2000）。另外，Hofer 等（2007）曾经对在校学生进行了多重动机冲突的研究。他们发现，学生的学习、休闲和工作等行为动机的选择主要是由个体的价值观所决定的（Hofer，et al.，2007）。因此，不同目标形成的"动机冲突"会受其他心理因素的影响，表现为对行为选择的变异性。

关于动机冲突的行为解释，早在 20 世纪 70 年代，Atkinson 和 Birch 就提出了一个"行为动力理论"（Theory on the Dynamics of Action），解释人类追求不同行为的元动机（Atkinson，et al.，1970）。该理论认为，人类的行为总是随着自身和环境的需求在不断地改变，而这种行为的动力性特征主要是多个动机驱使的结果。从行为动机冲突的视角，Birch 认为，在一个当前行为动机强度减少或另一行为动机强度增加的情况下，并且第二行为动机强度超过了第一行为动机的强度时，行为的性质就会发生改变。后来，这种行为动力现象被发展为"自主理论"（Volition Theory），并认为个体在做出一个行为决定前，会产生抵御其他诱惑的意向（Atkinson，et al.，1970；Gollwitzer，et al.，2004）。但是，这种抵御诱惑的意向要取决于动机目标的难易程度（Kruglanski，et al.，2002）。Balasko 和 Cabanac（1998）的研究发现，情感体验是最容易被意识到的动机目标，并被称为近期动机目标。这样，根据"自主理论"的解释，当个体面临多个行为动机选择时，近期的或愉悦的情感体验目标会强化其抵御其他诱惑的意向。反之，远期的或非愉悦的情感体验目标会弱化抵御其他诱惑的意向（Balasko，et al.，1998；Hofer，et al.，2010；Shah，et al.，2002）。进一步分析大学生体育锻炼的行为，可以看出体育锻炼动机是运动行为的直接原因，而学习动机则是与锻炼行为相悖的驱动。对于大学生来说，体育活动可能带来的是短期的愉悦情感体验，而学习活动则可能带来的是长期的成功情感体验。根据"自主理论"的解释，在体育锻炼动机冲突存在的情况下，大学生体育锻炼的行为可解释为是近期愉悦情感体验强化了抵御长期学习成就诱惑意向的结果。

另外，根据 Hofer 的研究建议，学生对体育锻炼行为的选择，要受其体育价值判断的影响。也就是说，学生对体育的看法可能在一定程度上会影响体育锻炼行为的选择，而这种看法从心理要素上讲，主要表现在个体的"刻板印象"和"自我意识"上（David, et al., 2006; Eidelman, et al., 2010; Hofer, et al., 2010; Silvia, et al., 2001; Wheeler, et al., 2001）。

第二节　运动行为动机冲突的中介解释

"刻板印象"是指关于事物或人群态度的心理定式，表现为固定的印象，它与某些特征、行为相联系（张国礼，2005）。生活中，人们常常根据已有的印象和社会特征对事物或他人进行知觉和判断，使思维与行为保持一致，从而可能会忽视认知对象的某些具体特征。"刻板印象"的形成与社会认知有关，受社会意识文化的影响。所以，对于"刻板印象"的研究主要是在社会心理学领域。相关的研究试图解释这种导致知觉和判断出现偏差的现象，并逐渐形成了心理学研究中的一个内容（Corcran, et al., 2009; David, et al., 2006; Stewart, et al., 2008）。

研究表明，在中国的文化背景下，大学生对学习和体育的价值判断存在着不同的倾向（孙泊等，2004；孙兴东等，2010；张恩泰，2006）。首先，传统的观点认为学生以学为主，学习是第一重要的。"学好数理化，走遍天下都不怕"成为社会认同的"刻板印象"，这种思想在大学生中形成了"学习刻板印象"。其次，社会对体育的看法经历了一个变化的过程。具体地讲，在过去，中国的传统意识对体育在一定程度上存在着偏见，"头脑简单，四肢发达"常常与体育产生关联（李力研，1993），长期以来，成为社会认同的"体育刻板印象"。但是，随着中国体育事业的发展，社会对体育的看法也发生了变化，在这个时期媒体的观点表现出诸如"运动员被看作民族的象征""唯金牌论""唯中国论""英雄主义"等社会意识的倾向（王凯等，2011）。在这种社会背景下，大学生也出现了体育追星一族，并且更加重视体育活动的价值。所以，大学生对体育的"刻板印象"表现了较强的现代社会意识。

"刻板印象"对体育锻炼行为的中介作用主要表现在对动机冲突的行为选择上。Fries（2005）的一项研究表明，有88.6%的学生表示他们体验过学习与体育锻炼的动机冲突（Fries, et al., 2005）。研究认为，当学生面临学习和体育活动的选择时，个体对"学习的刻板印象"和对"体育的刻板印象"就会作用于行为的选择。因此，本研究假设动机冲突解释体育锻炼行为的选择要受"刻板印象"的影响。

学生在体育锻炼动机冲突的情况下，影响体育锻炼行为选择的另一个心理因素是"自我意识"（Boekaerts，1999）。所谓"自我意识"，是指个体对自身生理、心理和社会功能状态的知觉和主观评价（王进，2008）。包含个体在社会实践中自己对自己、自己对他人、自己对社会、自己对自然等关系的意识。Kurosawak 和 Harackiewicz（1995）认为，"自我意识"有明显的强弱之分，强者对自我内心的活动更敏感，更容易感受到自己的行为对自我、社会与集体地位的重要性（Kurosawak, et al., 1995）。Wilson 和 Eklund（1998）的研究发现，"自我意识"强的个体通常比较关注公众对他们的负面评价，表现为更倾向于迎合公众的想法，担当公众期待的角色（Wilson, et al., 1998）。因此，本研究假设大学生参加体育锻炼时，如果同时存在学习动机和体育锻炼动机的冲突，他们对体育锻炼行为的选择要受到"自我意识"的影响。

根据 Fenigstein、Scheier 和 Buss（1975）的建议，"自我意识"通常被分为"个体自我意识"和"公众自我意识"。"个体自我意识"是指注意朝向内部个人的自我方面，如个人的思想和感情等；"公众自我意识"是指注意朝向自我的社会方面，如知觉自我的社会印象等（Fenigstein, et al., 1975）。所以，本研究将运用 Fenigstein 的"自我意识"概念，观察"个体自我意识"和"公众自我意识"在动机冲突中对体育锻炼行为选择的效应。

第三节　研究案例分析

研究主要考察"刻板印象"和"自我意识"的中介解释效应，并通过以下验证性假设来实现研究目的。

第一，性别和年级变量在动机冲突对体育锻炼行为的解释过程中，可能存在调节效应的作用。

第二，在体育锻炼动机冲突的模式下，"刻板印象"可能是体育锻炼行为的中介变量。

第三，在体育锻炼动机冲突的模式下，"自我意识"也可能是体育锻炼行为的中介变量。

　　研究设计为通过确定各变量在体育锻炼行为动机冲突解释过程中的调节效应和中介效应来验证假设。确定变量调节效应的方法为如果变量 Y 与变量 X 的关系是变量 M 的函数，称 M 为调节变量。也就是说，Y 与 X 的关系受到第三个变量 M 的影响。调节变量的作用原理见图 7–1。调节变量可以是定性的（如性别、种族等），也可以是定量的（如年龄、受教育年限等）（张力为，2001）。对于前者通常也可以采用回归分析的方法，然后进行回归系数的 T 检验来确定（卢谢峰等，2007；温忠麟等，2005）。

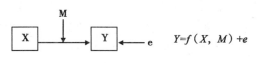

图 7–1　调节变量的作用原理

　　根据 Baron 和 Kenny 的解释，中介变量（Mediator）是自变量对因变量产生影响的中介。也就是说，自变量通过中介变量对因变量产生作用（Baron，et al.，1986）。中介变量的作用原理见图 7–2。其中，c 是 X 对 Y 的总效应，a、b 是经过中介变量 M 的中介效应（Mediating Effect），c' 是直接效应。当只有一个中介变量时，效应之间的关系为 $c = c' + ab$。中介效应的大小用 $c - c' = ab$ 来衡量。假设 Y 与 X 的相关关系显著，即意味着回归系数 c 显著（即 H0：c = 0 的假设被拒绝），在这个前提下考虑中介变量 M。

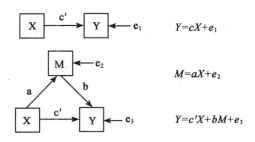

图 7–2　中介变量的作用原理

　　另外，根据温忠麟等人提供的中介效应检验方法（温忠麟，2004，2005），考虑自变量 X 对因变量 Y 的影响，如果 X 通过影响变量 M 来影响 Y，则称 M 为中介变量。

　　本章节主要的分析方法为分层回归分析和3步中介效应验证法，并采用 SPSS for Windows 17.0 软件对数据进行统计分析。

　　研究从浙江省5所高校随机选取800名大学生（年龄 = 20.7，SD = 1.60；男 = 408，SD = 1.54；女 = 381，SD = 1.66）作为研究对象进行了测试。回收问卷795份，其中6名学生的测试结果因其真实性不足而被删除，有效问卷789份，问卷有效率为99%。

　　采用自编大学生运动行为动机冲突的问卷。"动机冲突"主要反映学习动机和运动动机的冲突认知，例如，"如果有时间，我会学习和体育活动两不误"。"刻板印象"主要反映学生对学习的态度，例如，"知识的学习是一个人成才的必备条件"。"自我意识"的测量是基于 Fenigstein、Scheier 和 Buss（1975）的自我意识问卷改编而成，包括个体自我意识和公众自我意识，例如，"我认为自己是一个很有主见的人""我很在意别人对我的看法"等。"体育锻炼行为"的测试主要反映体育锻炼的时间、频率和强度。

　　为了保证问卷使用的效度，在问卷编制过程中，邀请了30名学生作为被试者进行访谈反馈，并在此基础上，修改和删除了表述不清、难以理解或有其他疑问的条目。在正式使用前，随机选取了60名被试者进行测试，并根据效度和信度的大小对问卷的内容进行反复修正，得到了正式问卷，共17道题。采用9点量表，得分越高说明越认同。正式问卷共分为5个方面：①基本信息。②反映"动机冲突"指标有4道题，得分越高说明动机冲突越大。③反映"刻板印象"指标有4道题，得分越高说明对学习越认同。④反映"自我意识"指标有5道题，得分越高说明自我意识越强。⑤"体育锻炼行为"的测量主要采用体育活动参与的频率、时间和强度3个维度，运用几何平均值算法得出综合评分，作为体育锻炼参与度的解释。

　　研究采用因素分析（EFA）检验问卷的构建效度，先随机抽取60名被试者进行问卷的测试，将数据做探索性因素分析，采用强制性因子区别分析，结果抽取了4个区别性较好的因素。因素1主要涉及刻板印象的指标，命名为"刻板印象"；因素2主要涉及动机冲突的指标，命名为"动机冲突"；因素3主要涉及公众自我意识指标，命名为"公众自我意识"；因素4体现的是个体自我意识指标，命名为"个体自我意识"。在此基础上进行大样本（789名被试者）的验证，结果表明与前测的因素结构一致，验证了问卷的结构效度。根据以上分析结果，问卷的效度是满足要求的。因子的负载情况见表 7-1。

表 7-1 效度检验的因子分析一览表 （n=789）

条目	刻板印象	动机冲突	公众自我意识	个体自我意识
问题 7	0.850	—	—	—
问题 8	0.848	—	—	—
问题 6	0.847	—	—	—
问题 5	0.822	—	—	—
问题 3	—	0.876	—	—
问题 2	—	0.870	—	—
问题 4	—	0.823	—	—
问题 1	—	0.685	—	—
问题 10	—	—	0.937	—
问题 9	—	—	0.927	—
问题 11	—	—	—	0.816
问题 13	—	—	—	0.761
问题 12	—	—	—	0.699

研究采用内部一致性信度检验。其因素的划分以探索性因素分析的结果为准。内部一致性检验采用克伦巴赫系数（Cronbach α）作为信度指标，数值越高，表示信度越高。通常信度系数大于 0.60 就可以表明数据的可靠性。前测 60 名被试者的数据分析结果为"动机冲突"指标的 α 系数为 0.90；"刻板印象"指标的 α 系数为 0.91；"公众自我意识"指标的 α 系数为 0.87；"个体自我意识"指标的 α 系数为 0.62。得到正式问卷的数据后，再次对 789 名被试者的数据进行信度检验，各维度的 α 系数见表 7-2，可以看出这份问卷达到了心理测量学的要求。根据以上分析，研究者认为量表的信度是满足要求的（见表 7-2）。

表 7-2 问卷的内部一致性检验一览表 （n=789）

变量	α 系数
动机冲突	0.90
刻板印象	0.91
公众自我意识	0.89
个体自我意识	0.61

一　动机冲突体育锻炼行为的调节效应

为了验证假设 1 的表述，性别可能是体育锻炼行为动机冲突解释模型的调节变量，对数据进行回归分析。由于性别变量为分类变量，根据调节变量为分类变量而自变量为连续变量的情况，运用分类回归的分析方法，再做效应值的 T 检验（卢谢峰等，2007；温忠麟等，2005）。结果显示，男生、女生"体育锻炼行为"对"动机冲突"的回归系数 T 检验均没有达到统计学意义（见表 7 - 3）。因此，性别变量在动机冲突对体育锻炼行为的解释过程中不具有调节效应的作用。

表 7 - 3　本研究性别分类的体育锻炼行为对动机冲突的回归分析一览表

性别	n	df		R^2	F	S_X	β	调节效应的 T 检验
男	408	1	407	0.07	29.89 **	0.02	0.13	T = 0.5
女	381	1	379	0.08	32.49 **	0.02	0.14	P > 0.05

注：** 表示 P < 0.01。

进一步，为了验证假设 1，年级变量可能是体育锻炼行为动机冲突解释模型的调节变量，对数据进行了分类回归分析。各年级"体育锻炼行为"对"动机冲突"的回归分析结果见表 7 - 4。根据回归系数的 F 检验结果发现，年级变量在"动机冲突"对"体育锻炼行为"的解释过程中，同样也不具有调节效应的作用。

表 7 - 4　本研究年级分类的体育锻炼行为对动机冲突的回归分析一览表

年级	n	df		R^2	F	S_X	β	调节效应的 F 检验
一年级	216	1	215	0.06	13.58 **	0.03	0.11	F = 0.75
二年级	210	1	210	0.06	13.54 **	0.03	0.12	P > 0.05
三年级	203	1	202	0.08	17.97 **	0.04	0.15	
四年级	152	1	151	0.05	7.88 **	0.04	0.11	

注：** 表示 P < 0.01。

二　动机冲突体育锻炼行为的中介效应

为了验证假设 2 的表述，"刻板印象"可能是体育锻炼行为动机冲突的中介变量，对"刻板印象"是否具有中介效应进行了验证。由于分析的变量均为连续变量，根据图 7 - 2 的解释，分析建立在"动机冲突"与"体育锻炼行为"有直接显著相关关系的基础上，即回归系数 c 显著（即 H0：c = 0 的假设被拒绝），才能考虑中介效应（"刻板印象"的作用）。对"刻板印象"的中介效应分 3 步依次进行了检验（见表 7 - 5）。第一步，把"动机冲突"作为自变量，把"体育锻炼行为"作为因变量进行回归分析，两者之间有显著相关关系。第二步，把"动机冲突"作为自变量，把"刻板印象"作为因变量进行回归分析，两者之间也具有显著相关关系。第三步，把"动机冲突""刻板印象"同时作为自变量，把"体育锻炼行为"作为因变量进行回归分析发现，"动机冲突"与"体育锻炼行为"有显著相关关系，"刻板印象"与"体育锻炼行为"同样也有显著的相关关系。依次检验的结果，"刻板印象"具有较显著的中介效应。接下来检验"刻板印象"是部分中介还是完全中介，即检验 c' 的显著性（如果 c' 显著说明是部分中介；如果不显著说明是完全中介）。由表 7 - 5 得知，$c' = 0.37$；$P < 0.000$。因此，"刻板印象"是部分中介效应。也就是说，"动机冲突"既可以直接预测"体育锻炼行为"，同时，又可以通过"刻板印象"来影响"体育锻炼行为"。其中，"刻板印象"的中介效应占总效应值的比值为 $effectm = ab/c = 0.53 \times 0.16 \div 0.28 = 0.30$，即占模型解释总效应的 30%，而且，"动机冲突"直接解释模型效应与"刻板印象"中介解释模型效应间的比较差异为 sprt：$0.095 - 0.076 = 0.02$，即模型效应的变异解释率为 2%。

表 7 - 5　　　　　　　　　刻板印象中介效应的依次检验

检验步骤	标准化回归方程	回归系数检验	
第一步	Y = 0.28x	SE = 0.02	T = 8.14 ***
第二步	W = 0.53x	SE = 0.03	T = 17.54 ***
第三步	Y = 0.37x	SE = 0.02	T = 9.15 ***
	- 0.16w	SE = 0.02	T = - 4.11 ***

注：SE 表示标准误。*** 表示在 0.00 水平上显著。

为了验证假设 3 的表述，"自我意识"可能是体育锻炼行为动机冲突的中介变量，对"自我意识"进行了中介效应分析。考虑"自我意识"的概念为"个体自我意识"和"公众自我意识"2 个维度，因此，对这 2 个维度分别依次进行中介效应的检验。首先，对"个体自我意识"维度进行检验，检验步骤为以下：第一步，把"动机冲突"作为自变量，把"体育锻炼行为"作为因变量进行了回归分析，两者之间有显著相关关系。第二步，把"动机冲突"作为自变量，把"个体自我意识"作为因变量进行回归分析，两者之间也具有显著相关关系。第三步，把"动机冲突""个体自我意识"同时作为自变量，把"体育锻炼行为"作为因变量进行回归分析，"动机冲突""个体自我意识"与"体育锻炼行为"都呈现了显著相关关系。依次检验的结果显示，"个体自我意识"也具有较显著的中介效应（见表 7-6）。接下来检验"个体自我意识"是部分中介还是完全中介，即检验 c' 的显著性。由表 7-6 得知，$c' = 0.22$；P < 0.000。因此，"个体自我意识"也是属于部分中介效应。自变量对因变量不完全通过"个体自我意识"来影响"体育锻炼行为"，因为"动机冲突"对"体育锻炼行为"也有直接的效应。中介效应占总效应值的比值为 $effectm = ab/c = 0.34 \times 0.18 \div 0.28 = 0.22$，即"个体自我意识"的中介效应值占总效应值的 22%。"动机冲突"直接解释模型效应与"个体自我意识"中介解释模型效应间的比较差异为 sprt：$0.104 - 0.076 = 0.028$，即模型效应的变异解释率为 2.8%。

表 7-6 个体自我意识中介效应的依次检验

检验步骤	标准化回归方程	回归系数检验	
第一步	Y = 0.28x	SE = 0.02	T = 8.12 ***
第二步	W = 0.34x	SE = 0.03	T = 10.01 ***
第三步	Y = 0.22x	SE = 0.02	T = 6.10 ***
	+ 0.18w	SE = 0.02	T = 5.00 ***

注：SE 表示标准误。*** 表示在 0.00 水平上显著。

表 7-7 公众自我意识中介效应的依次检验

检验步骤	标准化回归方程	回归系数检验	
第一步	Y = 0.28x	SE = 0.02	T = 8.14 ***
第二步	W = 0.21x	SE = 0.02	T = 6.11 ***
第三步	Y = 0.28x	SE = 0.02	T = 7.90 ***
	+ 0.01 w	SE = 0.03	T = 0.23
Sobel 检验		t = 0.33	P > 0.05

注：SE 表示标准误。*** 表示在 0.00 水平上显著。

同样，为了验证"公众自我意识"也可能是体育锻炼行为动机冲突的中介变量，对"公众自我意识"进行了中介效应分析，分3步依次进行了检验（见表7-7）。第一步，把"动机冲突"作为自变量，把"体育锻炼行为"作为因变量进行了回归分析，两者之间具有显著相关关系。第二步，把"动机冲突"作为自变量，把"公众自我意识"作为因变量进行回归分析，两者之间也具有显著相关关系。第三步，把"动机冲突""公众自我意识"同时作为自变量，把"体育锻炼行为"作为因变量进行回归分析发现，"动机冲突"与"体育锻炼行为"有显著相关关系，而"公众自我意识"与"体育锻炼行为"结果显示不具有统计意义，t = 0.23，P > 0.05（见表7-7）。故需要进行 Sobel 检验（Sobel, 1982, 1988）。其检验公式为

$$z = ab/ \sqrt{a^2 S_b{}^2 + b^2 S_a{}^2}$$

此处 $a = 0.21$，$Sa = 0.02$，$b = 0.01$，$Sb = 0.03$；计算得出 $Z = 0.33$，查 Mackinnon 的临界值表可知：$0.33 < 0.90$；$P > 0.05$。"公众自我意识"中介效应的检验结果发现，"公众自我意识"在大学生体育锻炼动机冲突解释模型中不具有中介效应的作用。

研究主要设计验证大学生体育锻炼行为的动机冲突解释模型。如前讨论，首先考虑了人口学变量的调节效应。数据分析结果显示，性别变量和年级变量在体育锻炼动机冲突解释模型中都不具有统计意义上的调节效应（回归系数 T 检验均出现 $P > 0.05$）。这种现象的可能性解释是，当考虑动机冲突来预测体育锻炼行为时，无论是男女学生还是不同年级的学生，在学习行为和体育锻炼行为的选择冲突方面并不存在差异。也就是说，在控制了这些条件的情况下，对于这些大学生被试者来说，动机冲突对体育锻炼行为的选择效应可能表现出相同的特征。但是值得一提的是，在年级变量的验证分析中，从分组回归系数 R^2 值的大小看，尽管大学1年级和2年级学生被试者的动机冲突预测体育锻炼行为的解释度基本没有区别，但大学3年级学生被试者的动机冲突对体育锻炼行为的预测解释度增大，到了大学4年级时，学生动机冲突对体育锻炼行为的预测解释度又再次变小，而且 R^2 系数在所有的组别中出现了最小值。这可能是对于大学4年级的学生来说，体育锻炼行为动机以外的选择会变得更加复杂，如就业动机、成就动机等因素对体育锻炼行为的影响（肖志玲，2003；杨林等，2010；朱松林等，2011；Kamariah，2010）。尽管年级因素在体育锻炼行

为动机冲突的解释模型中存在着微小的效应解释差异，但从统计学的意义上讲，并没有达到值得关注的程度。因此，人口学变量的性别和年级因素仍不能作为体育锻炼行为动机冲突解释模型中的调节变量。

根据研究假设，"刻板印象"和"自我意识"分别被考虑为体育锻炼行为动机冲突解释模型的中介变量。由于本研究"动机冲突"的操作性定义主要是反映学习和体育锻炼动机的认知冲突，如"我很喜欢体育活动，也很喜欢学习"，其中得分越高的个体，动机冲突也就越大。也就是说，既喜欢学习又喜爱体育的被试者，由于在动机选择上存在多样性，动机选择的冲突也会越大。从数据分析的验证结果看，"刻板印象"的中介效应假设得到了支持，这种因子解释关系见图7-3。从这个关系图可以看出，当"刻板印象"加入解释模型后，预测效应 R^2 变为9.5%（原来的直接效应为7.6%），"动机冲突"与"体育锻炼行为"的关联度增加到0.37（原来模型的相关系数为0.28），且具有统计学意义。说明"刻板印象"在体育锻炼动机冲突解释模型中扮演的是部分中介作用。

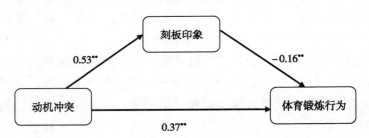

图7-3 体育锻炼行为动机冲突解释模型的刻板印象中介效应

注：** 表示 P<0.01。

然而，对于"自我意识"的变量来说，只有"个体自我意识"的维度在体育锻炼动机冲突解释模型中达到了统计意义上的中介效应。"公众自我意识"维度并不具备中介效应的作用。在这个解释关系中，"个体自我意识"的加入使体育锻炼动机冲突解释模型的预测总效应增加到10.4%（原来的直接效应为7.6%），而"动机冲突"与"体育锻炼行为"的关联度从0.28减少到0.22（见图7-4），但仍具有统计学的意义。说明"个体自我意识"在体育锻炼行为动机冲突的解释模型中起到的也是部分中介作用。

以上分析结果中值得一提的是，在中介效应检验过程中发现，当"刻板印象"加入解释方程中时，尽管该变量的预测效应在模型的总效应中占了30%，但考察其对解释模型的总效应变异解释率仅为2%。根据统计效应的大小值判断，这只是在较小的效应区间中（科恩、高定国等译，2011）。其可能性的解释是，由于"刻板印象"的操作性定义主要反映学生对学习的态度，测试时注重学生对学习传统印象的心理定式。例如，"一个人的成长离不开知识的学习"。"刻板印象"强的个体，表现为对学习的认同感也较强。这样，"动机冲突"与"刻板印象"应该呈现出正相关关系。这种关系反映了被试者在选择参与体育锻炼的同时，面临着对学习动机的选择博弈。"动机冲突"得分越高的被试者，表现为越倾向于认同学习。但是，从"动机冲突"与"体育锻炼行为"的关系看，其呈现的是正相关关系。说明大学生"动机冲突"的形成可能与体育锻炼动机逐渐增加有关。锻炼动机逐渐增加最终导致其与学习动机之间产生了矛盾，形成体育锻炼行为的动机冲突。然而，由于体育锻炼动机引起的行为更符合近期的需要，所以更容易产生愉悦的情绪，最终选择体育锻炼行为的可能性就越大（Balasko，et al.，1998；Shah，et al.，2002）。然而，当考虑把"刻板印象"作为动机冲突解释体育锻炼行为的中介变量时，这种关系的关联度是增强了。而且，"刻板印象"在这个关系式中，与"体育锻炼行为"的关系呈现出负相关关系，反映的是阻碍了体育锻炼行为发生的效果。换言之，"刻板印象"得分越低的被试者越有可能选择体育锻炼（见图7－3）。这样，在体育锻炼行为动机冲突的解释模型中，"刻板印象"所表现出的小的关联效应，可以解释为其对动机冲突预测体育锻炼行为发生的"过滤"机制。也就是说，在该模型中，"动机冲突"得分过高的被试者将通过"刻板印象"被滤选掉，使"动机冲突"与"体育锻炼行为"的关联度增加。

进一步，考虑"个体自我意识"的中介效应，其值在解释模型中占到了总效应的22%。然而，就其对模型预测总效应的提升来说，变异解释率仅为2.8%。按照统计效应大小判断，也处在小的效应区间（科恩、高定国等译，2011）。通过对中介模型的分析可以看出，"动机冲突"与"个体自我意识"之间存在正相关关系，而且，"个体自我意识"与"体育锻炼行为"也存在正相关关系（见图7－4）。这说明"个体自我意识"得分越高的被试者，其"动机冲突"也越高。同样，这些被试者也越有可能参加体育锻炼。但是，如前讨论，本研究定义的"动机冲突"反映了大学生在学习行为和体育锻炼行为之间的选择博弈。在实证模型中反映了"动机冲突"越大的被试者越有可能选择体育锻炼行为。这样，由于"个体自我意识"较强的被试者更多的是关注自身的感觉状态，如兴趣、爱好、健康等内在的自我诸因素的影响，从而更容易追求近期的愉悦，导致其最终选择体育锻炼行为（中介模型的预测总效应为10.4%，属于中等效应解释度）（Balasko，et al.，1998；Corno，1989；Hofer，et al.，2010；Shah，et al.，2002）。但是，值得注意的是，由于这种行为关系是建立在个体对学习和锻炼冲突选择的基础上的，当学校学习的大环境的刺激达到了一定的强度以后，个体可能会受到学习氛围的影响，如学习成就动机引起自我与他人的比较，从而降低了体育锻炼动机的强度，使这个行为关系链的发生机制相对地变得松散。但是，尽管"个体自我意识"与体育锻炼行为的关联度较低，其对解释模型的中介效应还是达到了足以引起关注的程度。

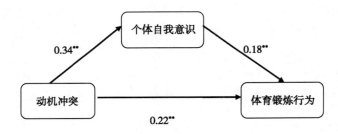

图 7 - 4   体育锻炼行为动机冲突解释模型的个体自我意识中介效应

注：** 表示 P < 0.01。

最后，由于"自我意识"的公众方面显示了与"动机冲突"的正相关关系，这表明介意自身公众形象和别人对自己看法的被试者，可能会倾向于多动机的选择。但是，在解释模型验证中发现，"公众自我意识"对"体育锻炼行为"的预测没有统计学意义。在运用 Sobel 检验的基础上，进一步验证了"公众自我意识"在体育锻炼行为动机冲突的解释模型中不具有中介效应的作用。这一结果说明，与"公众自我意识"有关的多动机选择，增加了体育锻炼行为最终发生的复杂性。例如，个体可能会担心体育活动带来的负面评价（如他人认为自己的运动技术不够好或担心自身形体不够完美，等等），从而放弃了体育锻炼行为，最终使"公众自我意识"的变量在这个解释模型中不构成预测解释关系。

总之，研究数据的分析结果只是部分地支持了研究假设3。在今后的研究中，仍然需要运用不同的被试群和较大的样本量，进一步验证"自我意识"对体育锻炼行为动机冲突解释模型的中介效应。同时，由于该研究仅仅是基于一个显变量解释模型的构建验证，还应该发展一个更为复杂的潜变量解释模型，考虑容纳一个多维度综合变化的解释效应。

第四节 小结

研究通过2个假设验证了"刻板印象"和"自我意识"分别在体育锻炼行为动机冲突的解释模型中的中介效应。同时，考虑了人口学变量的性别和年级因素在该模型中的调节效应。研究验证结果有以下几点。

第一，大学生体育锻炼行为动机冲突的解释模型成立。

第二，人口学变量的性别因素和年级因素在体育锻炼行为动机冲突解释模型中不具有调节效应的作用。

第三，"刻板印象"在体育锻炼行为动机冲突解释模型中具有不完全中介效应的作用。中介效应值占解释模型总效应值的30%，对预测模型的变异解释率为2%。

第四，"自我意识"的个体维度在体育锻炼行为动机冲突解释模型中具有不完全中介效应的作用。中介效应值占解释模型总效应值的22%，对预测模型的变异解释率为2.8%。但是，"自我意识"的公众维度在该模型中不具备中介效应的作用。

第八章

"认知归因" 与体育学习

体育学习是一个由认知、联结到自动化的过程 (Fitts & Posner, 1967)。其中,认知归因在学习的各阶段起着重要的作用。这是因为在体育学习的这个连续的过程中,往往是后一阶段的学习行为要取决于前一阶段的结果认知,相关的后续任务关注和努力都表现为归因认知的结果。本章基于 Weiner 的成败归因理论与 Jonassen 和 Ionas 的因果构建理论,运用纵向重复测试的实验设计,探索技能学习中的认知归因走向过程,旨在揭示技能学习中概念(即学习困难感)和问题解决(即任务专注)的归因关联关系,构建技能学习过程的认知归因动态解释理论。

第一节 认知归因的解释

Weiner 在前人已有的研究基础上,对学习成败进行了更为深入的研究,并提出了学习成败行为的归因要素来解释学习过程中的认知行为。根据 Weiner 的模式,稳定的内在因素通常是指个体的能力,而非稳定的内在因素则是指个体的努力;稳定的外在因素一般是指任务的难度,而非稳定的外在因素则是指运气 (Weiner, Graham, Ryan, 1997)。进一步,任务专注、努力以及他人的帮助等因素与意志有关,因此是可控制的,而能力、运气、环境的因素是不受意志控制的,因此是非控制因素 (Weiner, 1986; Weiner & Kukla, 1970)。

在体育领域的成败归因探索中,尽管大量的研究集中探讨竞技运动员胜败的归因风格、归因前因和维度、归因偏差、归因结果和归因训练,但近年来也出现了一些以学校教学为背景的成败归因探索。例如,傅银鹰等人的研究表明,在体育课中,学生如果把学习结果归因于稳定因素(能力、学习任务难度),则会提升或减弱学习的预期。相反,如果学生把学习结果归因于不可控的因素（身心状态、运气、环境），则不会影响后续的期望（傅银鹰等，2002）。另外，曾永忠等人的研究表明，学习成功结果的内部归因（如能力、努力等）会产生学习过程的积极效应（如自豪感和自信心增加），而这些效应主要会对后续的学习起推进作用。反之，学习失败的体验被归结为内部的因素（如能力），学生则会对体育课失去兴趣（曾永忠，2000）。这些研究的主要问题是当观察学习过程的归因时，研究者通常把过程归因作为独立及时结果的阶段评价来处理，这就忽略了学习过程中认知归因动态性特征，其结果是并没有反映学习归因的本质特征。

近年来，Jonassen 和 Ionas 等（2008）提出一个认知推理因果构建过程模型（见图 8 - 1）。该模式的最大特点是强调了任务学习的认知归因动态性。基于动态的潜在因果关系分析，建立了前归因和因果效应的关联性概率的假设，从而解释引起因果的效应。在归因过程中，个体推断的内涵就是从一些条件或者基于因果关系的陈述中推断出结论。同时，推断内涵也包括识别潜在的效应，即前归因已预测到的和未预测到的结果。也就是说，个体在建立因果关系时，主要基于认知获得的信息所拥有的概念，以及对问题应对的把握程度。在执行任务过程中，这些概念与概念的关系呈现了动态的变化和发展。这样，个体在任务执行过程中，随着认知信息的增加和对任务把握程度的理解，因果关系会基于个体对事件发展的重新预测、推理、解释和内涵指向来构建新的联系。这种归因的转变过程，Jonassen 和 Ionas 等把它称为归因关系重组解释模式。

综观目前相关领域的文献，学习困难和任务专注的认知归因可能是进一步了解技能学习的关键途径。但是从目前的研究来看，就这一问题的探索似乎仍然缺乏。

第二节　研究案例分析

本章节主要从技能学习困难和任务专注的认知归因角度，运用成败归因理论和因果构建理论，通过实验设计来考察健美操技能学习中学习困难和任务专注的认知归因走向问题。研究根据 Weiner 的成败归因理论，编制了学习归因的问卷，设计了 14 个反映学习情境的内外可控和非可控的

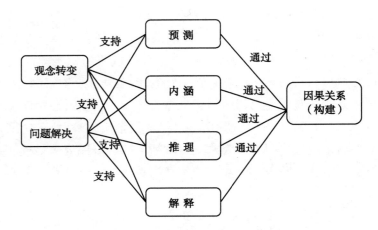

图 8 - 1　因果关系构建理论解释模型

（David H. Jonassen & Ioan Gelu Ionas，2008）

认知归因观测指标，主要包括①基本技能，②形体条件，③协调性，④音乐感觉，⑤专业兴趣，⑥运动天赋，⑦动作理解，⑧语言信息丢失，⑨视觉信息丢失，⑩场地条件，⑪音响设备，⑫学习时间，⑬学习观察选位，⑭学习听觉选位。其中，①—⑥为内部非可控因素；⑦—⑨为内部的可控因素；⑩—⑪为外部非可控因素；⑫—⑭为外部可控的因素。另外，为测试被试者学习过程中的困难认知感和任务专注程度，分别设置了 1 个自评问题，如"在健美操学习过程中我感到有困难"和"在健美操学习中，我是集中注意力的"。采用 9 点量表，1 表示非常不同意，9 表示非常同意，被试者根据自己的感受选择，越接近 9 表明认同度越高。信度及效度已经在前期的研究中得到过检验。

研究提出了个体在技能学习中的成败归因走向假设。

第一，在技能学习中，学习困难的归因可能会产生变化。

第二，在技能学习中，学习困难的归因可能经历一个由内向外，再由外向内变化的过程。

第三，在技能学习中，任务专注的归因可能经历一个由内向外，再由外向内变化的过程。

被试者的选取，把某高校健美操选项课程作为实验的基本单位，共 140 名女生（年龄 = 19.7，SD = 1.86），由于转专业或休学等原因，有 6 名被试者中途退出实验，最后完成测试的被试者共 134 名。

为了达到技能学习要求，实验任务为自编健美操，主要基于一般大学生的学习水准略有提高，其难度循序渐进。动作难度的划分主要有基本元素、对称性、音乐速度和方向变化4个维度。例如，简单学习任务由3—5个健美操基本元素组成（4×8×2），配合对称的上肢动作，音乐速度132拍/分，无方向的变换；中等难度的学习任务由4—5个健美操基本元素组成（4×8×2），配合依次的手臂动作，以及上、下肢相向的动作，音乐速度135—140拍/分，有方向的变换。高难度学习任务由4—6个健美操基本元素组成（4×8×2），手臂动作变换增多，音乐速度145/分，方向的变换增多。

考虑到技能学习的掌握是一个阶段发展的过程，为了观察不同学习时期被试者学习归因的变化，研究采用纵向重复测试的实验设计。学习阶段分为4个测试期，即"学习初期""学习中期1""学习中期2"和"学习后期"。每个学习阶段由8个误时组成。每个课时学习内容放在课的后半部分，共用15分钟完成学习任务，并要求被试者在相对集中的时间内根据参与学习时的真实感受完成问卷，对学习困难、任务专注以及自己对技能掌握的情况进行自我测评，被试者填完问卷之后当场收回。

本研究采用SPSS for Windows 15.0软件对数据进行统计分析，主要采用方差分析和相关分析的方法。

（一）不同学习时期认知归因变化的分析

为了考察不同学习时期的认知归因是否存在变化，以学习阶段为自变量，以认知归因为因变量，采用方差分析法进行分析，取$P \leqslant 0.05$为显著性判别，结果发现14个归因中主要有协调性（$F[3, 130] = 2.92$，$P = 0.03$）、动作理解（$F[3.130] = 19.41$，$P = 0.00$）、场地条件（$F[3, 130] = 4.95$，$P = 0.00$）、学习时间（$F[3, 130] = 25.8$，$P = 0.00$）和学习观察选位（$F[3, 130] = 2.50$，$P = 0.05$）存在着不同学习阶段的差异，其他归因比较结果均差异不大（见表8 - 1）。由此看出，认知归因在4个不同的学习时期主要反映在"协调性""动作理解""场地条件""学习时间""学习观察选位"这5个方面的变化上（见图8 - 2）。

表 8 – 1　　　　　4 次测试归因得分的平均值与标准差一览表

			第一次测试		第二次测试		第三次测试		第四次测试			
			M	SD	M	SD	M	SD	M	SD	F	P
内部	不可控	基本技能	5.19	2.53	5.51	2.63	5.79	2.49	5.57	2.36	1.07	0.36
		形体条件	6.50	2.31	6.63	2.22	6.47	2.25	6.40	2.22	0.68	0.56
		协调性	5.66	2.39	6.37	2.27	5.83	2.44	5.94	2.21	2.92	0.03
		音乐感觉	6.90	2.16	6.86	2.31	6.89	2.22	6.75	2.02	0.20	0.90
		专业兴趣	6.51	1.93	6.69	1.95	7.41	8.11	6.31	2.18	1.61	0.19
		运动天赋	6.56	2.01	6.61	2.08	6.61	2.06	6.13	2.18	1.83	0.14
	可控	动作理解	6.96	1.90	7.02	1.90	5.65	2.28	5.54	2.37	19.41	0.00
		语言信息丢失	7.07	1.82	7.10	1.88	6.59	2.20	6.96	1.91	2.02	0.11
		视觉信息丢失	7.46	2.76	7.36	2.82	6.93	2.01	7.09	1.82	1.53	0.21
外部	不可控	场地条件	6.20	2.00	6.39	1.97	6.88	1.81	6.85	1.96	4.95	0.00
		音响设备	7.32	1.55	7.29	1.58	7.56	1.51	7.37	1.60	0.80	0.49
	可控	学习时间	7.60	1.36	7.67	1.24	6.44	2.08	6.23	2.14	25.8	0.00
		学习观察选位	6.15	2.21	6.36	1.93	6.51	1.96	6.63	2.04	2.50	0.05
		学习听觉选位	7.56	1.40	7.65	1.33	7.48	1.54	7.47	1.66	1.22	0.30

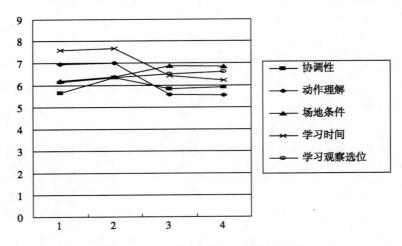

图 8 – 2　不同学习阶段的认知归因变化

（二）不同学习时期成败认知归因关联分析

为了验证假设，我们在任务练习过程中，对认知归因分别进行了 4 次测试，以此验证两者是否存在关系。测试分析结果见表 8 – 2。具体地讲，第一次测试（学习初期）的认知归因与学习困难的得分关系表现为学习困难与基本技能呈显著负相关关系（R = -0.29，P < 0.01），学习困难与自身形体条件显著呈负相关关系（R = -0.27，P < 0.01），学习困难与自身的协调性呈显著负相关关系（R = -0.40，P < 0.01），学习困难与音乐的感觉呈显著负相关关系（R = -0.35，P < 0.01），学习困难与自身的运动天赋呈显著负相关关系（R = -0.31，P < 0.01），见表8 - 2。

对于任务专注的认知归因相关分析发现，任务专注与形体条件呈负相关关系（R = -0.18，P < 0.05），任务专注与协调性呈负相关关系（R = -0.21，P < 0.05），任务专注与对音乐的感觉呈负相关关系（R = -0.17，P < 0.05），任务专注与专业兴趣呈显著负相关关系（R = -0.34，P < 0.01），任务专注与自身的运动天赋呈负相关关系（R = -0.21，P < 0.05），任务专注与对动作的理解呈显著的负相关关系（R = -0.51，P < 0.05），任务专注与语言信息的丢失呈显著的负相关关系（R = -0.42，P < 0.05），任务专注与视觉信息的丢失呈负相关关系（R = -0.17，P < 0.05），见表8 - 2。

第二次测试（学习中期1）的认知归因与学习困难的得分关系表现为学习困难与基本技能呈显著负相关关系（R = -0.35，P < 0.01），学习困难与自身形体条件呈显著负相关关系（R = -0.25，P < 0.01），学习困难与自身的协调性呈显著负相关关系（R = -0.34，P < 0.01），学习困难与对音乐的感觉呈显著负相关关系（R = -0.41，P < 0.01），学习困难与专业兴趣呈显著负相关关系（R = -0.27，P < 0.01），学习困难与自身的运动天赋呈显著负相关关系（R = -0.30，P < 0.01），学习困难与学习的时间呈显著负相关关系（R = -0.30，P < 0.01），学习困难与对学习听觉选位呈显著负相关关系（R = -0.27，P < 0.01），见表8 - 3。

对于任务专注的认知归因相关分析发现，任务专注与协调性呈显著负相关关系（R = -0.25，P < 0.01），任务专注与专业兴趣呈显著负相关关系（R = -0.20，P < 0.05），任务专注与自身的运动天赋呈负相关关系（R = -0.19，P < 0.05），任务专注与学习的时间呈显著负相关关系（R = -0.21，P < 0.05），任务专注与对动作的理解呈显著负相关关系（R = -0.34，P < 0.01），任务专注与语言信息的丢失呈显著负相关关系（R = -0.25，P < 0.01），见表8 - 3。

第三次测试（学习中期2）的认知归因与学习困难的得分关系表现为

表8-2　第一次测试学生对学习困难的自我测评、任务专注与归因的相关分析一览表

	2	3	4	5	6	7	8	9	10	11	12	13	14	15	16
1. 学习困难	0.09	-0.29**	-0.08	-0.02	-0.27**	-0.40**	-0.35**	-0.17	-0.31**	-0.16	-0.13	-0.10	0.04	0.02	-0.03
2. 任务专注		0.00	-0.09	-0.16	-0.18*	-0.21*	-0.17*	0.34**	-0.21*	-0.16	-0.15	-0.16	-0.51**	0.42**	-0.17*
3. 基本技能			0.29**	0.31**	0.40**	0.47**	0.49**	0.15	0.37**	0.32**	0.25**	0.11	0.05	0.02	0.02
4. 场地条件				0.48**	0.36**	0.08	0.02	0.01	0.05	0.13	0.29**	0.27**	0.13	0.08	-0.06
5. 音响设备					0.19*	0.12	0.20*	0.07	0.08	0.26**	0.22**	0.27**	0.25**	0.32**	-0.00
6. 形体条件						0.46**	0.47**	0.21*	0.47**	0.33**	0.19*	0.24**	0.10	0.07	0.05
7. 协调性							0.65**	0.34**	0.51**	0.28**	0.13	0.20*	0.18*	0.18*	0.15
8. 音乐感觉								0.42**	0.62**	0.37**	0.19*	0.32**	0.22**	0.24**	0.15
9. 专业兴趣									0.55**	0.45**	0.11	0.25**	0.11	0.15	0.08
10. 运动天赋										0.35**	0.12	0.19*	0.04	0.09	0.09
11. 学习时间											0.32**	0.57**	0.12	0.20*	0.09
12. 学习观察选位												0.49**	0.13	0.10	0.14
13. 学习听觉选位													0.26**	0.24**	0.14
14. 动作理解														0.79**	0.22**
15. 语言信息丢失															0.30**
16. 视觉信息丢失															

注：* 表示 $P<0.05$，** 表示 $P<0.01$。

表8-3　第二次测试学生对学习困难的自我测评、任务专注与归因的相关分析一览表

	2	3	4	5	6	7	8	9	10	11	12	13	14	15	16
1. 学习困难	0.25**	-0.35**	0.05	0.04	-0.25**	-0.34**	-0.41**	-0.27**	-0.30**	-0.30**	-0.15	-0.27**	-0.05	-0.14	-0.10
2. 任务专注		-0.07	0.00	-0.15	-0.11	-0.25**	-0.09	-0.20*	-0.19*	-0.21*	-0.09	-0.06	-0.34**	-0.25**	-0.09
3. 基本技能			0.30**	0.30**	0.38**	0.44**	0.49**	0.18*	0.26**	0.18*	0.22*	0.13	0.14	0.21*	0.07
4. 场地条件				0.64**	0.33**	0.06	0.08	0.02	0.02	0.20*	0.38**	0.24**	0.18*	0.18*	0.00
5. 音响设备					0.11	0.13	0.14	0.00	0.18*	0.18*	0.28**	0.25**	0.33**	0.39	0.01
6. 形体条件						0.46**	0.44**	0.16	0.29**	0.31**	0.26**	0.33**	0.09	0.07	0.06
7. 协调性							0.67**	0.38**	0.47**	0.32**	0.03	0.18*	0.28**	0.31**	0.18*
8. 音乐感觉								0.50**	0.53**	0.30**	0.14	0.30**	0.21*	0.33*	0.17*
9. 专业兴趣									0.57**	0.50**	0.14	0.27**	0.02	0.15	0.06
10. 运动天赋										0.36**	0.16	0.24**	0.10	0.14	0.10
11. 学习时间											0.28**	0.52**	0.06	0.13	0.06
12. 学习观察选位												0.40**	0.10	0.08	0.16
13. 学习听觉选位													0.10	0.14	0.08
14. 动作理解														0.78**	0.25**
15. 语言信息丢失															0.35**
16. 视觉信息丢失															

注：* 表示 P<0.05，** 表示 P<0.01。

学习困难与基本技能呈显著负相关关系（R＝－0.38，P＜0.01），学习困难与自身形体条件呈显著负相关关系（R＝－0.29，P＜0.01），学习困难与自身的协调性呈显著负相关关系（R＝－0.46，P＜0.01），学习困难与对音乐的感觉呈显著负相关关系（R＝－0.49，P＜0.01），学习困难与专业兴趣呈负相关关系（R＝－0.20，P＜0.05），学习困难与自身的运动天赋呈显著负相关关系（R＝－0.44，P＜0.01），学习困难与学习的时间呈显著负相关关系（R＝－0.39，P＜0.01），学习困难与学习观察选位呈负相关关系（R＝－0.20，P＜0.05），学习困难与学习听觉选位呈显著负相关关系（R＝－0.28，P＜0.01），学习困难与动作的理解呈负相关关系（R＝－0.17，P＜0.05），见表8－4。

对于任务专注的认知归因相关分析发现，任务专注与形体条件呈负相关关系（R＝－0.19，P＜0.01），任务专注与协调性呈显著负相关关系（R＝－0.25，P＜0.01），任务专注与自身的运动天赋呈显著负相关关系（R＝－0.28，P＜0.01），任务专注与学习的时间呈显著负相关关系（R＝－0.35，P＜0.01），任务专注与学习观察选位呈负相关关系（R＝－0.22，P＜0.05），任务专注与学习听觉选位呈显著负相关关系（R＝－0.27，P＜0.01），任务专注与对动作的理解呈负相关关系（R＝－0.19，P＜0.05），任务专注与语言信息丢失呈显著负相关关系（R＝－0.32，P＜0.01），任务专注与视觉信息的丢失呈负相关关系（R＝－0.20，P＜0.05），见表8－4。

第四次测试（学习后期）的认知归因与学习困难的得分关系表现为学习困难与基本技能呈显著负相关关系（R＝－0.27，P＜0.01），学习困难与自身形体条件呈显著负相关关系（R＝－0.31，P＜0.01），学习困难与自身的协调性呈显著负相关关系（R＝－0.39，P＜0.01），学习困难与对音乐的感觉呈显著负相关关系（R＝－0.40，P＜0.01），学习困难与专业兴趣呈显著负相关关系（R＝－0.31，P＜0.01），学习困难与自身的运动天赋呈显著负相关关系（R＝－0.43，P＜0.01），学习困难与学习的时间呈负相关关系（R＝－0.24，P＜0.05），学习困难与学习听觉选位呈负相关关系（R＝－0.18，P＜0.05），见表8－5。

对于任务专注的认知归因相关分析发现，任务专注与形体条件呈负相关关系（R＝－0.21，P＜0.05），任务专注与协调性呈显著负相关关系（R＝－0.19，P＜0.05），任务专注与对音乐的感觉呈负相关关系

表8-4　第三次测试学生对学习困难的自我测评、任务专注与归因的相关分析一览表

	2	3	4	5	6	7	8	9	10	11	12	13	14	15	16
1. 学习困难	0.21*	-0.38**	-0.16	-0.06	-0.29**	-0.46**	-0.49**	-0.20**	-0.44**	-0.39**	-0.20*	-0.28**	-0.17*	-0.11	-0.10
2. 任务专注		-0.20*	-0.01	-0.02	-0.19*	-0.25**	-0.15	-0.15	-0.28**	-0.35**	-0.22*	-0.27**	-0.19*	-0.32**	-0.20*
3. 基本技能			0.25**	0.23**	0.49**	0.66**	0.57**	0.20**	0.48**	0.26**	0.26**	0.25**	0.20*	0.21*	0.11
4. 场地条件				0.59**	0.28**	0.11	0.12	0.14	0.09	0.10	0.38**	0.21*	-0.03	0.09	0.15
5. 音响设备					0.12	0.16	0.20*	0.11	0.18*	0.16	0.32**	0.33**	0.00	0.26**	0.34**
6. 形体条件						0.58**	0.46**	0.16	0.40**	0.22*	0.20*	0.27**	0.25**	0.01	0.10
7. 协调性							0.68**	0.20*	0.58**	0.35**	0.13	0.33**	0.39**	0.30**	0.22*
8. 音乐感觉								0.19*	0.54**	0.20*	0.21*	0.37**	0.20	0.30**	0.26**
9. 专业兴趣									0.23**	0.17*	0.17	0.15	0.11	0.12	0.15
10. 运动天赋										0.28**	0.11	0.24**	0.26**	0.27**	0.21*
11. 学习时间											0.29**	0.43**	0.38**	0.25**	0.23**
12. 学习观察选位												0.50**	0.06	0.26**	0.39**
13. 学习听觉选位													0.14	0.40**	0.42**
14. 动作理解														0.49**	0.33**
15. 语言信息丢失															0.73**
16. 视觉信息丢失															

注：*表示P<0.05，**表示P<0.01。

表8-5　第四次测试学生对学习困难的自我测评、任务专注与归因的相关分析一览表

	2	3	4	5	6	7	8	9	10	11	12	13	14	15	16
1. 学习困难	0.17	-0.27**	0.03	0.02	-0.31**	-0.39**	-0.40**	-0.31**	-0.43**	-0.24*	-0.12	-0.18*	-0.09	-0.05	-0.03
2. 任务专注		-0.06	-0.07	-0.05	-0.21*	-0.19*	-0.19*	-0.20*	-0.09	-0.21*	-0.03	-0.06	-0.24**	-0.37**	-0.34**
3. 基本技能			0.25**	0.26**	0.51**	0.66**	0.61**	0.38**	0.49**	0.26**	0.22**	0.10	0.19*	0.33**	0.21*
4. 场地条件				0.67	0.29**	0.07	0.11	0.20*	-0.06	0.02	0.58**	0.24**	0.05	0.19*	0.22
5. 音响设备					0.16	0.10	0.14	0.06	-0.02	0.13	0.44**	0.24**	0.10	0.35**	0.40**
6. 形体条件						0.62**	0.57**	0.33**	0.40**	0.23*	0.19*	0.19*	0.18*	0.17*	0.04
7. 协调性							0.72**	0.44	0.61**	0.28**	0.08	0.19*	0.30**	0.34**	0.21*
8. 音乐感觉								0.56**	0.65**	0.26**	0.09	0.23**	0.17	0.38**	0.26**
9. 专业兴趣									0.62**	0.40**	0.26**	0.32**	0.26**	0.34**	0.20*
10. 运动天赋										0.34**	-0.00	0.24**	0.32**	0.19*	0.15
11. 学习时间											0.32**	0.39**	0.46**	0.12	0.07
12. 学习观察选位												0.44**	0.09	0.21*	0.24**
13. 学习听觉选位													0.34**	0.15	0.23**
14. 动作理解														0.35**	0.27**
15. 语言信息丢失															0.75**
16. 视觉信息丢失															

注：* 表示 $P < 0.05$，** 表示 $P < 0.01$。

（R＝－0.19，P＜0.05），任务专注与对专业的兴趣呈负相关关系（R＝－0.20，P＜0.05），任务专注与学习的时间呈负相关关系（R＝－0.21，P＜0.05），任务专注与对动作的理解呈显著负相关关系（R＝－0.24，P＜0.01），任务专注与语言信息的丢失呈显著负相关关系（R＝－0.37，P＜0.01），任务专注与视觉信息的丢失呈显著负相关关系（R＝－0.34，P＜0.01），见表8－5。

一 认知归因对技能学习的影响

本章基于 Weiner 的成败归因理论与 Jonassen 和 Ionas 的因果关系构建理论，采用纵向重复测试的实验设计，对技能学习中学习效果的归因进行动态分析，现具体讨论如下。

从第一次测试（学习初期）学生对学习困难的归因表现上看，被试者把学习的困难主要归因于基本技能、形体条件、协调性、音乐的感觉以及运动天赋这5个内部不可控的因素。从图8－3可以看出，学习困难与这5个因素都呈显著的负相关关系，即被试者越是认为自己在这几个方面不够好，就越会产生学习困难的倾向。

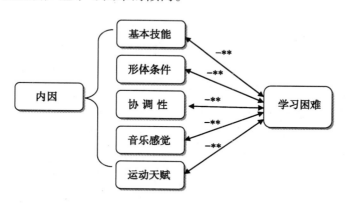

图8－3 第一次测试与学习困难有关的归因要素

注：** 表示 P＜0.01。

从第一次测试（学习初期）任务专注与归因的得分表现上看，被试者在学习中的任务专注程度主要与形体条件、协调性、音乐的感觉、专业的兴趣、运动的天赋、对动作的理解、语言信息的丢失以及视觉信息的丢失等这些因素有关。从图8－4可以看出，任务专注与这8个因素都呈显著的负相关关系，即这些因素的得分越高，学习任务专注的程度就会越低。

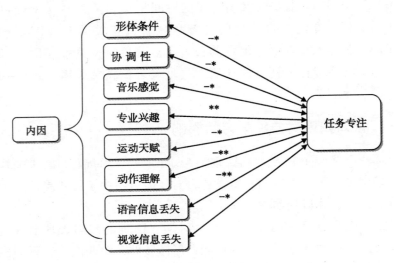

图8-4　第一次测试与任务专注的归因要素

注：* 表示 P < 0.05，** 表示 P < 0.01。

从第二次测试（学习中期1）学生对学习困难的归因表现上看，被试者把学习的困难主要归因于基本技能、形体条件、协调性、音乐的感觉、专业兴趣、运动的天赋这6个内部不可控的因素，以及学习时间和学习听觉选位这两个外部的因素上。从图8-5可以看出，学习困难与这8个因素都呈显著的负相关关系，即被试者越是认为自己在这6个内部稳定的因素上有问题，就越会产生学习困难的倾向。同时也有了外部的信息归因，如学习的时间、听觉的干扰这两个因素，即在学习的中期，被试者对于学习产生的困难，会开始寻求外部的原因，认为是学习的时间太短或是没听清楚教师的讲解等。寻求外部的原因，会使学生产生一些积极的态度，说明认知归因有了变化。

从第二次测试（学习中期1）任务专注与归因的得分表现上看，被试者在学习中的任务专注程度主要与协调性、专业的兴趣、运动的天赋、学习的时间、对动作的理解以及语言信息的丢失这些因素有关。从图8-6可以看出，任务专注与这6个因素都呈显著的负相关关系，即被试者越是认为自己在这几个方面不够好，那么任务专注的程度就会越低。但是，除了以上内部的归因外，开始有了一个外部的归因（即学习的时间），说明被试者的学习任务专注归因开始转向外部。

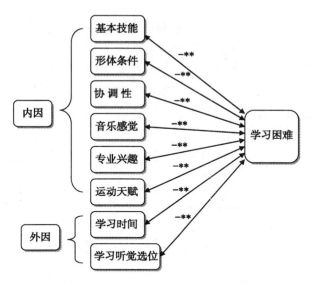

图 8 - 5　第二次测试与学习困难有关的归因要素

注:* 表示 P < 0.05,** 表示 P < 0.01。

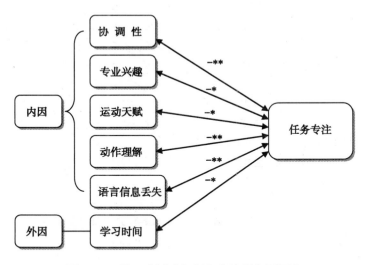

图 8 - 6　第二次测试与任务专注的归因要素

注:* 表示 P < 0.05,** 表示 P < 0.01。

　　从第三次测试(学习中期 2)学生对学习困难的归因表现看,被试者把学习的困难主要归因于基本技能、形体条件、协调性、音乐的感觉、专业兴趣、运动的天赋、动作的理解这 7 个内部的因素,以及学习的时间、学习观察选位、学习听觉选位等这些外部的因素上。从图 8 - 7 可以看出,学习困难与这 10 个因素都呈显著的负相关关系，即被试者越是认为自己在这几个内部的因素上有问题，就越会产生学习困难的倾向，同时被试者的学习困难也归因于学习的时间、学习观察选位以及学习听觉选位这几个外部的因素上，即被试者在这个时期对于学习中产生的困难，会继续寻找一些外部的原因以试图继续努力。

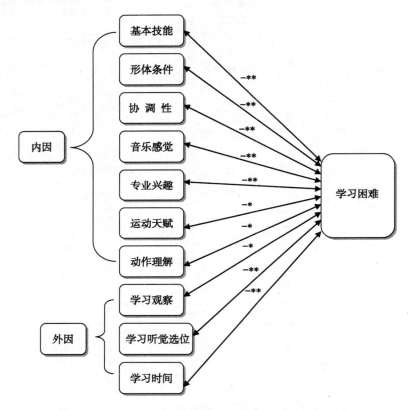

图 8 - 7　第三次测试与学习困难有关的归因要素

注：* 表示 P < 0.05，** 表示 P < 0.01。

从第三次测试（学习中期 2）任务专注与归因的得分表现上看，被试者对学习中的任务专注的内部归因主要有基本技能、形体条件、协调性、运动的天赋、对动作的理解、语言信息的丢失以及视觉信息的丢失。外部的归因有学习的时间、学习观察选位、学习听觉选位这些因素。从图 8 - 8可以看出，任务专注与这 10 个因素都呈显著的负相关关系。即被试者越是认为自己在这些方面不够好，任务专注的程度就会越低。说明在学习的中期被试者遇到学习的困难时，会继续寻找一些外部的归因以投入更多的专注来试图继续努力。

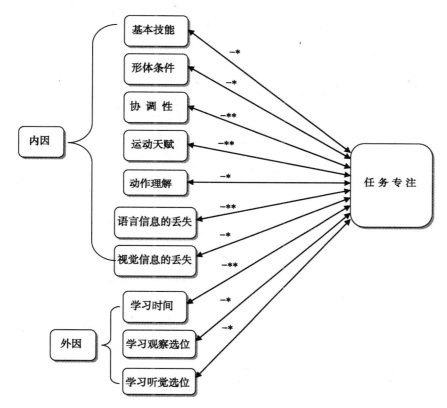

图 8 - 8 第三次测试与任务专注的归因要素

注：* 表示 P < 0.05，** 表示 P < 0.01。

从第四次测试（学习后期）学生对学习困难的归因表现看，被试者把学习的困难主要归因于基本技能、形体条件、协调性、音乐的感觉、专业兴趣、运动的天赋这6个内部不可控的因素，以及学习时间和学习观察选位这两个外部的因素。从图8－9可以看出，学习困难与这6个内部不可控的因素都呈显著的负相关关系。即被试者越是认为自己在这几个内部稳定的因素上有问题，就越会产生学习困难，同时对学习时间、学习听觉选位这两个外部因素的归因有明显减弱的迹象。即被试者面对学习越来越困难在寻求原因时，会接近回归到学习初始的状态，即大部分被试者还是把学习困难归因到内部不可控的因素上。

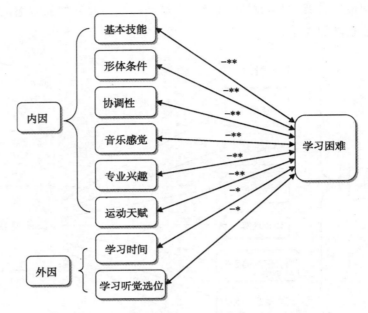

图 8 - 9   第四次测试与学习困难有关的归因要素

注：* 表示 P < 0.05，** 表示 P < 0.01。

从第四次测试（学习后期）任务专注与归因的得分表现上看，被试者对学习中的任务专注程度主要的内部归因有形体条件、协调性、音乐的感觉、专业的兴趣、对动作的理解、语言信息的丢失以及视觉信息的丢失及外部的学习时间等这些因素。从图 8 - 10 可以看出，任务专注与这 8 个因素都呈显著的负相关关系。即被试者越是认为自己这些方面不够好，则任务专注的程度就会越低，这说明被试者在学习的后期学习任务专注的归因也同样回归到学习初期的状态，大都归因于内部的因素。

二   技能学习过程中认知归因的动态走向

从 4 次测试被试者对学习困难的归因动态分析上可以看出，第一次测试，（初学期）被试者把学习的困难主要归因于基本技能、形体条件、协调性、音乐的感觉以及运动的天赋这 5 个内部不可控的因素上。而第二次（学习中期 1）及第三次（学习中期 2）测试的结果，被试者把学习的困难，除归因于基本技能、形体条件、协调性、音乐的感觉、专业兴趣、运动的天赋这 6 个内部不可控的因素外，同时，还归因于学习的时间、学习观察选位、听觉的干扰这些外部的因素以及对动作的理解等内部的因素

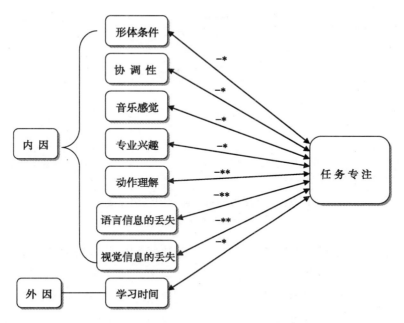

图 8 - 10　第四次测试与任务专注有关的归因要素

注:* 表示 P < 0.05,** 表示 P < 0.01。

上,说明了认知归因走向在学习的中期有了较大的改变。学习的初期,面对困难被试者会认为是自身的条件不好,寻找的是内部的归因,但随着进一步的学习,个体会寻找一些外部的归因以更多的关注试图继续努力。第四次测试(学习后期)被试者把学习的困难大多又重新归因于内部的因素上,同时,学习的时间、听觉的干扰这两个外部因素的归因有明显减弱的迹象,说明被试者面对学习越来越困难在寻求原因时,接近回归到学习初始的状态,即大部分被试者还是把学习困难重新归因于内部的因素,认为确实是自己不行,无法改变目前的状况,从而丧失了信心,放弃了努力,最后导致学习的困难。由此可见,被试者对学习困难的归因走向,是一个由内而外又重新回归于内的过程(见图 8 - 11),验证了我们的假设。

　　从 4 次测试被试者对学习任务专注的归因动态分析上可以看出,第一次测试(学习初期)被试者认为学习中的任务专注程度,主要与内部的因素都呈负相关关系。而第二次测试(学习中期 1)被试者认为学习中的任务专注程度,主要与协调性、专业的兴趣、运动的天赋、对动作的理解以及语言信息的丢失这些内部的因素呈显著的负相关关系,同时,还与学

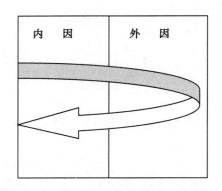

图 8 – 11 学习困难认知归因的动态走向

注：* 表示 $P < 0.05$，** 表示 $P < 0.01$。

习时间这个外部的因素呈负相关关系。即被试者在学习的中期，会寻找一些外部的归因，以更多的关注来试图继续努力。第三次测试（学习中期 2 期）被试者认为学习中的任务专注程度主要与基本技能、形体条件、协调性、运动的天赋、动作的理解、语言信息的丢失以及视觉信息的丢失等这些内部的因素呈显著负相关关系，与前两次相比，被试者还归因于 3 个外部的因素，如学习的时间、学习观察选位、听觉的干扰等这些因素。说明被试者在学习的中期，面对学习的困难会继续寻找一些外部的因素，试图继续努力从而引起了任务专注的增加。第四次测试（学习后期）则被试者认为学习中的任务专注归因主要与形体条件、协调性、音乐的感觉、专业的兴趣、对动作的理解、语言信息的丢失以及视觉信息的丢失等这些内部的因素呈显著相关关系，而学习时间（外部因素）有减弱的迹象，说明被试者在学习的后期对任务专注的归因又回归于初始的状态，大部分被试者还是把任务专注重新归因于内部的因素。由此可见，任务专注的归因也是一个由内而外又重新回归于内的过程（见图 8 – 12），任务专注的归因走向模型与学习困难的归因走向模型表现一致。

第三节 小结

研究发现，技能学习中的认知归因是动态的，是会产生变化的。被试者在学习的初期遇到学习的困难时从内部获得信息，但是到了学习的中期遇到学习困难能从外部获得信息，个体必然会更加关注学习的过程以付出

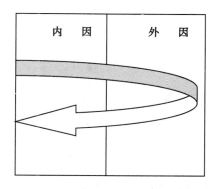

图 8 - 12 任务专注认知归因动态走向

更多的努力。到了学习的后期仍然遇到困难时，个体外部的推理已经付出了努力还是没有改变现状，还是不能克服困难，个体会再次认为是自身内部的原因，对于学习困难的状况无法改变而最终导致了学习的困难。

研究结论认为，技能学习过程中，概念与问题解决的归因动态走向呈现了先由内部转向外部，再由外部转向内部的变化过程。这一学习归因过程转变模式解释了技能学习过程中任务相关信息对学习效果归因的重要性。建议在今后的相关研究中，应着重考虑技能学习认知信息是怎样通过预测、推理、解释和内涵指向来建立任务因果关系的。另外，由于研究样本仅仅基于女生群体，可能会在技能学习的认知上存在性别差异的文化特征，所以，运用整体样本的尝试验证这一结论也是有需要的。

第九章

"顿悟"与体育学习

在体育学习过程中，通过实践的观察，顿悟现象普遍存在（邵桂华，2006；Zimmer，1994）。那么，体育学习中的顿悟现象对其效率解释又是怎样的呢？为了更好地把握顿悟对体育学习效率的解释机制，本章依据理论篇技能学习效率的顿悟解释理论，探索顿悟现象在体育学习效率中担任的角色，并验证运动技能学习效率的顿悟解释模型。

第一节 体育学习中的顿悟验证

学习"顿悟"描述为在学习过程中练习者突然获得问题解决答案时的心理现象（陈丽等，2008；李亚丹等，2012；罗劲，2004；Jones，2003）。就运动技能学习而言，练习者常常表现出反复尝试而不得其要领的情境，即称为"学习困境"。但是，在一定的条件下，练习者突然领悟了其动作要点，完成动作时表现出从"不会"到"会"的质性转变，最后从"学习困境"中解脱出来。为了解释这种现象，相关的研究建议，在运动技能学习中，如果练习者能够运用自身的知识经验和学习环境的氛围激发其主观的努力，则可以有助于其对动作要领的领悟，提高学习的效率（霍军，2013；Afshari，et al.，2011；Estrada，et al.，2012；Mainhard，et al.，2012；Rosalie，et al.，2012；Seidler，2004）。另外，在此过程中，学习反馈对于顿悟的发生，也会起重要的作用，特别是在学习的初期，反馈具有重要的解释意义。

在该探索领域中，最近的研究提出了"顿悟式运动技能学习"的概念，并构建了体育学习中的顿悟解释模型（见理论篇第四章图 4 – 3）。该模型把顿悟式技能学习解释为是"内部驱动"和"外部驱动"两个效应的作用。其中，所谓"内部驱动效应"即解释为与"学习能力"有关的要素，包括"体育知识""元认知"和"运动经历"对习得过程顿悟的启发效应；而"外部驱动效应"则是指与"主观努力"有关的学习环境要素，包括"动机激励""教学方法"和"学习互动"对习得过程顿悟的启发效应。

根据假设模型的解释，顿悟状态有利于运动技能学习成绩的提高，而且，处在顿悟状态下的学习者，表现为不仅有能够很好地运用自己相关知识的能力，还能很好地利用学习环境来保持自己不断地尝试。所以，顿悟解释模型实际上是描述了以顿悟为中心的1个学习成绩和2个驱动效应。本章通过一个技能学习任务的设计，考察顿悟式技能学习的表现特征，进而验证运动技能学习的顿悟解释模型。由于模型描述的"顿悟"与"反馈"均属于"有"或"无"的现象，这样，模型验证的思路主要设计为塑因观察的验证法。具体地讲，也就是把"顿悟"和"反馈"设计为自变量，观察在其状态下呈现的学习效果，从而验证"顿悟"与技能学习的解释关系。同理，当把"顿悟"和"反馈"作为自变量时，观察在其状态下练习者在运用内部和外部方面相关要素资源的效率，从而验证内部和外部驱动的解释效应。

第二节　案例研究分析

根据体育学习效率的顿悟解释假设模型（见理论篇第四章图4-3），以"学习能力"的3个维度和"主观努力"的3个维度，以及学习成绩为观察变量，以顿悟现象和学习反馈为操作的自变量，采用2（顿悟）×2（反馈）的因素设计，观察以上变量在顿悟和反馈情况下的变化关系。依据这样的设计思路，研究演绎出以下3个与运动技能学习的顿悟解释模型一致的验证假设。

第一，在运动技能学习过程中，获得顿悟与反馈的练习者在学习成绩表现方面相对于无顿悟和无反馈的练习者更好。

第二，在运动技能学习过程中，获得顿悟与反馈的练习者在利用相关"学习能力"资源方面相对于无顿悟和无反馈的练习者更好。

第三，在运动技能学习过程中，获得顿悟与反馈的练习者在利用相关"主观努力"资源方面相对于无顿悟和无反馈的练习者更好。

基于以上3个演绎的假设，研究采用2（顿悟）×2（反馈）的因素设计，分为 3 个步骤来完成验证。

第一步，观察顿悟与反馈的学习效率，即验证学习顿悟和反馈对成绩的解释效应。

第二步，观察学习顿悟的内部驱动效应，即验证顿悟和反馈与其相关的学习能力之间的解释效应。

第三步，观察学习顿悟的外部驱动效应，即验证顿悟和反馈与其相关的主观努力之间的解释效应。

以上 3 个验证步骤中，后两个验证步骤与第一步不同的是，它们并非因果关系的观察，而是观察在顿悟状态下内部和外部的资源利用效率。根据该理论模型的解释，顿悟产生的"内部驱动"源于与顿悟有关的学习能力，主要指"体育知识""运动元认知"和"运动经历"。研究建议，作为能力，这些要素与运动技能学习专项能力（例如，空间定向能力、动作模仿能力等）不同的是，它们在启发顿悟中提供了重要的关联分析信息。因此，本研究观察的学习能力并非具体的运动技能学习能力，而是更具有"高阶"层面的学习解释能力。进一步，相对于"内部驱动"源更灵活的"外部驱动"源，主要是由学习环境要素决定的主观努力，这些学习环境要素主要是指"动机激励""教学方法"和"学习互动"。相关的研究建议，由于这 3 个要素主要反映刺激顿悟学习的努力尝试，显示出极强的状态性特征，故在不同的学习阶段中可能会表现出不同的认知强度，因此，它们被解释为顿悟的外部驱动效应。

研究选取高校在读学生 236 名，以选体育课完成学分的形式进行为期 16 周的体育学习。由于体育课程为舞蹈内容，所选学生均为女性，平均年龄为 19.9 岁（SD = 1.89）。所有被试者均无学习内容的学习经验，且通过随机抽签的方式被分成了"学习反馈组"（118 人）和"学习非反馈组"（118 人）。在参加学习过程中，由于转专业、出国、休学等原因不能最终完成学习的学生有 6 名，其中，"学习反馈组"少了 1 人，"学习非反馈组"少了 5 人，最后完成学习的被试者共 230 名。

实验任务的设计为体育舞蹈拉丁舞基本动作原地"8 字绕髋"。根据 Haith（2013）等对体育学习的机制解释，体育学习是基于"模式操作"或"结果控制"两类来表述学习特征的。"模式操作"的学习主要反映在解决任务结构与运动环境关系的过程中，是通过对运动表征的认知以及对相关信息的提取来实现对模型的识别，并以此形成最有效的控制策略

（Fermin，et al.，2010；Knoblich，et al.，2001）；而"非模式"（结果控制）类的体育学习则主要体现在"操作控制"上，即操作进程监控是提高学习效率的关键。基于以上解释，体育舞蹈项目属于"非模式"（结果控制）类的技能学习，学习目的是基于操作与控制趋于最佳化。技能的习得主要表现在熟练准确地完成动作的操作上，而操作的控制策略是结果与目标的一致性（Haith & Krakauer，2013）。因此，选择体育舞蹈项目作为实验任务，旨在验证体育学习顿悟解释模型的"非模式"（结果控制）类的技能学习表现。

"8 字绕髋"动作操作流程。将重心移到两脚前脚掌，两腿内侧加紧，两脚充分压地。学习者先把髋转向一侧，然后用踝关节的力量向上推，再将重心移动到另外的一条腿上，然后再转髋，围绕身体中轴，骨盆做"8字绕环"。头顶始终处在一个平面上（不起伏）（见图 9 - 1）。

图 9 - 1　"8 字绕髋"的移动轨迹图解

主要的动作要领：

第一，髋做"8"字绕环。主力腿髋做前、旁、后的运动。

第二，身体重心的移动。

第三，协调用力。以背部肌肉引领，由身体带动髋再带动腿。

第四，腿型脚型。两腿伸直，双脚踩地共同与反作用力对抗。脚跟并拢，脚尖外展。

第五，手臂动作。手臂是身体的延伸，手臂动作是身体的余波。由身体依次带动肩膀、大臂、手肘、小臂、手腕、手指做摆臂。

第六，呼吸。根据节拍来换气，每 4 节 1 呼吸。

第七，音乐。用 And - 2 - 3 - 4 - 1 来读音乐，重拍在 1。

动作掌握的关键要点：

主要动作要领通过参考高等学校教材《健美操　体育舞蹈》，并与拉丁舞专业教师探讨，然后征求北京舞蹈学院专业教师的意见，最后形成了 3 条主要的关键点：①髋绕"8"字；②重心的移动；③协调用力。

本研究的操作性定义是指对学习动作要领的理解与掌握。例如，体育舞蹈拉丁舞的"8 字绕髋"动作，顿悟表现为学生在学习中对"8 字绕髋"动作要领的领悟。

研究采用自编学习自我评估问卷，该问卷由基本信息、问卷说明、顿悟的测量、顿悟有关的学习能力测量以及顿悟有关的主观努力的测量组成。个人基本信息，包括被试者的姓名、年级、专业、年龄及测试日期。问卷说明的主要内容是"以下是有关在体育学习方面的自我评估问题，请您仔细阅读题目，并根据自己的情况回答问题（请注意问题回答没有对与错之分，主要依据自己的第一感觉作答）"。

为了确认拉丁舞"8 字绕髋"动作的 3 个关键点（髋绕 8 字、重心的移动、协调用力）确实可以产生顿悟，我们进行了对比两组的预试验。即运用随机分配的 2 组（各 16 人），经过非指导地观察学习与练习，一组给予 3 个要点的提示，另一组则不给这 3 个要点的提示，只进行一般的观摩学习，1 小时后，由两位教师为两组学习者完成动作的质量进行独立打分。然后，将两组的得分进行 T 检验分析。结果发现，动作要点提示组的动作完成质量显著高于另一组，说明该学习任务的关键点可以用于顿悟的特征表述。

学习顿悟的测量主要根据已有研究的测试方法，采用自我评估的问卷（李文福等，2013；邱江等，2011；沈汪兵等，2013；邢强等，2013）。运用开放式的提问，让被试者列出自己认为拉丁舞"8 字绕髋"技术的关键要点。然后，根据被试者的回答，按照以上提出的该任务动作掌握的 3 个关键点进行信息编码，满足了这 3 个条目中的 2 个，即编为"顿悟"组。完成学习任务后，立即进行了顿悟的测量（每隔 1 周测量 1 次）。有顿悟发生的被试者可能分别会在学习中的不同时段出现顿悟。

顿悟有关的学习能力效应问卷主要是测量学习者对自身有关学习能力的应用程度的判断。主要包括"体育知识""元认知"和"运动经历"的维度。"体育知识"定义为学习者对自身体育有关知识储备的认知。例如，"我了解一些体育的基本知识""我会经常关注一些体育学习中的常识问题"等；"元认知"定义为学习者对察觉自身错误动作能力的认知。例如，"在体育学习中，我通常能够通过对动作的理解，察觉到自己的错误动作""在体育学习中，我能通过肢体运动的方向，觉察到自己的错误动作"等。"运动经历"定义为学习者对自身参与体育活动的经验的认知，如，"体育锻炼是我生活中的一部分""我是一名体育活动的爱好者"等。采用1—5分的李克特量表（Likert Scale），从完全不同意到完全同意，分值变化为10—50分，得分越高，说明被试者对"学习能力"的认知越清晰。

顿悟有关的主观努力问卷是对学习者在学习过程中，运用学习环境信息来激发主观努力程度的测量。主要包括"动机激励""教学方法"和"学习互动"的维度。动机激励的维度有4道题，例如，"课堂学习的氛围提升了我的学习动力""学习中自己的点滴进步激励了我"等；教学方法的维度有3道题，例如，"老师的讲解容易理解""老师教学方法很适合我"等；学习互动的维度有4道题，例如，"课堂中，师生之间能相互交流""课堂中，同学之间能相互交流"等。采用1—5分的李克特量表（Likert Scale），从完全不同意到完全同意，分值变化为11—55分，得分越高，说明被试者对"主观努力"的认知越清晰。

量表在使用前随机选取了60名女大学生被试者进行了测试，所获数据经过验证性因子分析。结果显示，"学习能力"量表的因素总解释度为70%，内部一致性测试表明α值为0.73—0.84。一周后的重测信度r值为0.67—0.89。"学习环境"量表的因素总解释度为69%，内部一致性测试表明α值为0.72—0.86。一周后的重测信度r值为0.65—0.88，完全符合量表的统计使用要求。

实验设计采用2（有反馈对无反馈）×2（有顿悟对无顿悟）的因素设计，进行了为期一个学期（16周）的教学实验。通过每周1次，每次30分钟的学习与练习，使被试者完成体育舞蹈拉丁舞"8字绕髋"的学习任务。实验操作在确认了所学习的动作对于每个被试者都是新技能的情况下，进行教授和练习。

反馈的操作定义为教师在教学过程中，对被试者的学习结果给予评价性的反馈。"反馈组"的操作，实践老师对被试者的正确动作及时给予肯定，而对被试者出现的错误动作能及时地给予提醒。观察学习者遇到的难点与疑点，诊断出其"思维困境"，并及时地给予点拨与提醒，为学习者提供准确的关键启发信息，但反馈不直接告知动作掌握的 3 个关键点。"非反馈组"的操作是被试者在任务学习过程中始终不施加反馈的干预，实践教师主要通过一般的讲解、示范、分解练习与完整练习等方式进行教学。

实验设计为纵向观察的过程，学习能力的指标包括"体育知识""元认知"和"运动经历"的维度，考虑到这是相对稳定的因素，因此，只是在第一次课与最后一次课时分别给予测试。主观努力有关的"学习环境"包括"动机状态""教学方法"和"学习互动"的维度。根据技能学习掌握的阶段发展分 4 次给予测试，每隔 4 周测一次。第 1 次测试的结果为"学习初期阶段"，主要反映了技能的初步形成阶段；第 2 次、第 3 次测试结果为"学习中期阶段"，主要反映学习技能形成的泛化阶段；第 4 次测试结果为"学习后期阶段"，表现为技能进一步掌握并向自动化阶段发展。

关于被试者学习成绩的测量，主要是通过 3 位专业老师在最后一次测试中给每位被试者评分，取平均分作为被试者的学习成绩。评分标准为 60% 为基本技术得分，20% 为音乐表现力的得分，10% 为个人风格的得分，10% 为临场表现分。

每次学习单元结束后，由班干部发放问卷进行测试，被试者完成后当场收回。

研究采用 SPSS for Windows 19.0、AMOS20.0 软件对数据进行统计分析，主要采用多元方差分析的方法以及对模型进行结构方程拟合分析的方法。

一　顿悟的学习成绩分析与讨论

研究基于顿悟式运动技能学习的解释模型，观察"学习能力"和"主观努力"作为驱动解释，诱发"顿悟"的效应过程。进一步，研究还把"反馈"作为过程解释的要素，观察其交互效应。在这个系列的验证过程中，通过设计一个阶段性的技能学习任务，首先观察学习成绩与"顿悟"和"反馈"的效应关系，然后分别考察了"学习能力"和"主观努力"的解释效应。采用 2（顿悟）×2（反馈）因素设计的教学实验，旨在验证运动技能学习效率的顿悟解释模型。为了验证"在运动技能学习中，有顿悟发生的被试者，在学习成绩上应该比没有顿悟的被试者好"的假设，数据分析结果表明，顿悟组与非顿悟组的学习成绩存在显著差异，顿悟组的学习成绩要显著高于无顿悟组；有反馈被试者的学习成绩也要明显高于非反馈被试者，但是，两者不存在交互效应（见表9－1、表9－2）。说明无论是反馈组还是非反馈组，有顿悟的被试者的学习成绩都要高于非顿悟的被试者（见图9－2）。也就是说，无论是否有反馈，有顿悟的被试者成绩都要优于无顿悟的被试者。这就验证了顿悟式学习理论，即顿悟越多，学习效率就越高，学习成绩也就越好（Hays, et al., 2002）。同时，研究数据显示，反馈组有顿悟的被试者学习成绩均值为最高85.14分，而无顿悟的被试者学习成绩均值为76.33分（见表9－1），验证了假设1。

表9－1　　　　　学习成绩的 2×2 因素分析描述性统计一览表

因素	反馈组			非反馈组		
	n	M	SD	n	M	SD
顿悟	42	85.14	10.43	25	80.44	10.13
无顿悟	75	76.33	10.60	88	70.98	9.44

表9－2　　　　　学习成绩的 2×2 因素方差分析一览表

因素	df		F	P	ES
顿悟	1	226	34.47**	0.00	0.23
反馈	1	226	10.42**	0.00	0.19
顿悟×反馈	1	226	0.04	0.84	0.00

注：** 表示 $P < 0.01$。

二　顿悟有关的"学习能力"结果分析与讨论

以上数据确认了顿悟与学习成绩有密切的关系，且这种关系的变化与反馈无关。进一步，为了验证诱发顿悟的相关因素，研究根据顿悟解释模型分别对学习能力和学习环境进行考察。基于学习阶段的变化，数据分析分为学习初期和学习后期两个阶段。分析结果如下。

（一）"学习初期"顿悟有关的"学习能力"结果分析

研究运用2（顿悟）×2（反馈）因素设计，对学习初期（第1次测试）的学习能力实验数据进行多变量分析。结果显示，"顿悟"和"反

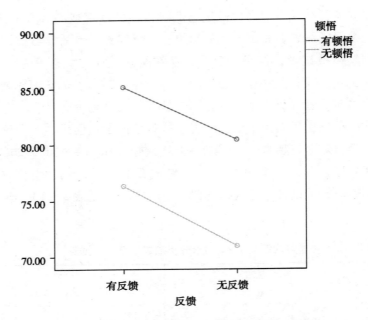

图9-2   "顿悟"与"反馈"的技能学习成绩表现

馈"各自存在主效应,而且反馈与顿悟的交互效应出现了统计学意义。这表明顿悟组的被试者,在应用学习能力有关的信息方面显著优于非顿悟组的被试者,而且学习能力有关的信息应用,在有反馈的条件下显著优于无反馈的条件(见表9-3、表9-4)。

表9-3   "学习初期"阶段的"学习能力"
各维度2×2因素分析描述性数据一览表

变量	因素	反馈组			非反馈组		
		n	M	SD	n	M	SD
体育知识	顿悟	42	13.69	2.40	25	11.8	2.66
	无顿悟	75	12.05	2.54	88	11.94	3.01
元认知	顿悟	42	12.83	2.44	25	10.96	2.26
	无顿悟	75	11.00	1.51	88	11.11	2.07
运动经历	顿悟	42	12.14	3.23	25	9.76	2.33
	无顿悟	75	9.09	2.40	88	8.64	2.84

表9-4 "学习初期"阶段的"学习能力"
2×2多因素方差分析一览表

因素	df		F	P	ES
反馈	3	224	4.81**	0.00	0.06
顿悟	3	224	9.44**	0.00	0.11
反馈×顿悟	3	224	4.10**	0.01	0.05

注:** 表示 $P < 0.01$。

进一步,"顿悟"与"反馈"的交互效应说明,在有反馈的条件下,顿悟组的被试者对学习能力信息的应用明显优于无顿悟组的被试者,但是,在无反馈条件下,这种学习能力信息应用的优越性,在两组之间则不存在显著差异。从而验证了在学习初期,反馈对于顿悟式学习的学习能力有关信息应用的重要性。

表9-5 "学习初期"阶段的"学习能力"各维度多重比较一览表

因素	变量	df		F	P	ES
反馈	体育知识	1	226	6.25**	0.01	0.03
	元认知	1	226	9.08**	0.00	0.04
	运动经历	1	226	12.29**	0.00	0.05
顿悟	体育知识	1	226	3.47	0.06	0.02
	元认知	1	226	8.28**	0.00	0.04
	运动经历	1	226	26.65**	0.00	0.11
反馈×顿悟	体育知识	1	226	4.94	0.23	0.02
	元认知	1	226	11.57**	0.00	0.03
	运动经历	1	226	5.73**	0.02	0.03

注:** 表示 $P < 0.01$。

由表9-5看出,学习能力3个维度的F值在"顿悟"和"反馈"因素中的效应表现。具体地讲,"体育知识""元认知"和"运动经历"3个变量在反馈的条件下均存在主效应,而在顿悟的条件下只有"元认知"和"运动经历"存在主效应,"体育知识"的变量被排除了。值得关注的是,表9-5的交互效应表明,由于"体育知识"的变量不存在交互效应,顿悟有关的"元认知"和"运动经历"的信息应用只与反馈条件有关。结果说明,学习初期"元认知"和"运动经历"在反馈的条件下有助于顿悟的发生。

（二）"学习初期"顿悟有关的"学习能力"表现

　　根据顿悟式的学习理论，能力与努力的作用路径是通过顿悟现象的效应来解释学习结果的。即能力与努力是促成顿悟的关键要素。根据学习初期"学习能力"总效应的实验数据表明，"顿悟"和"反馈"都存在主效应，而且，两者出现了交互效应（见表9-4）。说明顿悟组的被试者在学习初期，在应用学习能力有关的信息方面要显著优于非顿悟组的被试者。而且，被试者在反馈的条件下对学习能力有关的信息也比无反馈条件下的被试者认知更高。从"顿悟"与"反馈"的交互效应看，存在着统计意义的效应值。说明了"反馈"对于"学习能力"有关信息的应用促进"顿悟"发生的重要性，这种重要性解释为有反馈有顿悟的被试者，自身学习能力认知的得分要显著高于无顿悟的被试者，但是，在无反馈的条件下，有顿悟与无顿悟的被试者，在学习能力方面的认知却没有差异（见图9-3）。

　　进一步，对"学习能力"的分量 F 值分析发现，这种交互效应只存在"元认知"和"运动经历"两个方面（见图9-4、图9-5）。

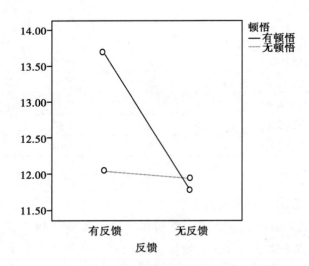

图9-3　"学习初期"的"顿悟"和"反馈"的学习能力表现

　　总之，在学习初期，学习能力的 3 个维度"体育知识""元认知"和"运动经历"的总效应，在反馈的条件下均存在主效应，而在顿悟的

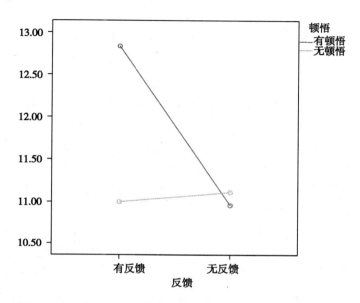

图 9 - 4 "学习初期"的"顿悟"和"反馈"的元认知表现

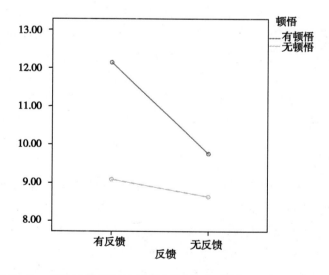

图 9 - 5 "学习初期"的"顿悟"和"反馈"的运动经历表现

条件下只有"元认知"和"运动经历"存在主效应。而且,顿悟与反馈的交互效应表明,"体育知识"的变量不存在交互效应,说明在学习初期学习能力有关的"元认知"和"运动经历"的相关信息对于促成顿悟的发生具有重要的意义。相关研究表明,"元认知"在运动技能学习中，起到自我意识及自我调控的作用（邢强等，2009；Sigrist，et al.，2013），如果学习者在学习中能通过对动作的理解，觉察到自己动作的对与错，就能起到反馈监控和调节的作用。因此，学习者就能获得更多的关键性的启发信息，对顿悟式的运动技能学习具有非常重要的作用。例如，学习者在练习过程中能够通过对动作的理解，察觉到自己的错误动作，或者学习者能通过肢体运动的方向，觉察到自己的错误动作等。因此，元认知的过程实际上就是指导和调节学习者的认知或认识的过程，选择有效认知或认识策略的控制执行过程。元认知知识、元认知体验、元认知监控在学习者的认识活动中高度互相关联，成为统一体，对学习者的认识活动起到监视、控制和调节的作用。元认知知识的掌握，有利于发生元认知的体验，有利于实施元认知监控；准确的元认知体验，又有利于实施元认知的监控，并积累准确的元认知经验和知识；有效的元认知监控，又有利于产生积极的元认知体验，并获得更加丰富的元认知知识。所以，学习者就能获得更多的关键性的启发信息，对顿悟式的运动技能学习具有非常重要的作用。因此，对于学习者来说，元认知就是在学习活动中，通过对自己、学习任务与学习方法的认识，来准确地体察和自觉地控制自己的学习活动，从而主动有效地提升自己。而元认知能力也就是在学习中的自我认识、自我控制，以求得自我提高的能力。同样，"运动经历"所积累的运动经验，能提高运动技能学习的能力（Seidler，2004）。如果学习者是一个体育学习的爱好者，经常性地参加一些体育学习，有较多的运动体验，就有可能在学习新的内容时，获得运动技能的迁移（Estrada，et al.，2012；Rosalie，et al.，2012），从而得到许多启发信息，促成顿悟的发生。

然而，对于"体育知识"单个变量来说，顿悟的主效应和顿悟与反馈的交互效应均不存在（见表9-5），说明在学习初期，学习能力有关的体育知识对于顿悟的发生意义不大，这与原有的理论假设略有不同。可能的解释是体育知识是理论层面上的，而运动技能学习是技能技术实践操作上的，因此，对于学习初期的初学者来说，体育知识就不像运动经历以及元认知那样直接作用于技术技能的学习了。另外，也可能是大学女生对体育知识的关注度不是很高，这一点有待将来的研究去发现问题。

（三）"学习后期"顿悟有关的"学习能力"结果分析

研究运用2（顿悟）×2（反馈）因素设计，对学习后期（第4次测试）的学习能力实验数据进行多变量分析。结果显示，只有"顿悟"因素在学习能力的变量上存在着主效应，而"反馈"的主效应与交互效应均不存在（见表9-6、表9-7）。结果反映了在学习后期顿悟组的被试者，在学习能力有关信息的应用方面显著优于非顿悟组，但是，这种信息的应用已经变得与"反馈"无关了。

表9-6 "学习后期"阶段的"学习能力"
各维度2×2因素分析描述性统计一览表

变量	因素	反馈组			非反馈组		
		n	M	SD	n	M	SD
体育知识	顿悟	42	13.83	3.86	25	13.52	2.84
	无顿悟	75	12.59	3.11	88	12.81	3.39
元认知	顿悟	42	12.43	2.87	25	12.92	1.47
	无顿悟	75	11.15	2.30	88	11.72	2.13
运动经历	顿悟	42	11.93	2.54	25	11.48	2.35
	无顿悟	75	9.71	2.75	88	9.60	3.27

表9-7 "学习后期"阶段的"学习能力"各维度2×2多变量方差分析一览表

因素	df	F	P	ES
反馈	3 224	1.55	0.20	0.02
顿悟	3 224	9.74**	0.00	0.12
反馈×顿悟	3 224	0.11	0.96	0.00

注：** 表示 P<0.01。

进一步，表9-8表明，"顿悟"在学习能力的3个分变量上均存在主效应，且除了"体育知识"表现为小的效应量以外，"元认知"和"运动经历"2个变量效应值均达到了大的效应量（见表9-8）。

表9-8 "学习后期"阶段的"学习能力"各维度多重比较一览表

因素	变量	df	F	P	ES
反馈	体育知识	1 226	0.01	0.93	0.00
	元认知	1 226	2.54	0.11	0.01
	运动经历	1 226	0.43	0.52	0.00

续表

因素	变量	df		F	P	ES
顿悟	体育知识	1	226	3.82 *	0.05	0.02
	元认知	1	226	14.03 **	0.00	0.06
	运动经历	1	226	23.23 **	0.00	0.09
反馈×顿悟	体育知识	1	226	0.29	0.59	0.00
	元认知	1	226	0.01	0.92	0.00
	运动经历	1	226	0.16	0.69	0.00

注：* 表示 $P < 0.05$，** 表示 $P < 0.01$。

（四）"学习后期"顿悟有关的"学习能力"表现

从学习后期的 2×2 因素多变量方差分析结果来看，仅仅存在"顿悟"因素的主效应，而"反馈"因素和交互效应均不存在（见表9-7）。进一步，从"学习能力"的分量 F 值看，3 个维度（体育知识、元认知和运动经历）在顿悟因素上都存在主效应（见表9-8）。说明在学习后期，反馈条件对于学习能力有关的信息应用已经没有意义了。然而，对于顿悟来说，"学习能力"却具有重要的解释意义。具体表现为，有顿悟的被试者在运用"学习能力"有关的信息（如"体育知识""元认知"和"运动经历"）方面显著优于非顿悟组。因此，如果学习者能多了解一些体育的基本知识，或者经常关注一些体育运动中的常识问题，等等，那么在学习过程中就有可能获得更多的顿悟，提高学习的效果。所以，要鼓励学习者在日常生活中，多了解一些体育的基本知识，如多看体育板报、体育标语，多听体育新闻广播等。教师也可以利用多媒体技能教学，利用体育知识讲座、体育节或体育竞赛等让学习者多掌握一些体育运动的常识。同时，建立健全校内各体育协会、体育俱乐部等，以形成良好的体育氛围吸引学习者自觉参与，使学习者在有意识的环境中耳濡目染，在潜移默化中学习，以此来强化学习者对体育学习中技能形成过程的认知，最终达到提高体育学习效果的目的。总之，教师在教学过程中，要给学生充分的空间，引导学生去思考，以促进创新思维，从而能够获得更多的体育知识，以促进顿悟的发生。当学习者在探求新知、寻找规律时，获得意外成功的惊喜，在山重水复疑无路时，突然产生灵感带来的快乐，都可以成为激发创新意识、培养创新思维的动力源泉。

　　研究表明，元认知能力与学习能力、学习成绩有着密切的联系，元认知能力强的个体学习能力越强，学习效率也越好。元认知水平的高低，决定了学习者是否具有较多的关于学习及学习策略方面的认识，是否能监控自己的学习过程，并是否能灵活地应用各种策略以达到预定的目标。因此，元认知水平高的个体，也就能更好地利用自己的"元认知能力"的资源，来促进学习顿悟的发生，提高学习的效率。总之，在运动技能学习过程中，对学习者进行元认知的开发，提高学习者的元认知发展水平，对于学习者学会学习，促进学习者智力的发展，引发顿悟的发生具有重要的作用。

　　通过对运动技能学习的纵向观察分析表明，无论是在学习的初期还是在学习的后期，个体"顿悟"的产生往往有赖于"学习能力"有关的运动经验。正是由于体育运动的操作技能具有迁移的特性，即如果个体所学习或掌握的运动技能的种类越多，内容越广，其共有的特点就越多，学习新的运动技能就越容易。另外，运动技能还具有扩展性的特征，体现在对具体的操作技能的运用上，即表现出向相关操作性技能领域扩展的特点。因此，喜爱体育运动并经常参加锻炼，具有较多运动经历的个体，也就能更好地利用已有的运动经验的资源，来促进学习顿悟的发生，提高学习的效率。

　　研究表明，学习反馈对于顿悟有重要的作用。反馈又分为外部反馈和内部反馈，即个体对行为结果的知觉（外部）和个体对肌肉运动刺激所提供的信息（内部）。在运动技能学习的初期，学习者主要是依靠自己对行为结果的知觉来监控纠错，但是，有些运动技能的结果容易被察觉，如篮球的投篮是否命中，排球的发球是否过网，等等，而也有许多运动技能的结果是不容易被察觉的，尤其是初学者对自己的动作过程或姿势是否正确不容易察觉，如在体育舞蹈的学习中，学习者的身体姿势、重心的把握、身体协调与平衡、节奏、手臂动作，等等。因此，教师要及时提供反馈信息，可以当面指出，也可通过录像或其他手段，记录动作的结果与动作过程，让学习者获得真实与客观的信息，帮助学习者监控与纠错，以促进顿悟的发生。学生对教学的反馈信息有时是明显的，有时是隐蔽的；有的可以通过语言表述出来，有的是通过肢体语言表现出来的。因此，在教学过程中，教师在向学生传授知识技能的同时，要善于察言观色，善于捕捉课堂信息，及时获取各种教学反馈信息，才能有效地调控教学过程。这就要求教师始终要有较强的反馈意识，时刻保持获取教学反馈信息的热情，不断增强对教学反馈信息的敏感性与判断力。

正因为在运动技能学习的初期，反馈显得尤其重要。所以，教师在教学过程中要准确、及时地给予学习者反馈，并且，要多强化正向反馈，多给予学习者一些肯定与奖励，激发学习者学习的兴趣，促进顿悟的发生，提高学习的效果；尽量淡化负向反馈，点到为止，因为过度的批评与惩罚会降低学习者的学习兴趣，抑制顿悟的发生，降低学习的效率（Thorndike，1931）。

在学习的后期，"反馈"条件变得不重要了。这种现象的发生，可能是因为在"学习初期"（技能的初步形成阶段），学习者主要是依赖更多的信息来建立学习任务的动作定型，信息越多就越有利于学习者对学习动作的理解。所以，"学习能力"对于"反馈"就有着重要的解释意义。而在学习的后期，当技能执行向自动化方向转变，学习者在完成任务时，则表现为较少地依赖技能相关的信息。此时，"顿悟"的过程就倾向于由直接信息的构建转向了间接信息的构建。在运动技能学习的后期，在动作技术要领已基本掌握的条件下，反馈信息主要来自内部（董文梅，2008），如动作的协调、平衡、节奏等感觉只能靠学习者自己体会，因此，在这个时期应强调主动练习、发现经验与寻找规律。所以，"学习能力"对于反馈就不再具有解释效应了。

三　顿悟有关的"主观努力"结果分析与讨论

同样，根据顿悟式技能学习解释模型，"主观努力"作为外部驱动因素对诱发顿悟起着重要的作用。为了验证研究提出的假设3，研究的数据分析同样采用纵向学习的动态观察。

（一）"学习初期"顿悟有关的"主观努力"结果分析

研究采用2（顿悟）×2（反馈）因素设计，对"学习初期"（第1次测试）的"主观努力"数据进行了多变量的分析。结果显示，只有顿悟存在主效应，而反馈的主效应和交互效应均不存在（见表9-9、表9-10）。

表 9 - 9   "学习初期"阶段的"主观努力"

各维度 2 × 2 因素分析描述性统计一览表

变量	因素	反馈组			非反馈组		
		n	M	SD	n	M	SD
动机激励	顿悟	42	16.90	1.83	25	16.16	2.12
	无顿悟	75	15.07	3.31	88	15.02	3.12
教学方法	顿悟	42	13.45	2.40	25	12.60	1.73
	无顿悟	75	11.64	2.03	88	11.60	2.16
学习互动	顿悟	42	17.36	2.31	25	15.76	2.47
	无顿悟	75	15.45	3.14	88	15.40	3.41

表 9 - 10   "学习初期"阶段的"主观努力"2 × 2 各维度多元方差分析一览表

因素	df		F	P	ES
反馈	3	224	1.39	0.25	0.02
顿悟	3	224	6.84**	0.00	0.08
反馈 × 顿悟	3	224	1.23	0.30	0.02

注:** 表示 P < 0.01。

进一步,由表 9 - 11 得知,顿悟有关的"主观努力"的 3 个分变量均表现出主效应,说明在"学习初期",动机的激励、教师教学的方法以及学习的互动对于诱发顿悟具有重要的意义。但是,这些要素对反馈意义不大。

表 9 - 11   "学习初期"阶段的"主观努力"各维度多重比较一览表

因素	变量	df		F	P	ES
反馈	动机激励	1	226	0.81	0.37	0.00
	教学方法	1	226	1.93	0.17	0.01
	学习互动	1	226	3.30	0.07	0.01
顿悟	动机激励	1	226	11.20**	0.00	0.05
	教学方法	1	226	19.47**	0.00	0.08
	学习互动	1	226	6.18**	0.01	0.03
反馈 × 顿悟	动机激励	1	226	0.61	0.44	0.00
	教学方法	1	226	1.65	0.20	0.01
	学习互动	1	226	2.85	0.09	0.01

注:** 表示 P < 0.01。

（二）"学习初期"顿悟有关的"主观努力"表现

主观努力有关的"学习环境"作为顿悟式运动技能学习的重要因素，主要反映了运动技能学习顿悟解释模型的外部驱动效应。由表 9 – 10 可以看出，"学习初期"顿悟有关的"学习环境"总效应解释为，顿悟组与非顿悟组存在显著差异，表现为有顿悟组被试者的"学习环境"得分明显高于非顿悟组的被试者。而反馈因素不存在效应，且与顿悟的交互效应也不存在相关关系。进一步对顿悟因素 3 个维度的主效应 F 值进行分析，结果显示，动机激励、教学方法和学习互动在顿悟条件下的 F 值均达到了统计学意义的显著性。说明在学习初期的顿悟发生与主观努力有关的"学习环境"维度"动机激励""教学方法"和"学习互动"均有关系，说明顿悟组的被试者，在应用学习环境有关信息方面要显著优于非顿悟组的被试者。也就是说，顿悟组的被试者在运动技能的学习过程中，能更好地利用"学习环境"的"动机激励""教学方法"以及"学习互动"等方面的相关信息，来促成顿悟的发生。

研究结果说明，"动机激励""教学方法"和"学习互动"在学习初期是有助于顿悟发生的有利因素。动机是运动技能学习的内在动力，教师在教学过程中如果能激发学习者强烈的学习动机，如对该运动项目的喜欢与向往；或学习者在学习过程中，感知到自己在每次练习时的点滴进步，等等，往往都能激发学习者学习的兴趣，从而提升了主观上的努力。运用激发动机的方式，不仅可以提高学习的兴趣和投入，更重要的是增加了主观的努力。动机是推动个体进行身体活动的心理动因或内部动力，能激发并维持个体的身体活动，以满足个体的需要或愿望等。学习动机的激励是提升个体学习动因的直接途径，通过激发学习的动机，行为过程才能增加主动性的成分，这对顿悟非常的重要。例如，"课堂学习的氛围提升了我的学习动力""学习中自己的点滴进步激励了我"等。除了物质激励外，教师的口头表扬也必不可少，哪怕是一个肯定的眼神或是一个手势，都能激发学习者的学习兴趣。因此，在体育学习的过程中，要尽量地激发学习者学习的动机，多鼓励或给予其一定的奖赏，激发学习者的兴趣，给学习者创造一个最佳的课堂学习的氛围，提升学习的动力以促进顿悟的发生，这与相关的研究一致（Afshari, et al., 2011）。同时，教师的教学方法，其内容的选择、进度的安排、教学的形式以及教师的个人魅力等都可能影响学习者学习的积极性（霍军，2013），进而影响其主观的努力。丰富的教学手段，可以激发学生的主观努力。例如，"老师的讲解容易理解""老师的教学方法很适合我"，等等。教师规范、轻松、优美的动作示范，能使学习者产生强烈的学习热情和动机，是潜移默化地传递内隐知识的一种具体的外在表现，能为运动技能的内隐知识的获得提供动力源。在运动技能学习中，运用多种教学方法，可以激发努力，促进顿悟以提高学习的效率。例如，教师采用启发式的教学法或采用暗示教学法等给予学习者简单明了的语言线索。"动作技能的关键点在哪里"而不是"是什么"，以激发学习者的学习兴趣，来促进主观的努力。教师还可以根据个体体育运动背景知识所造成的运动经验、知识等的差异，区别对待并进行正确引导。让学习者去领会运动技能中暗含的动作技术要领及规律，促进顿悟的发生。因此，教师的主导作用应体现在对学生的启发、引导、指导、释疑等方面。总之，教师在上课前要有充分的备课，做到科学合理的安排，如课堂教学内容的安排、动作的难易程度、进度的快慢、教学的方法等，激发学习者学习的兴趣，给学习者创造一个最佳的课堂学习的氛围，提升学习者的主观努力以促进顿悟的发生。

另外，在运动技能学习过程中，师生之间、学生之间的学习互动，也能较好地提升学习者的学习兴趣，从学习环境的层面来提升个体的主观努力（Mainhard，et al.，2012），进而诱发顿悟的发生。在运动技能学习的过程中，通过学习的互动与共享，达到激发学习者在学习上的主观努力，从而促进学习效率的提升。而且，对于运动技能学习来说，师生之间的互动比其他知识的学习更容易操作。因此，运动技能学习中师生互动式的教学，也是提供营造主观努力环境氛围的重要手段之一（祖晶等，2009）。教师与学生是主导与主体的关系，也是教与学的关系。这种关系是否融洽与和谐直接影响着课堂氛围的好坏。如果课堂气氛活跃，学习者学习的积极性就越高，学习效果也就越好。教师的组织教学在运动技能的学习过程中发挥着重要的作用。教师的教学能力强（如在教学过程中的讲解、示范、纠错、组织练习等方面表现出来的专业水平），学习者的学习积极性就越高。相反，教师的单向灌输也会造成学习者学习的依赖性，学习的自主性越来越差，处于被动学习的环境。合作学习在促进学生间学习互动方面的成效显著，学习中人际互动成为学习的主要桥梁，因此，在促进学生社会化方面的效果优于常规教学方法（喻伯海，2005）。合作学习中的小组成员间的互动、学习讨论，使学习者之间相互促进、相互启发。因此，教师在实施教学中，需要为学习者的平等交流、讨论提供良好的机会，启发和引导学生的自主学习，为顿悟的发生创造良好的条件。因此，在课堂教学中，要多鼓励学生与老师、学生与学生之间展开讨论或分组练习，这能激活学习者的创新思维，互动的过程实质就是相互竞争、相互诱导、相互激活的过程。创新教育同样也需要师生之间形成民主、平等、和谐的气氛，要为学生思考、探索、发现和创新提供最大的空间，使教学活动真正建立在学生自主练习与探索的基础上，进而形成有利于学生主体精神、创新能力健康发展的宽松的教学环境。因此，教师在教学过程中，要尽力创设优良的学习条件、较好的学习环境与氛围，引导、启发学习者去模拟、探究运动技能学习的过程，开发智慧的潜能，触发创新思维，寻求技能学习的规律，激发学习的努力，促进顿悟的生成。

然而，反馈的主效应以及与顿悟的交互效应均不存在（见表9-10、表9-11），说明在学习初期，学习者在学习环境方面无论有无反馈都可能利用学习的环境来激发自我的顿悟。这种发现说明了学习反馈对于顿悟的发生意义不大，与原有的理论假设略有不同，可能需要将来的研究做进一步探索。

（三）"学习后期"顿悟有关的"主观努力"结果分析

同样，对于学习后期的测试数据（第4次测试），运用2（顿悟）×2（反馈）因素设计，对学习环境的实验数据进行了多变量的分析。结果显示，顿悟组与非顿悟组的被试者，在学习环境变量上反映出了显著的差异，表现为顿悟组被试者的学习环境得分要显著高于无顿悟组（见表9-12、表9-13）。而且学习环境的3个分变量在顿悟因素上的主效应均存在统计学的意义（见表9-14）。但是，学习环境的变量在反馈因素上的主效应和交互效应均不存在统计的意义。结果说明，在学习的后期，反馈条件对于顿悟有关的学习环境信息应用不具有统计学意义，但是，"动机激励""教学方法"和"学习互动"对于顿悟的发生有着重要的意义。

表 9 - 12 "学习后期"阶段的"主观努力"
各维度 2 × 2 因素分析描述性统计一览表

变量	因素	反馈组			非反馈组		
		n	M	SD	n	M	SD
动机激励	顿悟	42	17.86	3.22	25	18.12	1.74
	无顿悟	75	16.05	3.87	88	16.32	2.87
教学方法	顿悟	42	13.71	2.13	25	13.64	1.60
	无顿悟	75	12.54	2.42	88	12.57	1.51
学习互动	顿悟	42	18.40	2.81	25	17.84	2.32
	无顿悟	75	16.12	3.98	88	16.57	3.04

表 9 - 13 "学习后期"阶段的"主观努力"各维度
2 × 2 多元方差分析一览表

因素	df	F	P	ES
反馈	3 224	0.32	0.81	0.00
顿悟	3 224	5.27 **	0.00	0.07
反馈 × 顿悟	3 224	0.74	0.53	0.01

注:** 表示 P < 0.01。

表 9 - 14 "学习后期"阶段的"主观努力"各维度多重比较一览表

因素	变量	df	F	P	ES
反馈	动机激励	1 226	0.27	0.60	0.00
	教学方法	1 226	0.01	0.94	0.00
	学习互动	1 226	0.01	0.91	0.00
顿悟	动机激励	1 226	12.51 **	0.00	0.05
	教学方法	1 226	12.41 **	0.00	0.05
	学习互动	1 226	11.72 **	0.00	0.05
反馈 × 顿悟	动机激励	1 226	0.00	0.99	0.00
	教学方法	1 226	0.03	0.87	0.00
	学习互动	1 226	0.95	0.33	0.00

注:** 表示 P < 0.01。

(四)"学习后期"顿悟有关的"主观努力"表现

由表 9 - 13 可以看出,在"学习后期"顿悟有关"学习努力"的总效应解释为，顿悟组与非顿悟组在"学习环境"的得分方面存在着显著差异，表现为有顿悟组被试者的学习环境得分明显高于非顿悟组。反馈因素亦无显著差异，且与顿悟也不存在交互效应。进一步，对学习环境 3 个维度的 F 值进行分析，结果显示，"动机激励""教学方法"和"学习互动"在顿悟的条件下均存在着主效应。说明在学习后期的顿悟发生与"学习环境"的"动机激励""教学方法"以及"学习互动"有关，但与反馈无关（见表 9 - 13、表 9 - 14）。结果表明，"动机激励""教学方法"和"学习互动"在"学习后期"也是有助于顿悟的有利因素。

综上所述，"主观努力"有关的"动机激励""教学方法"和"学习互动"在"学习初期"与"学习后期"的表现基本一致。可能是因为作为外部学习环境的主观努力，在学习过程中始终都能诱发顿悟的发生，有顿悟的学习者能善于利用外部学习环境的信息来促进学习上的主观努力。

四   顿悟式技能学习模型的结构方程拟合分析

研究基于顿悟式运动技能学习的解释模型（见理论篇第四章图 4 - 3），主要考察"学习能力"与"主观努力"分别作为"顿悟"的内部驱动和外部驱动的结构解释度。模型结构验证以一个具体的体育舞蹈技能学习为实验任务。考虑到技能学习的习得性特征，研究采用纵向比较的学习观察，对其学习的进度按阶段划分为 4 次测试。通过对学习初期（第 1 测试）和学习后期（第 4 次测试）、有反馈和无反馈 4 个模型，运用 A-MOS 20.0 的软件对数据进行了结构方程的模型拟合分析。研究结果显示，学习初期有反馈的顿悟解释模型达到了普通适配（见图 9 - 6）；学习后期有反馈的顿悟解释模型适配度达到了良好（见图 9 - 7），而无反馈的顿悟解释模型则不成立。

具体来讲，模型拟合选择 GFI、NFI、RFI、IFI、TLI、CFI 以及 RM-SEA 等指数衡量模型的拟合度（吴明隆，2013），使用卡方自由度比（χ^2/df），通常卡方自由度比的比值越小，表示假设模型的协方差矩阵与观察数据越适配（叶世俊等，2013），比值是 ≤2（或 3）的范围表示模型适配度较佳，该值越大表示模型的适配度越差，一般判别标准是当其值大于 3，表示模型适配度不佳（叶世俊等，2013；吴明隆，2013）。渐进残差均方和平方根（RMSEA）判别标准一般为，该值小于 0.08 表示模型适配度尚可（叶世俊等，2013；吴明隆，2013）；渐进残差均方

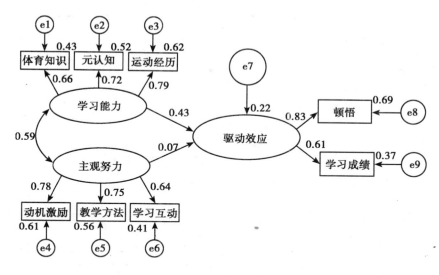

图9-6　学习初期反馈的顿悟模型拟合

和平方根 RMSEA 小于 0.06，表示整体模型适配度在可接受范围。GFI
为拟合优度指数，该值大于 0.90 表示在可接受范围，越接近 1 表示拟
合优度越好。CFI、NFI、TLI、RFI、IFI 的一般标准是大于 0.90，表示
模型普通适配，大于 0.95 表示模型适配度良好，但也有学者认为，在
大样本的情况下，它们的值最好接近 0.95。

　　研究显示，学习初期反馈的顿悟拟合模型的卡方自由度比 $\chi^2/df =$
1.43，表示适配度良好；NFI = 0.93，RFI = 0.90，大于 0.90，说明模型
在可接受范围；IFI = 0.98，TLI = 0.96，CFI = 0.98，GFI = 0.95，均大于
0.95，说明模型与观察数据的整体适配度佳；RMSEA = 0.06，表示该模
型是普通适配。而学习后期，反馈的顿悟拟合模型的卡方自由度比
$\chi^2/df = 1.57$，表示适配度良好；RFI = 0.93，大于 0.90，说明模型在可接
受范围；NFI = 0.96，IFI = 0.98，TLI = 0.98，CFI = 0.98，GFI = 0.98，
均大于 0.95，说明模型与观察数据的整体适配度佳；RMSEA = 0.05，表
示该模型适配良好。

　　进一步，从观察各指标的路径系数上看，在学习的初期（第 1 次测
试），作为内部驱动的学习能力的路径系数为 r = 0.43；而主观努力作为
外部驱动的路径系数为 r = 0.07；说明学习能力的贡献率最大，表明了在
学习初期，个体主要是以学习能力为内部驱动促成顿悟的发生来提高学习

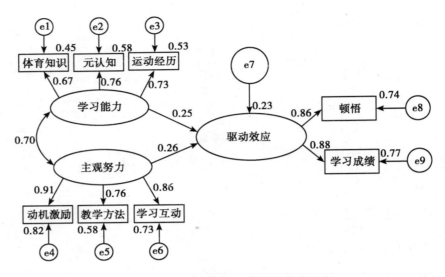

图 9 - 7　学习后期反馈的顿悟模型拟合

效果的。而在学习的后期（第 4 次测试），作为内部驱动的学习能力的路径系数为 r = 0.25；而主观努力作为外部驱动的路径系数为 r = 0.26；说明了在学习的后期，个体是以学习能力与主观努力共同作为驱动效应，促成顿悟的发生来提高学习的效果。

学习初期（第 1 次测试）与学习后期有反馈的两个技能学习顿悟解释模型都成立，都支持了理论假设模型。但是，从模型拟合的主要指标（优度指数）上看，学习初期的顿悟解释模型拟合优度 GFI 为 0.95，而学习后期的顿悟解释模型拟合优度指数为 0.98；学习初期的 RMSEA = 0.06，为普通适配，而学习后期的 RMSEA = 0.05，适配度为较佳适配，因此，两个模型相比，学习后期的模型拟合表现更佳（见表 9 - 15）。

表 9 - 15　顿悟式技能学习模型的结构方程拟合指数比较一览表 （n = 117）

	X^2	df	X^2/df	GFI	NFI	RFI	IFI	TLI	CFI	RMSEA
学习初期	24.36	17	1.43	0.95	0.93	0.90	0.98	0.96	0.98	0.06
学习后期	26.69	17	1.57	0.98	0.96	0.93	0.98	0.98	0.98	0.05

顿悟式技能学习解释模型通过结构方程的验证，有反馈的顿悟解释模型拟合度良好，而无反馈的顿悟解释模型不成立，支持了理论假设的模型。技能学习的初期，以学习能力对顿悟驱动效应的贡献相对较大；而在

技能学习的后期，以内、外驱动效应的共同作用为表现特征。

进一步，从模型的结构表现上看，在学习的初期（见图9－6），作为内部驱动的学习能力（r＝0.43）贡献率相对较大，而主观努力作为外部的驱动（r＝0.07）贡献率相对较小，说明了在学习的初期，个体主要依赖自身学习的能力来激发顿悟。其中，体育知识的路径系数达到了0.66，表明了个体自身已有的体育知识结构，能够为顿悟式学习提供信息分析的资源，对于顿悟的激发有着重要的意义（Butler & Winne，1995；Rosalie & Müller，2012）。同样，元认知的路径系数达到了0.72，表明了作为学习能力的运动元认知为动作执行的进程监控提供了信息分析的渠道，在自我调节的学习中，有着非常关键的监控作用（Karpicke，2009；Butler & Winne，1995；Sigrist，et al.，2013）。而运动经历（r＝0.79）的路径系数表现为最大，说明了喜爱体育运动并经常参加锻炼，且具有较多运动经历的个体，也就能更好地利用已有的运动经验的资源，来促进学习顿悟的发生，提高学习的效率（Estrada，et al.，2012；Rosalie，et al.，2012）。

而在学习的后期（见图9－7），作为内部驱动的学习能力（r＝0.25）与作为外部驱动的主观努力（r＝0.26）共同作为驱动效应，促成顿悟的发生，来提高学习的效果。其中，作为学习能力的体育知识（r＝0.67）、运动元认知（r＝0.76）以及运动经历（r＝0.73）与作为主观努力的外部动机激励（r＝0.91）、教学方法（r＝0.76）以及学习互动（r＝0.86）对顿悟的发生都有重要的作用。值得一提的是，在外部的驱动效应中，动机激励的路径系数达到了最大，说明了动机激励对顿悟的激发贡献率最大。其次是学习的互动和教学的方法。驱动效应与顿悟的路径系数为0.86；驱动效应与成绩的路径系数为0.88。说明了在学习的后期，个体是以学习能力与主观努力共同激发顿悟来提高学习成绩的。

（一）顿悟式技能学习的内外驱动要素功能解释

研究采用定性与定量相结合的方法，依据运动技能学习特征的分类解释和不同运动技能学习的顿悟特征解释，经过理论上的逻辑演绎，构建运动技能学习的顿悟解释模型。进一步，对模型进行了实证数据的求证，验证该模型。根据顿悟式运动技能学习模型（见图4－3）的结构要素，主要包括了内部驱动效应的"学习能力"与外部驱动（学习环境）效应的"主观努力"。"学习能力"的结构要素主要包括体育知识、运动元认知和运动经历。体育知识在顿悟式的运动技能学习中主要起到了"启示"的作用（Rosalie & Müller，2012）。也就是说，体育知识积累较丰富且体育知识面比较广的个体就可能较容易获得技能操作关键点的信息，从而引发顿悟。而运动元认知在顿悟式的技能学习中主要起到了"内反馈"的作用，具有自我意识与自我调控的功能（Sigrist，et al.，2013；董大肆，2005；邢强等，2009）。因此，元认知是通过自我的监控获取关键的启发信息来激发顿悟的。运动经历在顿悟式运动技能学习中起到了技能操作的"迁移"作用（Seidler，2004；Estrada，et al.，2012；Rosalie，et al.，2012）。也就是说，各种不同技能的学习是可以通过运动的经验来获得技能的迁移的，而顿悟则是以运动经验为信息的来源，学习者可以从中获得关键的启发信息来促进顿悟的发生。

主观努力的结构要素主要包括了动机激励、教学方法和学习互动。动机激励在顿悟式的运动技能学习中起到了激发学习动机的作用（Eisenberger，et al.，2003；Afshari，et al.，2011；Wulf，et al.，2010）。学习的内在动机是学习的动力源，并可以提高个体学习的兴趣与自主性。因此，动机激励可以作为外部的驱动来激发主观的努力。教学方法在顿悟式的技能学习中起提高学习者学习兴趣的作用（Hays，et al.，2002），从外部环境上提高学习者的积极性来激发主观的努力。学习互动在顿悟式的运动技能学习中起到了提升学习氛围的作用（Mainhard，et al.，2012；Beaumont，et al.，2012）。也就是说，学习互动从学习环境方面活跃了学习的气氛来激发学习者主观的努力。

另外，学习反馈在顿悟式运动技能学习中，对学习的结果主要起到了监控的作用（Sigrist，et al.，2013；Hays，et al.，2002），主要是指对学习者的练习结果给予评价性的反馈。

（二）学习初期顿悟式运动技能学习模型解释

研究基于顿悟式运动技能学习模型（见图4-3）的结构进行了模型的拟合分析。结果表明，学习初期，有反馈的模型达到了普通适配（见图9-6）。进一步，从模型的结构表现上看，在学习的初期，作为内部驱动的学习能力（r = 0.43）贡献率相对较大，而主观努力作为外部的驱动（r = 0.07）贡献率相对较小，说明了在学习的初期，个体主要依赖自身学习的能力来激发顿悟。其中，体育知识的路径系数达到了0.66，表明了个体自身已有的体育知识结构能够为顿悟式的学习提供信息分析的资源，对于顿悟的激发有着重要的意义。在学习过程中，个体的自我调节发挥着重要的作用，例如，学习者能把自己已有的知识运用到新的学习中。首先，积极建构任务性质与要求的解释，接着设定学习的目标、选择对策与技巧完成学习的目标（张俊等，2012）。另外，学习者还能根据一些外部的信息来调节自身的知识以及学习的过程（Butler & Winne，1995；Rosa-lie & Müller，2012）。

进一步，元认知的路径系数达到了 0.72，表明了作为学习能力的运动元认知为动作执行的进程监控提供了信息分析的渠道，在自我调节的学习中，有着非常关键的监控作用（Karpicke，2009；Butler & Winne，1995；Sigrist，et al.，2013）。近年来，有些学者也开始关注学习过程中的元认知监控，观察学习者是怎样利用"内部线索"的。例如，Koriat（1997）的一项研究结论认为，内部线索就是学习者在学习过程中，特别是在记忆任务中，对自己的学习程度进行评估时所利用的线索，即学习的判断（Judgment of Learning）。内部、外部和记忆线索是学习者可利用的三类线索。"材料"的内在属性称为内部线索，比如难度等；学习条件和编码策略是外部线索（张俊等，2012）；记忆线索是指个体的知觉体验，例如，过去经验的信息等。进一步，Karpicke（2009）探索了元认知监控对学习者记忆策略的选择，结果发现，学习者是利用难度和提取的流畅性作为线索的（张俊等，2012；Karpicke，2009）。因此，元认知的知识、体验与监控在学习者的认识活动中密切相关，在学习活动中具有监视、控制和调节的作用。所以，学习者就能获得更多的关键性的启发信息，对顿悟式的运动技能学习具有非常重要的作用。

而运动经历（r = 0.79）的路径系数表现为最大，说明了喜爱体育运动并经常参加锻炼且具有较多运动经历的个体，能更好地利用已有的运动经验的资源，来促进学习顿悟的发生，提高学习的效率（Estrada，et al.，2012；Rosalie，et al.，2012）。因为体育运动的操作技能具有迁移的特性，即如果个体所学习或掌握的运动技能的种类越多、内容越广，其共有的特点就越多，学习新的运动技能就越容易。另外，运动技能还具有扩展性的特征，体现在对具体的操作技能的运用上，即表现出向相关操作性技能领域扩展的特点。因此，喜爱体育运动并经常参加锻炼，具有较多运动经历的个体，也就能更好地利用已有的运动经验的资源，来促进学习顿悟的发生，以提高学习的效率。

总之，学习者在学习的初期，顿悟的激发主要依赖"学习能力"为主的驱动效应。其中,驱动效应的要素从大到小依次为运动经历、运动元认知以及体育知识。这种现象可能是因为技能学习具有运动操作的特征,而体育知识对技能学习具有间接性,不像运动经历和运动元认知那样直接作用于个体的学习。因此,学习者在学习的初期,顿悟的发生更加依赖于运动经历与运动元认知的信息。反馈的作用主要表现在学习者通过利用自身已有的运动经历、运动元认知和体育知识的资源。也就是说,在学习的初期,学习者更多的信息反馈主要通过内部的学习经验和元认知的调节与监控来激发顿悟。

(三) 学习后期顿悟式运动技能学习模型解释

学习后期的顿悟式技能学习模型拟合验证表明 (见图9-7),作为内部驱动的学习能力 (r = 0.25) 与作为外部驱动的主观努力 (r = 0.26) 共同作为驱动效应,促成顿悟的发生来提高学习的效果。有反馈的顿悟驱动,由学习初期的以"学习能力"为主的驱动效应向学习后期的外部驱动"主观努力"方向转移,这说明在学习的后期,在运动技能基本掌握的情况下,学习者主要依赖"主观的努力"与"学习的能力"共同作用于顿悟,说明学习者善于利用这两方面的信息资源。

其中,作为内部驱动学习能力的体育知识 (r = 0.67)、运动元认知 (r = 0.76) 以及运动经历 (r = 0.73) 对顿悟的激发有重要的作用。而从驱动的效应值看,最大值是运动元认知,说明了在学习的后期,学习者主要依赖元认知的信息来调控自己的学习过程,通过对自身、学习的任务以及对学习策略的认识,来控制自己的学习活动,以便高效地完成学习的任务。

而在"主观努力"方面,主要是以动机激励 (r = 0.91)、教学方法 (r = 0.76) 以及学习互动 (r = 0.86) 为主,它们对顿悟的发生也都有重要的作用。值得一提的是,动机激励的路径系数达到了最大,说明了动机激励对顿悟的激发贡献率最大。其次,是学习的互动和教学的方法。驱动效应与顿悟的路径系数为 0.86;驱动效应与成绩的路径系数为 0.88。说明了在学习的后期,个体是以学习能力与主观努力共同激发顿悟来提高学习成绩的。

在学习的后期,"学习能力"作为顿悟内部的驱动,元认知的效应值为最大,说明了其对顿悟的贡献率是最大的。自我认识和自我控制就是元认知的能力,它与学习的能力以及学习的成绩有着紧密的联系。元认知水平越高的个体学习能力也越强，即学习的效率也越高（何云峰，2012）。因此，元认知水平高的个体，也就能更好地利用自己的"元认知能力"的资源，来促进学习顿悟的发生，提高学习的效率。总之，在运动技能学习过程中，对学习者进行元认知的开发，提高学习者的元认知发展水平，对于学习者学会学习、促进学习者智力的发展、引发顿悟的发生具有重要的作用。其次，运动的经历和体育知识与学习初期一样，对顿悟的激发同样有着积极的作用。

"主观努力"作为顿悟式运动技能学习的重要成分之一，主要反映了顿悟的外部驱动效应取决于学习的环境。个体的学习要受到很多因素的影响，其中最主要的就是受学习动机的影响。在其他条件相同的情况下，学习者学习的效率取决于他是否努力，而努力则是学习动机的具体表现，因此，激发学习者的学习动机在运动技能学习中具有重要的价值。学习动机的激励是提升个体学习动因的直接路径，通过激发学习的动机，行为过程才能增加主动性的成分，才能促进顿悟的生成。

教学的方法不但能够从外部环境上影响学习者学习的积极性，还可以增加后续学习的努力程度。学习的努力程度，在很大程度上取决于教学的方法（Hays, et al., 2002）。

在运动技能学习的过程中，通过学习的互动与共享，达到激发学习者在学习上的主观努力从而促进学习效率的提升的目的。

总之，教师在教学过程中，要努力创设良好的学习环境与氛围，甘做学习者在探究路上的"引路人"，开发智慧的潜能，触发创新思维，寻求技能学习的规律，激发学习的努力，促进顿悟的生成。

（四）反馈在顿悟式技能学习模型中的解释

运动技能学习顿悟解释模型的结构方程模型拟合发现，学习初期有反馈的模型拟合为普通适配，学习后期有反馈的模型拟合为较佳适配，而无反馈的模型拟合则被拒绝，验证了理论假设模型。

在顿悟式的运动技能学习中，学习者并不只是被动地接受信息，同时也存在学习者自主建构的技能学习过程。学习者在学习中是主动地利用内部（即对肌肉运动刺激所提供的信息）与外部（个体对行为结果的知觉）的反馈信息来对学习的过程进行监控的。也就是说，内部的反馈信息来自学习者对自己在学习过程中的知觉，而外部的反馈信息则来源于学习的环境（Butler & Winne, 1995）。

而反馈是外部学习环境对学习者产生主要影响的路径，同时也是学习者能够实现自我调节学习的主要因素（张俊等，2012；Zimmerman，1989）。自我调节学习（Self-regulated Learning）是通过自我产生的学习动机并在学习策略的选择上能够灵活地予以应用，能够在学习过程中对自己的学习行为调控的过程。也就是说，通过个体、行为与环境三者之间的相互作用来实现自我调节的学习（张俊等，2012；Zimmerman，1989）。个体的行为能影响外部的环境，而行为与环境的反馈信息又能作用于个体。因此，反馈是三者相互作用中至关重要的环节（Bangert-Drowns, et al.，1991），也是自我调节学习的最主要的特征之一（Zimmerman，1990）。

在对模型的结构要素进行预测效应的分析验证中发现，在学习的初期，学习者主要依靠对行为结果的知觉来监控纠错，而在学习的后期，"反馈"条件变得不重要了。这种现象主要是因为在"学习初期"（技能的初步形成阶段），学习者主要依赖更多的信息来建立学习任务的动作定型，因此，信息越多就越有利于学习者对学习动作的理解，所以，"反馈"就有着重要的解释意义。而在学习的后期，当技能执行向自动化方向转变，学习者在完成任务时，则表现为较少地依赖技能相关的信息，可能更多的是运用自身觉错的能力了，也就是个体运用元认知的自我意识与自我监控的功能了。因此，学习者主要是依赖元认知（即对肌肉运动刺激所提供的信息）（董文梅、毛振明等，2008；Butler & Winne，1995）的反馈信息来对学习的过程进行监控与调节的。

（五）顿悟式运动技能学习与其他学习类型的比较分析

顿悟式运动技能学习与一般知识学习之间的差异主要是其强调了操作的过程，是通过反复的演练来强化"刺激—反射"的联系；而知识学习则是以思维的过程为表现特征。传统的运动技能学习理论是从信息处理的视角来讨论其对学习效果的影响（Ranganathan & Newell，2013），并认为学习效率的提升是基于"练习率"与"反馈的方式"（Ranganathan，2013；Thorndike，1931）；而顿悟式运动技能学习的观点则是把顿悟的过程解释作为考察的前提，而能力与努力的作用路径是通过顿悟现象的效应来解释学习效果的。

顿悟式运动技能学习与内隐学习、外显学习也是有所不同的。内隐学习是学习者在无意识中得到刺激环境中的复杂知识的过程（Reber，1965），也就是无意识中得到知识的学习，学习者并没有意识到或者说出控制他们的行为是什么，却学会了复杂的学习任务（郭秀艳，2002，2003）。而外显学习却是有意识地经过努力学习的过程，是有计划、分阶段，并有明确逻辑程序的技能学习活动。顿悟式运动技能学习则是介于这两种学习之间的学习类型，它不像内隐学习是在无意识中获得知识，说不出是怎么学会的；同样，它也不像外显学习一样有明确的逻辑顺序。顿悟式技能学习是在多次尝试而不得要领的情境下（学习困境），可能在某些信息的启发下，练习者突然领悟了动作的要点，获得了动作形成的关键要点，完成动作时表现出从"不会"到"会"的质性转变，最后从"学习的困境"中解脱了出来，从而提升了学习的效率。因此，运动技能学习的动作要点是通过练习来领悟的，而这种练习恰恰反映出学习者的操作能力和努力的程度。

第三节 小结

研究基于顿悟式运动技能学习的解释模型，考察"学习能力"与"主观努力"分别作为"顿悟"的内部驱动和外部驱动，验证其在一个具体的舞蹈技能学习中的解释效应。研究结论有以下几方面。

第一，顿悟现象的出现与该运动技能学习的成绩有所关联，具体表现为顿悟被试者的学习成绩显著优于非顿悟的被试者。

第二，在该运动技能学习中，顿悟状态下的"学习能力"资源利用较好。具体表现为顿悟的被试者在"体育知识""元认知"和"运动经历"信息方面的认知高于非顿悟的被试者。

第三，在该技能学习的初期，"学习能力"对于反馈具有重要的解释意义。但是，在学习的后期，反馈则不具有解释效应。

第四，"主观努力"对于顿悟的发生具有重要的解释效应。无论是在学习初期还是在学习后期，顿悟的被试者在"主观努力"方面都表现出优于非顿悟的被试者。

第五，顿悟式技能学习解释模型通过结构方程的验证，有反馈的顿悟解释模型拟合度良好，而无反馈的顿悟解释模型不成立，支持了理论假设的模型。技能学习的初期，以学习能力对顿悟驱动效应的贡献相对较大；而在技能学习的后期，以内、外驱动效应的共同作用为表现特征。

研究结论的意义在于揭示了运动技能学习的顿悟解释机制，从学习效能的视角，解释了"学习能力"和"主观努力"在顿悟式技能学习中所扮演的角色。特别研究对"反馈"在其过程的观察，进一步揭示了在顿悟式技能学习中反馈的应用方法，为相关的技能学习理论的发展提供参考。

根据研究的结论，提出如下几方面研究的建议。

第一，顿悟现象有助于学习效率的提升。因此，在运动技能学习过程中，教师要为学生顿悟的激发与生成创造最有利的条件，抓住最适当的时机给予诱导或提醒，让学生体验顿悟成功的喜悦，真正把体育技能的学习过程变成一种享受。

第二，顿悟状态下被试者能较好地利用学习能力方面的资源。因此，教师要引导学习者尽量多地了解并掌握一些体育方面的基本知识；要多参加运动，增加运动的经历，以提高运动技能的正向迁移水平；提高学习者的觉错、监控的能力，以提高元认知水平。

第三，在学习的初期，"学习能力"对于反馈具有重要的解释意义。因此，在运动技能学习的初期，反馈显得特别的重要。教师要准确、及时地给予学习者反馈，强化正反馈，多给予学习者一些肯定，以激发学习者的学习兴趣；淡化负反馈，点到为止，因为过度的批评与惩罚会降低学习者的学习兴趣。

第四，作为外部驱动（学习环境）的"主观努力"对于顿悟的发生具有重要的解释效应。因此，教师要为学生的学习创造一个较好的学习环境，如在课堂中多给学习者一些肯定与表扬或奖励，哪怕是一个鼓励的眼神、一个肯定的手势都能激发学习者学习的兴趣，提高学习效果；教学方法的安排要科学合理，循序渐进；调节好课堂气氛，教师与学生、学生与学生之间的互动可以增进学习的氛围，引发顿悟的发生，提高学习的效率。

尽管研究数据验证了顿悟式运动技能学习解释模型，但就其观察的过程来说仍存在不足之处。首先，在操作任务类型的选择上，仅反映了"模式学习"类运动技能学习的"顿悟"表现特征。由于这类学习的任务主要是以减少系统错误为目的的适应过程，在"前模式"和"控制策略"两个阶段中，识别、适应和控制是操作过程的核心要素。因此，其"顿悟"的验证解释无法了解"非模式"类的学习项目是否有差异。例如，在实证数据的求证中发现，反馈对于技能学习的初期，对于顿悟的发生，具有重要的解释意义。但是，在学习后期，却不存在统计学的意义，与理论假设模型不同。这也可能是"模式"类学习特征的表现，与"非模式"类强调学习结果的进程监控来说，反馈可能有更为重要的解释。其次，研究的被试者为单一性别，导致无法了解性别之间是否存在差异。

在今后的研究中，仍然需要运用不同的被试群、较大的样本量以及"非模式"类任务继续验证顿悟式运动技能学习解释模型进行进一步的探索，使理论的解释更加完整。

第十章

"习得无助"与体育学习

体育学习中的"习得无助"现象，是指在体育学习过程中，个体遭遇反复的失败与挫折，并形成了消极的归因，使他们感觉对一切都失去了控制，从而产生了对自己丧失信心的心理状态与行为。美国心理学家 Seligman 在 1967 年对动物进行了一项学习的实验后，提出了"习得无助"的概念。此后，该现象引起了心理学界广泛而持久的关注，并在多个领域得到了研究。本章依据理论篇的"习得无助"现象认知解释模式的理论框架和结构，研究探索体育技能学习中个体"习得无助"的认知过程，旨在揭示"习得无助"情况下，认知归因、后续朝向任务与后续努力的关系。

第一节　体育学习中的习得无助现象观察

关于体育技能学习中的"习得无助"现象，有学者指出，在体育技能学习中，学生"习得无助"的现象普遍存在，而个体低水平的成就动机、消极的自我意识、低自我效能感以及自我认知的障碍等是习得无助学生主要的心理特征。进一步，学生产生习得无助现象的原因，主要有主观方面（如消极的角色定位、错误的比较以及消极的归因等）和客观方面（如学习的环境以及教师的消极评价等）（尹晓燕等，2007）。另有学者通过对少年儿童的调查发现，大多数运动技能较差的学生都不愿意参与体育活动。研究认为，运动技能的"低下"与体育好恶程度呈现出显著的相关关系，而且，体育技能的"低下"会与"厌恶"形成一个恶性的循环，最终导致体育学习习得无助感的产生（章济时，2005）。有学者进一步对体育学习中的"习得无助"现象进行了个案研究。研究认为，有"习得无助"现象的学生表现出自我怀疑、自我否定等，并出现了胆怯、沮丧、懦弱甚至绝望等情绪上的特征。在体育学习中，学生的心理经历了"困—难—畏—厌—更难—弃"的过程，在这一过程中学生逐渐形成了习得性的无助感，最终导致其放弃了努力，出现失败（陈辉强，2005）。有学者对体操教学中学生"习得无助感"的具体表现、成因及其与归因的关系进行了探讨。研究认为，有习得无助感的学生具有 3 个方面的表现特征。首先是低动机，表现为消极被动，对学习没有兴趣；其次是认知障碍，表现为对事件失去控制的心理定向；最后是行为情绪的失调，表现为由最初的厌烦到后来的悲观、冷淡、抑郁的心理状态，最后导致行为上的回避与放弃。进一步，研究分析并结合归因训练的通用模式，提出了体操教学中"习得无助"感学生的归因训练对策（涂运玉等，2007）。从现有收集的文献资料来看，"习得无助"现象是体育技能学习中的一个主要障碍，然而，这些研究仅仅是一般的讨论或非因素控制的调查，对于"习得无助"现象发生的认知机制解释尚缺乏足够的数据资料来说明。

学者王进曾在 2007 年提出了一个"习得无助"的认知解释模式，通过实验设计验证了 6 个有关认知过程理论的假设。在他的实验中，选取 80 名体育专业的学生参加投篮对抗比赛来决定胜负，然后，参加投掷飞镖比赛的任务。通过对被试者的朝向认知活动、后续朝向状态以及后续努力与第二任务成绩的相关关系进行了分析。研究结果发现，失败的被试者比成功的被试者更关注结果引起的原因，同时，对后续的控制感更低。当归因倾向于非控制因素时，后续的努力降低。另外，归因的方式对后续努力和投标成绩都有影响。从而发展了一个在体育竞赛中的努力缺乏综合模型。这一研究从理论上提出并验证了"习得无助"的认知解释机制。本章的研究为这一领域的扩展，对体育技能学习任务的"习得无助"现象进行探索，从而考察体育学习技能是否也符合习得技能的认知归因对"习得无助"的解释。

第二节 案例研究分析

本章的研究根据王进在 2007 年提出的"习得无助"认知解释模型为理论依据。该模型是基于"习得无助"理论的"动机缺乏模式"和"功能缺乏模式"发展起来的一个技能任务执行放弃努力的综合解释模式，以心理过程的调节机制（既包含认知又有努力）来解释失败后引起的"习得无助"现象。

从过程的表现上看，模式解释失败引起的归因判断，主要反映在朝向认知活动上，而朝向认知活动往往能决定后续朝向的状态，这一过程决定了个体对达到目的可能性的认知和对后续控制感（或可避免感）的期望。后续朝向的状态又能影响后续的努力，最后，反映在运动表现上。值得一提的是，归因的方式是一个至关重要的中介变量，因为当个体出现失败后，首先是"追寻原因"，也就是寻找失败的原因。关于失败的动机推论，Kuhl 认为，失败后个体往往会增加努力来解决后续的问题。但是，Abramson 和 Weiner 等有不同的观点，他们认为，个体是否增加努力的决定因素是个体对失败的归因方式。当个体把失败归因于与后续任务不相关时（即非稳定的或具体的因素），动机才有可能增加。在一般情况下，与动机有关的努力，是通过提高后续朝向的状态来实现的。因此，失败是否会引起个体的"习得无助"，主要取决于个体后续朝向状态的程度和努力的付出。该模式解释执行任务时的暂时失误，会导致一个朝向的判断，而"习得无助"主要的表现就是放弃后续的努力。该模式认为，这是一个对任务操作结果的认知过程，主要是由于个体对失败认知的归因。也就是说，当个体判断失败是由外部的因素或内部的非稳定因素引起时，则表现出对后续的朝向，同时，会付出后续的努力。但是，当个体判断失败是由于内部的稳定因素或外部的稳定因素引起时，则会减少后续的朝向，同时，会放弃努力而导致"习得无助"的形成。例如，傅银鹰等人的研究认为，假如学生把学习的失败归因于稳定的因素，如能力、学习任务难度等，则会对学习的结果产生羞耻感；相反，假如学生把学习的失败归因于不稳定因素，如身心状态、运气、环境等，则会对后来的任务抱以期望。同样，徐亚康（2003）和刘永芳（1998）的研究也认为，如果学生将失败归因于自身的能力，就容易放弃努力，久而久之，就会产生习得无助感。

总之，归因的方式是一个关键的中介变量，当个体将失败归因于内部稳定的因素（例如，我天生没有乐感、协调性不好、没有天赋等），认为结果不可控，后续朝向状态就会减少，使个体放弃努力而导致"习得无助"的产生。当个体将失败归因于外部稳定的因素（如认为是学习的场地条件、音响设备不好等），个体判断认为失败是非控制的，就会降低后续朝向的状态，导致后续努力的减少。当个体将失败归因于内部非稳定的因素（如对动作的理解还不够、没有集中注意力等），个体认为结果是可以控制的，就会增加后续朝向状态，引起努力的增加。通常情况下，努力是通过后续朝向状态来实现的，所以，失败是否会引起"习得无助"，主要取决于后续朝向状态及努力的程度。基于以上推论，研究提出了个体在"习的无助"的情况下与非"习得无助"的情况下，其认知的模式是不一样的。具体地讲，对于"习得无助"的情况有以下几点假设。

第一，在技能学习任务中，"习得无助"的发生主要与内部归因有关。内部稳定的归因会减少后续任务的朝向和努力；但是，内部非稳定的归因会增加后续任务的朝向和努力。

第二，在"习得无助"的情况下，后续任务的朝向决定后续任务的努力程度。

第三，对于暂时失败（非"习得无助"）的情况，内部非稳定因素会增加后续任务的朝向，但外部因素会直接减少努力。

研究被试者选取高校参加健美操选项课的女大学生样本共140名，剔除由于转专业或休学等原因没有最后完成测试的学生6名，共134名（年龄=19.7；SD=1.86）。问卷的回收率达95.71%。

研究根据"习得无助"综合解释模式理论结构和本研究的构想，编制了学习归因、认知朝向和努力认知的问卷。其内容的确定主要通过相关专家访谈，36个关于归因、任务朝向、任务努力的条目。然后，在学生被试者中进行试用，并在访谈反馈的基础上修改和删除了表述不清、难以理解或有其他疑问的条目。最后，在正式使用前，随机选取了60名被试者进行测试，并根据效度和信度的大小对问卷的内容进行反复效正，得到正式问卷。正式问卷共分为：A部分，基本信息和1个学习是否放弃的自我定性题目；B归因部分，分为外部稳定、内部稳定、外部非稳定和内部非稳定；C后续朝向任务；D后续努力以及成绩得分5个方面共24道题目。采用9点量表，1表示非常不同意，9表示非常同意，被试者根据自己的感受选择，越接近9表明认同度越高。

本研究采用探索性因素分析（EFA）检验问卷的构建效度，从而对"习得无助"的认知解释模式的理论做进一步的探讨。将数据做探索性因素分析，采用主成分分析法进行方差极大的旋转结合陡阶检验准则提取因素。旋转后的因子负载情况（见表10-1），可以看出抽取的6个因素共24个题目，因素总贡献率为70.14%。因素1主要涉及后续朝向努力的指标，命名为"后续努力"；因素2主要涉及后续朝向注意状态的指标，命

名为"后续朝向";因素 3 主要涉及归因部分的内部稳定指标,命名为
"内部稳定";因素 4 体现的是归因部分的内部非稳定的指标,命名为
"内部非稳定";因素 5 体现的是归因部分的外部非稳定的指标,命名为
"外部非稳定";因素 6 体现的是归因部分的外部稳定的指标,命名为
"外部稳定"。因素分析的结果与本研究假设的"习得无助"的因素结构
一致,这便初步验证了问卷的结构效度。根据以上分析结果,研究者认为
量表的效度是满足要求的。

表 10 - 1　　　　　探索性因素分析一览表——效度检验 (n = 134)

项目	后续努力	后续朝向	内部稳定	内部非稳定	外部非稳定	外部稳定
问题 24	0.854					
问题 22	0.838					
问题 23	0.837					
问题 21	0.776					
问题 25	0.773					
问题 20	0.775					
问题 16		0.824				
问题 15		0.823				
问题 19		0.645				
问题 17		0.63				
问题 18		0.621				
问题 5			0.836			
问题 6			0.793			
问题 1			0.705			
问题 8			0.665			
问题 4			0.639			
问题 13				0.849		
问题 12				0.728		
问题 14				0.686		
问题 11					0.802	
问题 10					0.696	
问题 9					0.655	
问题 2						0.868
问题 3						0.801

注:方差贡献率为 70.14%。

　研究采用内部一致性信度检验,其因素的划分以探索性因素分析的结

果为准。内部一致性检验采用克伦巴赫系数（Cronbach α）作为信度指标，数值越高，表示信度越高。一般而言，信度系数大于 0.60 就可以表明数据的可靠性。前测分析结果表明，各维度的 α 系数见表 10 - 1，可以看出这份问卷达到了心理测量学要求，具有较高的内部一致性信度。根据以上分析结果，研究者认为量表的信度是满足要求的（见表 10 - 2）。

表 10 - 2   问卷的内部一致性检验一览表（n = 134）

	α 系数
外部稳定	0.879
外部非稳定	0.869
内部非稳定	0.862
内部稳定	0.950
后续朝向	0.944
后续努力	0.966

本研究的设计主要以"习得无助"现象观察为目标，着重考察认知过程对努力与行为的作用。为此，实验设计为纵向观察的过程。被试者学习一些健美操技能，经过一个时期的学习，观察整个过程中认知、努力和技能掌握的变化。实验中，我们对被试者的认知归因和努力进行 4 个学习单元的测试。根据技能学习掌握的阶段发展，这 4 个学习单元反映了技能掌握的发展阶段。这样，第 1 次测试主要反映了技能的形成阶段；第 2 次测试主要反映了技能的联系泛化阶段；第 3 次测试主要反映了技能进一步掌握阶段，并向自动化阶段发展；第 4 次测试主要反映了技能的掌握并达到自动化阶段。当然，这主要是针对已经习得的技能，为了增加被试者的"习得无助"感，按照整套健美操的编排内容，会逐渐增加学习难度。根据以上设计，实验的操作历时 1 学年，共 32 周。分为 4 个学习单元，第一个单元是 1—8 周，第二单元则是 9—16 周，第三单元是第 2 学期的 1—8 周，第四单元是第 9—16 周。实验开始时，所有被试者均无实验操作任务的前练习经验。实验操作在确认了所学习的动作对于每个被试者都是新技能的情况下，进行教授和练习。

实验任务为一套自编健美操，主要基于一般大学生学习水准，略有提高，共分 4 个单元测试，组成整套操的学习任务。其难度循序渐进，在前一单元学习的基础上难度逐渐增加。每个单元学习完成后均由任课教师为每位被试者的任务完成情况打分并反馈给本人,作为学习成绩。成绩反馈与平时成绩的制式相同,为百分制。在学习的最后一个单元,任务难度达最高。被试者完成学习后,需要完成一个自我报告,说明自己是否放弃任务的学习。如果被试者回答"放弃"学习,则被视为"习得无助"现象出现。同时,所有被试者都会在自己已掌握的学习任务基础上,完成一套完整的动作,并由专业教师打分给出成绩。

本研究采用 SPSS for Windows 15.0 软件对数据进行统计分析,主要的分析方法为方差分析、相关分析和回归分析。

本研究采用自编量表高校健美操学习"习得无助"感的调查问卷,对被试者进行了 4 次测试,以最后一次测试询问被试者是否放弃练习来决定"习得无助"的分组。在第 4 次的调查中,选择不放弃的被试者为 69人,选择放弃的被试者为 65 人,选择放弃的为 49%。两组被试者的成绩和标准差见表 10–3。通过下图(见图 10–1)可以看出,选择放弃与选择不放弃的被试者成绩呈显著差异。有"习得无助"的被试者成绩呈下降趋势,而无"习得无助"的则相对稳定。

表 10–3   "习得无助"组与无"习得无助"组成绩表现的
平均值与标准差一览表

	n	第 1 次测试		第 2 次测试		第 3 次测试		第 4 次测试		平均成绩	
		M	SD	M	SD	M	SD	M	SD	M	SD
"习得无助"组	65	71.12	11.14	79.66	7.50	59.98	16.81	51.14	12.38	65.48	16.43
无"习得无助"组	69	77.82	9.13	85.84	6.15	75.83	15.21	78.13	13.97	79.41	12.25

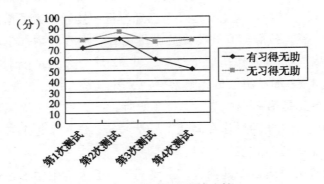

图 10–1   两组的成绩比较

为了确认"习得无助"的被试者在成绩表现上与无"习得无助"被试者的成绩表现存在明显差异，我们采用 2（"习得无助"分组）× 4（练习进度）的方差分析来决定差异效应。结果显示，习得无助组与无习得无助组之间存在显著的主效应，F（1，1）＝178.81，P＜0.00，ES＝0.25；同时，练习进度也存在显著的主效应，F（1，3）＝58.97，P＜0.00，ES＝0.25；进一步，交互效应也表现出统计学的显著性，F（1，3）＝22.01，P＜0.00，ES 为 0.11。并且，效应值处于中到大之间（见表 10－4）。这些结果表明，我们的实验操作设计在被试者中产生习得无助的现象是成功的。

表 10－4　　　　"习得无助"组与无"习得无助"组的方差分析表

	df		F	P	ES
"习得无助"	1	1	178.81	0.000	0.25
练习进度	1	3	58.97	0.000	0.25
实验测试 × "习得无助"组	1	3	22.01	0.000	0.11

一　"习得无助"的认知结果分析

（一）认知归因与后续朝向任务的关系

为了验证假设 1，即"习得无助"的个体倾向于把失败归因于内部的因素；当"习得无助"的个体将失败归因于内部稳定的因素时，会减少对后续任务的朝向；当归因于内部非稳定因素时，会增加后续任务的朝向。我们在任务练习过程中，对认知归因和后续任务朝向分别进行了 4 次测试，以此来验证两者是否存在关系。测试分析结果见表 10－5、表 10－6、表 10－7、表 10－8。具体地讲，第 1 次测试的认知归因得分与后续朝向任务的得分关系表现为内部稳定与后续朝向呈显著负相关关系（R ＝ －0.31，P ＜0.05），内部非稳定与后续朝向任务呈显著正相关关系（R ＝0.49，P ＜0.01），见表 10－5。

表 10－5　"习得无助"第 1 次测试各因素的相关分析一览表（n ＝65）

	2	3	4	5	6
1. 外部稳定 1	0.26 *	－ 0.02	－ 0.03	－ 0.13	－ 0.03
2. 外部非稳定 1		0.18	0.21	－ 0.11	－ 0.08

续表

	2	3	4	5	6
3. 内部非稳定1			0.08	0.49**	0.23
4. 内部稳定1				−0.31*	−0.50**
5. 后续朝向1					0.64**
6. 后续努力1					

注: * 表示 P < 0.05, ** 表示 P < 0.01。

第 2 次测试的认知归因得分与后续朝向任务的得分关系表现为内部非稳定与后续朝向呈显著的正相关关系（R = 0.33, P < 0.01），见表 10 - 6。

表 10 - 6　"习得无助"第 2 次测试各因素的相关分析一览表（n = 65）

	2	3	4	5	6
1. 外部稳定2	0.29*	0.04	0.00	−0.09	0.03
2. 外部非稳定2		0.07	0.28*	−0.22	−0.27*
3. 内部非稳定2			0.20	0.33**	0.22
4. 内部稳定2				−0.20	−0.41**
5. 后续朝向2					0.68**
6. 后续努力2					

注: * 表示 P < 0.05, ** 表示 P < 0.01。

第 3 次测试的认知归因得分与后续朝向任务的得分关系表现为内部非稳定与后续朝向呈显著的正相关关系（R = 0.32, P < 0.01）。另外，内部稳定和外部非稳定两个因素分别都与后续任务朝向发生了显著的负相关关系（R = −0.28, P < 0.05 和 R = −0.30, P < 0.05），见表 10 - 7。

表 10 - 7　"习得无助"第 3 次测试各因素的相关分析一览表（n = 65）

	2	3	4	5	6
1. 外部稳定3	0.39**	0.13	0.15	−0.09	−0.12
2. 外部非稳定3		0.47**	0.20	−0.30*	−0.19
3. 内部非稳定3			0.34**	0.32**	−0.25*
4. 内部稳定3				−0.28*	−0.40**
5. 后续朝向3					0.73**
6. 后续努力3					

注: * 表示 P < 0.05, ** 表示 P < 0.01。

第 4 次测试的认知归因得分与后续朝向任务的得分关系只表现为内部非稳定与后续朝向呈显著的正相关关系（R = 0.41，P < 0.01），见表 10 – 8。

表 10 – 8 "习得无助"第 4 次测试各因素的相关分析一览表 （n = 65）

	2	3	4	5	6
1. 外部稳定 4	0.48 **	0.20	0.18	– 0.18	– 0.25 *
2. 外部非稳定 4		0.34 **	0.13	– 0.04	– 0.19
3. 内部非稳定 4			0.30 *	0.41 **	– 0.44 **
4. 内部稳定 4				– 0.19	– 0.50 **
5. 后续朝向 4					0.59 **
6. 后续努力 4					

注：* 表示 P < 0.05，** 表示 P < 0.01。

从以上 4 次测试认知归因与后续任务朝向的关系分析看出，"习得无助"的被试者在练习时倾向于把学习失误归因于内部因素，特别是当被试者把失败归因于内部稳定的因素时，则越认为结果不可控制，就越不会关注后续的任务。例如，被试者如果越把失败归因于是自己基础不好、对自己的身体条件没有信心、自己的协调性不好等，就会减少对后续任务的关注。进一步，如果被试者把失败归因于自己对动作的理解不够、自己没有集中注意力听老师的讲解、自己没有认真看老师的示范等，认为行为是可控制的，就越会增加对后续朝向任务的关注。这些发现验证了我们的假设，并且与王进在 2007 年的实验结果一致。

（二）认知归因与后续努力的关系

我们的假设认为，当"习得无助"的个体把失败归因于内部稳定因素时，会放弃努力。我们在任务练习过程中，对认知归因和后续努力分别进行了 4 次测试，以此来验证两者是否存在关系。测试分析结果见表 10 – 5、表 10 – 6、表 10 – 7、表 10 – 8。具体地讲，第 1 次测试的认知归因得分与后续努力的得分关系表现为内部稳定与后续努力呈显著负相关关系（R = – 0.50，P < 0.01），见表 10 – 5。

第 2 次测试的认知归因得分与后续努力的得分关系表现为内部稳定与后续努力呈显著负相关关系（R = – 0.41，P < 0.01）；外部非稳定与后续

努力也呈负相关关系（R = -0.27，P < 0.05），见表10 - 6。

第3次测试的认知归因得分与后续努力的得分关系表现为内部稳定与后续努力呈显著负相关关系（R = -0.40，P < 0.01）；内部非稳定与后续努力也呈负相关关系（R = -0.25，P < 0.05），见表10 - 7。

第4次测试的认知归因得分与后续努力的得分关系表现为内部稳定与后续努力呈显著负相关关系（R = -0.50，P < 0.01）；内部非稳定与后续努力呈显著的负相关关系（R = -0.44，P < 0.01）；外部稳定与后续努力也呈负相关关系（R = -0.25，P < 0.05），见表10 - 8。

从以上4次测试认知归因与后续努力的关系分析可以看出，"习得无助"的被试者在练习时倾向于把学习失误主要归因于内部因素，特别是当被试者把失败归于内部稳定的因素时，则认为结果不可控制，就会放弃对后续的努力。例如，被试者如果越把失败归因于自己天生没有乐感或自己没有这个天赋等，就会放弃对后续的努力。这些发现验证了我们的假设，并且与王进在2007年的实验结果一致。

（三）后续朝向与后续努力的关系

为了验证假设2的判断，"习得无助"的个体后续任务的朝向决定后续任务的努力。我们在任务练习过程中，对后续朝向和后续努力分别进行了4次测试，以此来验证两者是否存在关系。测试分析结果分别见表10 - 5、表10 - 6、表10 - 7、表10 - 8。第1次测试的后续朝向与后续努力的得分关系为R = 0.64，P < 0.01；第2次测试后续朝向与后续努力的得分关系为R = 0.68，P < 0.01；第3次测试后续朝向与后续努力的得分关系为R = 0.73，P < 0.01；第4次测试后续朝向与后续努力的得分关系为R = 0.59，P < 0.01。4次都是呈显著正相关关系，说明被试者朝向注意越强则后续努力也就越大。例如，被试者越是认为自己在以后的学习中会集中注意力、会认真听教师的讲解、会注意学习的细节、专注教师的示范，非常关注自己的进步等，就越会加大对后续的努力程度。验证了我们的假设，并且与王进在2007年的实验结果一致。

（四）认知归因、后续朝向与后续努力的路径分析结果

为了验证我们的假设，我们分别以认知归因变量对后续朝向和以认知归因、后续朝向为变量对后续努力做路径分析。表10 - 9是前者的回归分析结果，表10 - 10则表示后者的回归分析结果。

表 10 – 9　　 "习得无助"组认知归因对后续朝向的预测分析一览表

	变量	R^2	df	F	β	t	p
第 1 次测试	内部稳定 1	0.31	2　62	14.20	− 0.28	− 2.62**	0.01
	内部非稳定 1				0.47	4.41**	0.00
第 2 次测试	内部非稳定 2	0.11	1　63	7.90	0.33	2.81**	0.01
第 3 次测试	内部稳定 3	0.16	3　61	3.87	− 0.18	− 1.46	0.15
	内部非稳定 3				0.17	1.21	0.23
	外部非稳定 3				− 0.19	− 1.40	0.17
第 4 次测试	内部非稳定 4	0.17	1　63	12.46	0.41	3.53**	0.00

注：* 表示 P < 0.05，** 表示 P < 0.01，n = 65。

表 10 – 10　　 "习得无助"组认知归因、后续朝向对后续努力的路径分析一览表

	变量	R^2	df	F	β	t	p
第 1 次测试	后续朝向 1	0.51	2　62	32.10	0.54	5.70**	0.00
	内部稳定 1				− 0.33	− 3.55**	0.00
第 2 次测试	后续朝向 2	0.55	3　61	24.36	0.62	6.90**	0.00
	内部稳定 2				− 0.27	− 2.98**	0.01
	外部非稳定 2				− 0.05	− 0.58	0.56
第 3 次测试	后续朝向 3	0.58	3　61	27.64	0.68	7.62**	0.00
	内部稳定 3				− 0.22	− 2.44*	0.02
	内部非稳定 3				0.04	0.41	0.69
第 4 次测试	内部稳定 4	0.51	3　61	21.53	− 0.37	− 3.90**	0.00
	后续朝向 4				0.46	4.72**	0.00
	内部非稳定 4				0.14	1.40	0.17

注：* 表示 P < 0.05，** 表示 P < 0.01，n = 65。

二　无 "习得无助"组的认知结果分析

（一）认知归因与后续朝向任务的关系

为了验证假设 3，无 "习得无助"的被试者失败归因主要朝向外部原因和内部的非稳定因素；当无 "习得无助"的被试者把失败归因于外部因素时，会减少对后续任务的朝向，但归因于内部非稳定因素时，会增加对后续任务的朝向。我们在任务练习过程中，对认知归因和后续任务朝向

分别进行了 4 次测试，以此来验证两者是否存在关系。测试分析结果见表 10 – 11、表 10 – 12、表 10 – 13、表 10 – 14。具体地讲，第 1 次测试的认知归因得分与后续朝向任务的得分关系表现为外部非稳定与后续朝向呈负相关关系（R = – 0.27，P < 0.05），内部非稳定与后续朝向任务呈显著正相关关系（R = 0.32，P < 0.01），见表 10 – 11。

表 10 – 11　无"习得无助"第 1 次测试各因素的相关分析一览表（n = 69）

	2	3	4	5	6
1. 外部稳定 1	0.47 **	0.28 *	0.57 **	– 0.05	– 0.36 **
2. 外部非稳定 1		0.35 **	0.46 **	– 0.27 *	– 0.41 **
3. 内部非稳定 1			0.30 *	0.32 **	0.22
4. 内部稳定 1				– 0.23	– 0.31 **
5. 后续朝向 1					0.68 **
6. 后续努力 1					

注：* 表示 P < 0.05，** 表示 P < 0.01。

对无"习得无助"组第 2 次测试的认知归因得分与后续朝向任务的得分进行相关分析，结果见表 10 – 12。第 2 次测试的结果各因素与后续朝向任务无显著相关关系。

表 10 – 12　无"习得无助"第 2 次测试各因素的相关分析一览表（n = 69）

	2	3	4	5	6
1. 外部稳定 2	0.45 **	0.36 **	0.48 **	0.11	– 0.07
2. 外部非稳定 2		0.27 *	0.41 **	– 0.10	– 0.30 *
3. 内部非稳定 2			0.37 **	0.15	0.22
4. 内部稳定 2				– 0.17	0.18
5. 后续朝向 2					0.62 **
6. 后续努力 2					

注：* 表示 P < 0.05，** 表示 P < 0.01。

第 3 次测试的认知归因得分与后续朝向任务的得分关系表现为外部非稳定与后续朝向呈负相关关系（R = – 0.35，P < 0.01）；内部非稳定与后续朝向任务呈正相关关系（R = 0.30，P < 0.05）；内部稳定与后续朝向任务呈负相关关系（R = – 0.30，P < 0.05），见表 10 – 13。

表 10-13 无"习得无助"第 3 次测试各因素的相关分析一览表（n=69）

	2	3	4	5	6
1. 外部稳定 3	0.37 **	0.20	0.43 **	-0.02	-0.24 *
2. 外部非稳定 3		0.40 **	0.50 **	-0.35 **	-0.46 **
3. 内部非稳定 3			0.37 **	0.30 *	0.20
4. 内部稳定 3				-0.30 *	-0.35 **
5. 后续朝向 3					0.73 **
6. 后续努力 3					

注：* 表示 P < 0.05，** 表示 P < 0.01。

第 4 次测试的认知归因得分与后续朝向任务的得分关系表现为外部非稳定与后续朝向呈显著负相关关系（R = -0.31，P < 0.01）；内部非稳定与后续朝向任务呈显著正相关关系（R = 0.53，P < 0.01）；内部稳定与后续朝向任务呈负相关关系（R = -0.27，P < 0.05）。见表 10-14。

表 10-14 无"习得无助"第 4 次测试各因素的相关分析一览表（n=69）

	2	3	4	5	6
1. 外部稳定 4	0.35 **	0.34 **	0.25 *	-0.16	-0.23
2. 外部非稳定 4		0.37 **	0.33 **	-0.31 **	-0.34 **
3. 内部非稳定 4			0.43 **	0.53 **	0.37 **
4. 内部稳定 4				-0.27 *	-0.22
5. 后续朝向 4					0.78 **
6. 后续努力 4					

注：* 表示 P < 0.05，** 表示 P < 0.01。

从以上 4 次测试的认知归因与后续任务朝向关系分析看出，无"习得无助"的被试者失败归因主要朝向外部原因和内部的非稳定因素；当无"习得无助"的被试者把失败归因于外部因素时，会减少对后续任务的朝向。例如，被试者越认为学习的失败是因为学习的时间太短，或因为人数太多看不清教师的示范，或因为听不到教师的提示音等，认为结果的不可控制性，就越不会关注后续的朝向任务。进一步，如归因于内部非稳定因素时，就会增加对后续任务的朝向。即如果被试者把失败归因于自己对动作的理解不够、自己没有集中注意力听老师的讲解、自己没有认真看老师的示范等，认为行为是可以控制的，就越会增加对后续朝向任务的关注。这些发现验证了我们的假设。

（二）认知归因与后续努力的关系

我们假设无"习得无助"的被试者把失败归因于外部因素时，会减少对后续的努力。我们在任务练习过程中，对认知归因和后续努力分别进行了 4 次测试，以此来验证两者是否存在关系。测试分析结果见表 10－11、表 10－12、表 10－13、表 10－14。具体地讲，第 1 次测试的认知归因得分与后续努力的得分关系表现为外部稳定与后续努力呈显著负相关关系（$R = -0.36$，$P < 0.01$）；外部非稳定与后续努力呈显著负相关关系（$R = -0.41$，$P < 0.01$）；内部稳定与后续努力呈显著负相关关系（$R = -0.31$，$P < 0.01$），见表 10－11。

第 2 次测试的认知归因得分与后续努力的得分关系表现为外部非稳定因素与后续努力呈显著负相关关系（$R = -0.30$，$P < 0.05$），见表 10－12。

第 3 次测试的认知归因得分与后续努力的得分关系表现为外部稳定与后续努力呈显著负相关关系（$R = -0.24$，$P < 0.05$）；外部非稳定与后续努力也呈显著负相关关系（$R = -0.46$，$P < 0.01$）；内部稳定与后续努力呈显著负相关关系（$R = -0.35$，$P < 0.01$），见表 10－13。

第 4 次测试的认知归因得分与后续努力的得分关系表现为外部非稳定因素与后续努力呈显著负相关关系（$R = -0.34$，$P < 0.01$）；内部非稳定与后续努力呈显著的正相关关系（$R = 0.37$，$P < 0.01$），见表 10－14。

从以上 4 次测试的认知归因与后续努力的关系分析可以看出，无"习得无助"的被试者在练习时倾向于把学习失误主要归因于外部因素，认为结果不可控制，就会减少对后续的努力。例如，被试者如果越把失败归因于外部的因素，如因为场地条件太差，或音响设备太差导致听不清，或因为学习的时间太短，或因为人数太多看不清教师的示范，或是因为听不到教师的提示音等，认为结果的不可控制性，就会减少对后续的努力。这些发现验证了我们的假设，并且与王进在 2007 年的实验结果一致。

（三）后续朝向与后续努力的关系

我们假设无"习得无助"的个体后续任务的朝向决定后续任务的努力，在任务练习过程中，我们对后续朝向和后续努力分别进行了 4 次测试，以此来验证两者是否存在关系。测试分析结果见表 10－11、表

10－12、表 10－13、表 10－14。第 1 次测试的后续朝向与后续努力的得分关系为 R＝0.68，P＜0.01；第 2 次测试后续朝向与后续努力的得分关系为 R＝0.62，P＜0.01；第 3 次测试后续朝向与后续努力的得分关系为 R＝0.73，P＜0.01；第 4 次测试后续朝向与后续努力的得分关系为 R＝0.78，P＜0.01。4 次都呈显著正相关关系，说明被试者朝向注意越强则后续努力也就越大。例如，被试者越是认为自己在以后的学习中会集中注意力、会认真听教师的讲解、会注意学习的细节、专注教师的示范、非常关注自己的进步等，就越会加大对后续的努力。验证了我们的假设。

（四）认知归因、后续朝向与后续努力的路径分析结果

为了验证我们的假设 3，我们分别以认知归因变量对后续朝向和以认知归因、后续朝向为变量对后续努力做路径分析。表 10－15 是前者的回归分析结果，表 10－16 则表示后者的回归分析结果。以下就 4 次测试的路径分析结果进行讨论。

"习得无助"组的 4 次测试结果表明，被试者倾向于把失败归因于内部稳定的因素以及内部非稳定的因素。内部稳定的因素对后续朝向及后续努力都呈负相关关系，即被试者如果越把失败归因于内部稳定的因素，认为结果不可控，对后续朝向任务的关注就越小，甚至会不经过后续的朝向就直接放弃了对后续的努力，后续朝向状态越小则后续努力也就越小。而内部非稳定的因素对后续朝向任务都呈正相关关系，即被试者如果越把失败归因于内部非稳定的因素，认为结果可控，则后续朝向状态就越强。后续任务朝向对后续努力都呈正相关关系，即对后续朝向越关注则对后续努力也就越大。

表 10－15 无"习得无助"组认知归因对后续朝向任务的预测分析一览表

	变量	R^2	df		F	β	t	p
第 1 次测试	内部非稳定 1	0.13	2	66	5.01	0.26	2.10 *	0.04
	外部非稳定 1					－0.18	－1.49	0.14
第 2 次测试	（无）							
第 3 次测试	内部稳定 3	0.17	3	65	4.39	－0.13	－0.99	0.33
	内部非稳定 3					0.16	1.29	0.20
	外部非稳定 3					－0.22	－1.46	0.11
第 4 次测试	内部非稳定 4	0.30	2	66	14.05	0.48	4.34 **	0.00
	外部非稳定 4					－0.13	－1.21	0.23

注：* 表示 P＜0.05　** 表示 P＜0.01，n＝69。

　　无"习得无助"组的 4 次测试结果：被试者倾向于把失败归因于外部的因素以及内部非稳定的因素。当被试者把失败归因于外部的因素时，认为结果不可控制，通常会不经过对后续的朝向认知而直接就减少了对后续的努力；而当被试者把失败归因于内部非稳定的因素时，认为结果是可以控制的，通常会增加对后续的朝向任务；后续任务朝向对后续努力都呈正相关关系，即对后续朝向越关注则对后续的努力也就越大。

表 10 - 16　　　　　　无"习得无助"组认知归因、后续朝向任务
对后续努力的路径分析一览表

	变量	R^2	df	F	β	t	p
第 1 次测试	外部稳定 1	0.58	4　64	21.72	- 0.30	- 2.88 **	0.00
	后续朝向 1				0.65	7.48 **	0.00
	内部稳定 1				0.05	0.52	0.61
	外部非稳定 1				- 0.12	- 1.17	0.25
第 2 次测试	外部非稳定 2	0.44	2　66	26.21	- 0.24	- 2.61 **	0.01
	后续朝向 2				0.60	6.50 **	0.00
第 3 次测试	外部稳定 3	0.62	4　64	25.85	- 0.21	- 2.31 *	0.02
	后续朝向 3				0.70	8.05 **	0.00
	外部非稳定 3				- 0.15	- 1.55	0.12
	内部稳定 3				0.02	0.24	0.81
第 4 次测试	后续朝向 4	0.63	3　65	36.59	0.80	8.81 **	0.00
	内部非稳定 4				0.10	1.03	0.31
	外部非稳定 4				- 0.12	- 1.46	0.15

　　注：* 表示 $P < 0.05$　** 表示 $P < 0.01$，n = 69。

三　"习得无助"的认知特征

　　第 1 次测试表现为学习的初期，由图 10 - 2 可以看出"习得无助"组被试者在归因、后续朝向和后续努力的路径关系。"习得无助"的被试者在学习过程中，主要把困难归因于内部稳定和内部非稳定因素。而且，这些内部的归因会直接影响后续朝向。具体地讲，当被试者认为学习问题是由于内部的非稳定因素而产生时，会增加对后续任务的朝向认知，试图继续努力。但是，当被试者认为学习问题是由于内部稳定的因素时，则会减少对后续任务的朝向，甚至直接减少对后续任务的努力（见图 10 - 2）。

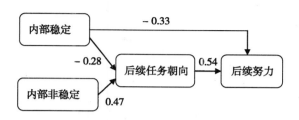

**图 10 - 2 "习得无助"组第 1 次测试认知归因与后续任务朝向
对后续努力的路径分析**

第 2 次测试表现为学习的中期，由图 10 - 3 可以看出"习得无助"组被试者在归因、后续朝向和后续努力的路径关系。"习得无助"的被试者在学习过程中，主要把困难归因到内部的稳定和非稳定因素上。而且，这些内部的归因会直接影响后续朝向以及后续的努力。具体地讲，当被试者认为学习问题是由于内部的非稳定因素而产生时，会增加对后续任务的朝向认知，试图继续努力。但是，当被试者认为学习问题是由于内部稳定的因素时，则会直接减少对后续任务的努力，或者直接放弃努力（见图 10 - 3）。

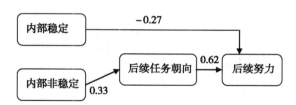

**图 10 - 3 "习得无助"组第 2 次测试认知归因与后续任务朝向
对后续努力的路径分析**

第 3 次测试表现为学习的中后期，由图 10 - 4 可以看出"习得无助"组被试者在归因、后续朝向和后续努力的路径关系。"习得无助"的被试者在学习过程中，主要把困难归因于内部稳定因素。具体地讲，当被试者认为学习问题是由于内部稳定的因素而产生时，就会直接减少对后续任务的努力，甚至直接放弃了努力（见图 10 - 4）。

第 4 次测试表现为学习的后期，由图 10 - 5 可以看出"习得无助"组被试者在归因、后续朝向和后续努力的路径关系。"习得无助"的被试者在学习过程中，主要把困难归因于内部的稳定和非稳定因素上。而且，这些内部的归因会直接影响后续朝向以及后续的努力。具体地讲，当被试者认为学习问题是由于内部的非稳定因素产生时，会增加对后续任务的朝向

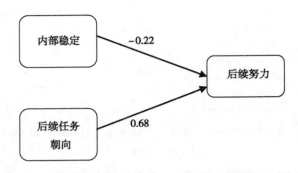

图 10 - 4   "习得无助"组第 3 次测试认知归因与后续任务朝向
对后续努力的路径分析

认知，试图继续努力。但是，当被试者认为学习问题是由于内部稳定的因素产生时，则会直接减少对后续任务的努力，甚至直接就放弃了努力（见图 10 - 5）。

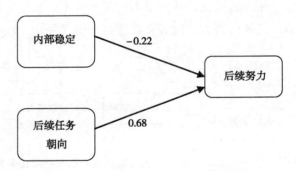

图 10 - 5   "习得无助"组第 4 次测试认知归因与后续任务朝向
对后续努力的路径分析

从以上 4 次测试的认知归因与后续任务朝向对后续努力的路径分析的结果看出，"习得无助"组内部稳定的因素对后续朝向及后续努力都呈显著的负相关关系，即被试者越把失败归因于内部稳定的因素，认为结果不可控制，对后续任务朝向的关注就会越小，还可能不经过后续朝向就直接放弃了对后续的努力。而内部非稳定的因素对后续任务的朝向都呈显著的正相关关系，即被试者越把失败归因于内部非稳定的因素，认为结果是可以控制的，就越会关注后续朝向任务。而后续任务朝向对后续努力都呈显著的正相关关系，说明后续任务朝向越强，则对后续的努力就越大，即"习得无助"的个体后续任务朝向决定后续的努力。

四 无"习得无助"的认知特征

第1次测试表现为学习的初期，由图10-6可以看出无"习得无助"组被试者在归因、后续朝向和后续努力的路径关系。无"习得无助"的被试者在学习过程中，主要把困难归因于内部非稳定因素和外部稳定因素上。而且，这些归因会直接影响后续朝向以及后续的努力。具体地讲，当被试者认为学习问题是由于内部的非稳定因素产生时，会增加对后续任务的朝向认知，试图继续努力。但是，当被试者认为学习问题是由于外部稳定的因素产生时，则会直接减少对后续任务的努力（见图10-6）。

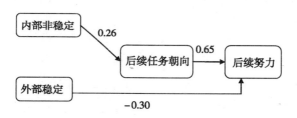

图10-6 无"习得无助"组第1次测试认知归因与后续任务朝向对后续努力的路径分析

第2次测试表现为学习的中期，由图10-7可以看出无"习得无助"组被试者在归因、后续朝向和后续努力的路径关系。无"习得无助"的被试者在学习过程中，主要把困难归因于外部非稳定的因素上。这种归因会直接影响后续的努力。具体地讲，当被试者认为学习问题是产生于外部的非稳定因素时，会直接减少后续任务的努力（见图10-7）。

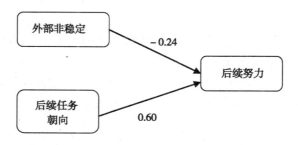

图10-7 无"习得无助"组第2次测试认知归因与后续任务朝向对后续努力的路径分析

第3次测试表现为学习的中后期，由图10-8可以看出无"习得无助"组被试者在归因、后续朝向和后续努力的路径关系。无"习得无助"的被试者在学习过程中，主要把困难归因到外部稳定因素上。这种归因会直接影响后续的努力。具体地讲，当被试者认为学习问题是产生于外部稳定的因素时，会直接减少后续任务的努力（见图 10 - 8）。

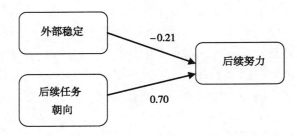

图 10 - 8　无"习得无助"组第 3 次测试认知归因与后续任务朝向
对后续努力的路径分析

第 4 次测试表现为学习的后期，由图 10 - 9 可以看出无"习得无助"组被试者在归因、后续朝向对后续努力的路径关系。无"习得无助"的被试者在学习过程中，主要把困难归因于内部非稳定因素上。这种归因会直接影响后续朝向以及后续的努力。具体地讲，当被试者认为学习问题是产生于内部的非稳定因素时，会增加对后续任务的朝向认知，还会继续加大努力（见图 10 - 9）。

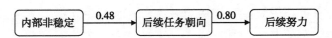

图 10 - 9　无"习得无助"组第 4 次测试认知归因与后续任务朝向
对后续努力的路径分析

从以上 4 次测试的认知归因与后续任务朝向对后续努力的路径分析的结果看出，无"习得无助"组外部的因素对后续的努力都呈显著的负相关关系，即被试者越把失败归因于外部的因素，如被试者越认为学习的失败是因为学习的时间太短，或因为人数太多看不清教师的示范，或因为听不到教师的提示音，或因为是场地条件、音响设备太差等，认为结果的不可控制性，就越不会增加对后续的努力。进一步，而内部非稳定的因素对后续任务的朝向都呈显著的正相关关系，如归因于内部非稳定因素时，就会增加对后续任务的朝向，即如果被试者把失败归因于自己对动作的理解不够、自己没有集中注意力听老师的讲解、自己没有认真看老师的示范等，认为行为是可控制的，就越会增加对后续朝向任务的关注。从以上4次测试后续任务朝向对后续努力的路径分析看出，后续任务朝向对后续努力都呈显著的正相关关系，说明后续任务朝向越强，对后续的努力就越大，即"习得无助"的个体后续任务朝向决定后续的努力。

总之，"习得无助"组与无"习得无助"组相比较，两组被试者在对失败的归因认知、后续朝向及其对后续的努力的路径解释上都有较大的差别。"习得无助"组的失败大多归因于内部稳定的因素以及内部非稳定的因素。当被试者将失败归因于内部稳定的因素时，认为结果不可控制，会减少对后续的朝向，甚至直接放弃了对后续的努力。而无"习得无助"组的失败大多归因于外部的因素，或是内部非稳定的因素。当被试者将失败归因于外部因素时，认为结果不可控制，通常会减少对后续的朝向，甚至不经过对后续任务的关注，直接减少了对后续的努力。而当失败归因于内部非稳定因素时，认为结果可控制，因此，通常会增加对后续任务的朝向及对后续任务的努力。

实验数据分析的结果基本支持了我们的假设。在失败的情况下，个体会寻求原因，这种归因的朝向认知活动会对控制因素和对努力进行判断，并形成解释的方式。"习得无助"的现象反映了对努力放弃的行为。也就是说，在失败的情况下，被试者归因于内部稳定的因素时，后续朝向的状态会下降，更会减少对后续的努力，甚至直接就放弃了努力。而当失败归因于内部非稳定因素时，认为结果可控制，因此，通常会增加后续的朝向状态以及对后续的努力。个体的后续朝向状态决定后续的努力。

研究的不足之处是采用了纵向观察的试验设计，这样，不排除被试者特征负影响产生的可能性。但由于研究问题是针对学习任务而非习得任务，对于历史、成熟、选择等无关因素对后测成绩的影响基本可以忽略，所以，我们通过纵向多次测试的方法来弥补前后测试假试验设计的弱点。当然，在后续的研究中，可以参考现有的研究结果，在研究设计上做出改进，避免无关因素对实验结果的影响，以期在这个领域得到更精确的研究结果。

第三节 小结

研究考察技能学习中有"习得无助"和无"习得无助"的被试者认

知过程，结果发现基本与王进在 2007 年有关"习得无助"的关系结构一致。

在健美操学习过程中，"习得无助"的被试者倾向于把失败归因于内部的因素。当把失败归因于内部稳定因素时，会减少对后续任务的朝向，并放弃努力。当归因于内部非稳定因素时，会增加对后续任务的朝向。另外，后续任务的朝向决定后续任务的努力。

对于无"习得无助"的被试者来说，失败归因主要朝向外部原因和内部的非稳定因素。当被试者把失败归因于外部因素时，会减少对后续任务的朝向，并减少对后续的努力。但是，归因于内部非稳定因素时，会增加对后续任务的朝向。另外，无"习得无助"的被试者后续任务的朝向决定后续任务的努力程度。

第十一章

"完美主义"与体育学习

关于体育学习中的完美主义现象，是指在体育学习过程中个体所表现出来的批判性自我评估的倾向，主要反映了个体力争尽善尽美的心理定向（Frost，et al.，1990）。依据理论篇对完美主义的描述，国内的完美主义研究明确表明了完美主义的负面效应，与部分国外的研究结论相悖，这为我们提供了一个深入探索完美主义任务效应特征的理由。为什么目前对完美主义的关联效应研究存在着不一致的结论？这是否与任务指向的完美主义有关？也就是说，在特定的领域或具体的任务中，结果效应与完美主义的一般概念有关，还是与完美主义的任务导向特征有关？据此，本章的研究基于特质完美主义与状态完美主义的概念，观察两者在体育技能学习中对成绩的关联效应，旨在验证完美主义的特质与状态在具体事件中存在效应差异的假设，从而解释目前相关研究发现完美主义的悖反效应问题。

第一节　体育学习中的完美主义现象观察

近期的研究认为，完美主义是一个由多维度组成的复杂结构，最具有代表性的是 Hewitt 等的 3 维结构观（Hewitt，et al.，1989）。从人际关系的角度，Hewitt 等把完美主义分为"自我导向""他人导向"和"社会导向" 3 个维度。另外，Slaney 等认为，完美主义既有积极的一面，又有消极的一面，并提出了一个完美主义的 4 维结构观，主要包括标准与条理、关系、拖延、焦虑（Slaney，et al.，1995）。在此基础上，他们又编制了"近乎完美量表"（Almost Perfect Scale，APS）（Slaney，et al.，2001）。经修订后，又改回为 3 维结构，即高标准、条理、理想与现实之差。基于此研究，Presser 等又发展了适用于儿童完美主义测量的量表，取名为"适应/不适应完美主义量表"（The Adaptive/Maladaptive Perfectionism Scale，

AMPS），由 4 个维度组成，反映了儿童对错误的敏感（Sensitivity to Mistakes）、经验的自尊（Contingent Self-esteem）、强迫（Compulsiveness）和赞同的需要（Need for Admiration）。其量表基于分值的高低区分为适应与不适应 2 种完美主义的类型（Presser，2002）。

值得一提的是，20 世纪 90 年代，Frost 等提出了一个更为复杂的多维度结构概念，主要从 2 个方面反映了完美主义的 6 个维度（Frost，et al.，1990）。一方面是针对自己的，由担心出错、疑虑、个人标准、组织条理 4 个维度组成；另一方面是对父母要求的认知，包括父母期望和父母批评 2 个维度。"担心出错"是指个体对错误的消极反应，表现为自信心的不足，认为失败会导致失去他人的尊重；"疑虑"反映了个体为了追求"正确"，常常犹豫不决，行为出现反复，导致较低的工作效率；"个人标准"是指追求"高标准"，想通过成就来获得认同，由此，主要的关注点集中在事件的结果上；"组织条理"则反映了个体追求条理性的行为；父母"期望"与"批评"则分别反映了个体对父母期望的认同，以及希望减少父母批评的心理定向。

总之，近期的研究观点认同完美主义是一种多维度的心理特质结构（Frost，et al.，1990；Hewitt，et al.，1991），反映追求完美的表现，并伴随自我批评倾向的高标准心理定向（Flett，et al.，2002；Frost，et al.，1990；Presser，2002）。在实际的心理活动中，这种特质定向驱使个体关注事件结果的积极方面或消极方面（Enns，et al.，2002；Stoeber，et al.，2006）。具体地讲，积极的方面反映了个体在完成任务的过程中，注意的焦点会集中在追求"更好"（Frost，*et al.*，1993），积极的完美主义倾向对促进学习有一定的意义，它与学业、耐久力呈正相关关系（Bieling，et al.，2003；Frost，et al.，1993；Stump，et al.，2000）。而完美主义的消极方面则反映了个体在完成任务时更加关注自我修正（Dunkley，et al.，2003），事件的结果往往成为评估性批评的焦点，随之而来的是担心出错、疑虑、焦虑等（Stoeber，et al.，2006）。

近年来，越来越多的研究探索完美主义的积极效应。例如，一些研究发现，卓越教育（Gifted Education）中，学业优异的学生普遍存在着完美主义的特质倾向（Orange，1997；Schuler，1999，2000；Silverman，1995）。Orange 和 Schuler 的研究进一步指出，在学业出众的学生中，完美主义者的比例随着年龄的增大而增加（Orange，1997；Schuler，2000）。

另外，Kline、Short 的研究发现，优秀的女性青少年随着年龄的增加而变得更有完美主义的倾向（Kline，et al.，1991）。

然而，中国的相关研究却更多地显示了完美主义的负面效应。例如，訾非和周旭（2005）的一项研究指出，完美主义与大学生的自杀念头和羞怯心理有关。一些类似的研究也发现，中国大学生和高中生的完美主义与 SCL—90 量表的各因子有显著相关关系（杨宏飞等，2004，2005）。另外，有学者对大学生的完美主义与自尊、主观幸福感的关系进行了探讨，发现完美主义的非适应性维度与自尊和主观幸福感呈显著的负相关关系（佟月华等，2005）。还有研究发现，大学生自我完美主义倾向与心理异常状态显著相关（谢玉兰，2004）。在探索完美主义与竞争的关系方面，王志华、李建伟（2008）的研究发现，大学生完美主义的表现与竞争有密切的关系。

由此可见，国内的研究明确表明了完美主义的负面效应，与部分国外的研究存在着相悖的结论，这为我们提供了一个深入探索完美主义任务效应特征的理由。本章主要考察完美主义的一般概念与任务导向的完美主义在特征表现上是否具有一致性。

所谓"任务导向的完美主义"是指个体在任务执行过程中对与任务相关的完美追求，通常描述为个体对任务的具体过程与结果的批判性特征（Stoll，2008）。20 世纪 90 年代初，Frost、Henderson（1991）首次运用完美主义的多维结构量表，尝试探索一个特定领域（运动领域）的完美主义效应。结果发现，女性运动员在比赛中的消极反应与完美主义之间存在着一定的关联度（Frost，et al.，1991）。从此，完美主义的问题在运动心理学领域展开了探索。

关于运动领域完美主义的研究主要集中在与完美主义相关的一些因素上，试图探索影响运动员完美主义的因素和完美主义对运动员心理和运动表现的影响。如完美主义与运动员的目标定向密切相关，相对于任务定向的运动员，自我定向的运动员具有更高水平的完美主义倾向。然而，运动心理学领域的完美主义研究更多的还是反映其负面的效应。例如，Hall、Kerr 和 Matthews（1998）的研究发现，追求完美的运动员倾向于更加关注自我内省，导致对运动成绩的满足感下降（Hall，et al.，1998）。这些运动员通常会经受频繁的压力，出现情绪上的反应。中国的相关研究也发现，运动员的完美主义与竞赛焦虑存在着密切的相关关系（李雷等，2007；祝大鹏，2009）。能力知觉可以有效地预测自信心，过于关注错误，对行动的怀疑与个人标准分别可以预测认知焦虑、躯体焦虑和自信心。因为运动竞赛本身就是一个成就事件，个人所追求的无非是完美的表现，假如个人无法达到预期所设定的目标，那么个人对运动成就意义的认知结构将会发生改变，这种改变个人如果无法认同，运动员在心理上容易出现认知失调与紊乱的问题；会产生逃避或退却的行为；在情绪上则会有自责、生气与焦虑产生。另外，完美主义水平高的运动员在比赛中更容易受到社会环境因素的影响，害怕比赛中出现失误或发挥失常，导致出现较高水平的社会期待焦虑和个体失败焦虑。运动员对父母和教练态度的知觉通过个体的认知来引发躯体焦虑水平的升高。自信心水平高的运动员在比赛中会给自己制定更高的表现标准，对自己的表现也有更高的期望水平。

但是，也有的相关研究提出了完美主义对运动员产生的积极效应。Hardy、Jones 和 Gould（1996）通过调查认为，许多著名的优秀运动员都具有完美主义的倾向。特别是近期的研究表明，完美主义是奥运冠军的一种人格特质。在这类研究中，值得一提的是 Stoll、Lau 和 Stoeber 于 2008 年完成的一项研究，该研究以技能学习为背景，考察任务导向的完美主义与学习效能的关系，结果发现有完美主义倾向的学习者表现得更为出色。但是，遗憾的是他们的研究并没有提出完美主义的一般概念与任务导向的特征差异。

通过文献查阅表明，中国有关任务导向的完美主义在技能学习中的效应研究极为少见，特别是有关完美主义的一般概念与任务导向的完美主义在技能学习效应方面的研究更是缺乏。所以，本研究关注的问题是，在体育学习中，一般完美主义和任务导向的完美主义与学习绩效的关联度。基于对理论的诠释，该研究设计为运用 Frost 等编制的多维完美主义量表来测量完美主义的一般概念，Stoll 等编制的运动多维完美主义量表来测量任务导向的完美主义。一般完美主义反映了被试者的特质心理方面；而任务导向的完美主义则反映了被试者的状态心理方面。理论上讲，在体育学习中，特质（Trait）与状态（Status）的完美主义对学习效应的关联程度应该是有区别的。

第二节 研究案例分析

本章的案例研究主要是把完美主义的特质方面和状态方面并列起来观察学习的效应,可以解读为什么目前的完美主义研究在事件相关效应上存在着相悖的结论。研究假设认为,这种相悖结论可能与研究设计的概念有关。也就是说,完美主义在概念上应该存在特质与状态之分,在事件相关的情况下,完美主义的状态特征应该更直接地与任务的绩效发生关联。

被试者选取高校体育舞蹈选项课的女大学生样本共 126 名(年龄 = 19.6,SD = 1.87)。学习任务对于所有被试者都是新技能。

采用 Frost 等编制的多维完美主义量表(Multidimensional Perfectionism Scale,MPFS,1990),共有 35 个条目组成的 6 个维度。其中包括"担心错误"(Concern over Mistakes,CM)、"个人标准"(Personal Standards,PS)、"父母期望"(Parental Expectations,PE)、"父母批评"(Parental Criticism,PC)、"行动的疑虑"(Doubts about Actions,DA)和"组织条理"(Organization,OR)。该量表采用 1—5 点计分法。"个人标准"和"组织条理"两因子测量完美主义积极的方面,其余 4 因子测量完美主义消极的方面。根据相关研究报告,各因子内部一致性系数为 0.78—0.92,与其他完美主义量表的相关系数均在 0.91 以上,说明该量表具有较高的信度和效度。

中国学者基于中国的被试者对该量表进行了修订,形成了中文版的量表。共 27 个条目,包括 5 个维度。其中将父母批评和期望合并为 1 个维度。修改后的量表 α 值为 0.64—0.81,重测 r 值为 0.63—0.82。目前,该量表已被国内同类研究普遍使用。

如前所述,任务导向的完美主义主要表现为在体育学习过程中,学习者对自我标准的完美追求。Stoll、Lau 和 Stoeber 在 2008 年提出了体育学习中 2 个维度完美主义的测量方法,并编制成量表。该量表经过实证性的应用,其效度和信度都有较好的表现,信度的 α 值为 0.78—0.79。

由于该测试量表为英文版本,在经过翻译和再翻译技术处理后,结合文化差异进行适当的改编而成。改编后的量表仍保持 2 个维度,共 10 个条目。其中 5 个条目反映了关注积极的"完美追求",具体反映了对动作优美的愿望、重要性、必要性等问题，如"我的目标就是争取达到最佳表现"。另5个条目反映了关注消极的"情绪反应"，具体反映了自己感觉动作不优美时表现出的压力、挫折、郁闷感等问题。例如，"如果动作做得不优美，我会感觉到非常大的压力"。该量表采用1—6点计分，从完全不同意到完全同意。

量表在使用前随机选取了60名女大学生被试者进行了测试，以排除由于翻译引起的内容效度变化。所获数据经过验证性因子分析，结果显示，量表的2因素总解释度为72%，内部一致性测试表明α值为0.74—0.83。一周后的重测信度r值为0.69—0.89，完全符合量表的统计使用要求。

本章的设计主要以"完美主义"现象观察为目标，着重考察完美主义的一般概念与任务导向的完美主义在体育学习中成绩效应的关联度。根据Newell等在2001年提出的"技能学习与发展的时间量度原理"（Theory of Time Scales in Motor Learning and Development），练习时间是学习技能获得的必要条件，其观察形式为学习成绩的评估（Newell, et al., 2001）。这样，在纵向观察设计中，通过成绩评估的反馈，可以让被试者知觉学习进步的情况。需要指出的是，实验操作旨在引起被试者对学习完美程度的状态判断，而技能的掌握程度并不是观察的目的。所以，被试者在实验中表现出来的技能掌握特征不在考虑之内。为此，实验设计为纵向观察的过程，历时4周，每周进行1次90分钟的技能学习单元。

关于实验任务的确定，根据完美主义的定义，选用强调"难美性"体育项目作为实验观察的任务。与强调"结果性"的体育学习项目相比，"难美性"体育学习项目更能突出操作者的过程表现，会更有利于对完美主义表现的观察。基于这一考虑，实验设计让被试者学习体育舞蹈"恰恰恰"的新技能。任务组成3个基本步形：①闭式基本步；②扇形步；③曲棍形转步。其难度循序渐进。

实验前，首先发放Frost的多维完美量表，对被试者进行一般完美主义的测试。每次学习单元结束后立刻进行任务导向完美主义（状态完美主义）及学习成绩的测试。由班干部发放量表，被试者完成后当场收回。学习成绩统一由一位主持实验的任课教师为被试者打分并反馈给本人。评分标准为基本技术占60%；音乐表现力20%；个人风格10%；临场表现10%。

为了验证完美主义的一般概念与任务导向的完美主义是否存在关联性，对两者进行了两两指标的相关分析，结果见表 11 - 1。具体地讲，完美主义的"组织条理"维度分别与第 1 次、第 2 次、第 3 次、第 4 次测试的任务导向完美主义的积极方面（完美追求）和消极方面（情绪反应）均呈显著或非常显著的正相关关系。在完美主义的"担心出错"维度上，除了与第 1 次测试的任务导向完美主义的消极方面（情绪反应）没有关系以外，其他测试的任务导向完美主义指标与完美主义的"担心出错"维度均存在着显著的正相关关系。进一步，在完美主义的"疑虑"维度上，4 次测试的任务导向完美主义的积极和消极方面均与该维度指标呈正相关关系。最后，在完美主义的"父母标准"和"个人标准"2 个维度上，除了"个人标准"维度与第 1 次测试的任务导向完美主义的积极方面无显著相关以外，其他所有指标均呈正相关关系（见表 11 - 1）。

表 11 - 1　　　一般完美主义与任务导向的完美主义相关分析一览表

	第 1 次测试		第 2 次测试		第 3 次测试		第 4 次测试	
	完美追求	情绪反应	完美追求	情绪反应	完美追求	情绪反应	完美追求	情绪反应
	（积极）	（消极）	（积极）	（消极）	（积极）	（消极）	（积极）	（消极）
组织条理	0.22 *	0.26 **	0.21 *	0.37 **	0.25 **	0.38 **	0.24 **	0.46 **
担心出错	0.30 **	0.16	0.30 **	0.24 **	0.46 **	0.24 **	0.48 **	0.32 **
疑虑	0.26 **	0.21 *	0.25 **	0.35 **	0.32 **	0.36 **	0.27 **	0.40 **
父母标准	0.29 **	0.27 **	0.23 **	0.44 **	0.36 **	0.45 **	0.28 **	0.49 **
个人标准	0.12	0.32 **	0.26 **	0.38 **	0.31 **	0.31 **	0.27 **	0.31 **

注：* 表示 $P < 0.05$，** 表示 $P < 0.01$。

总体来讲，研究数据的相关分析表明，完美主义的一般概念与任务导向的完美主义之间存在着正向相关性。这与特质和状态的完美主义一致性是相符的，符合理论上的解释（Hewitt，et al.，1991；Stoll，et al.，2008）。

一　任务导向的完美主义与学习成绩

本章节的研究目的在于考察体育学习中完美主义对学习成绩的关联效应，分别运用了"特质"和"状态"两个方面的完美主义来表述特征。首先，为了验证完美主义的状态特征（任务导向的完美主义）与具体的体育技能学习成绩之间是否存在着关联性，对两者进行了相关分析，结果见表 11 - 2。具体地讲，第 1 次测试的学习成绩与之相对应的任务导向完美主义之间，其情绪反应的维度出现了具有统计意义的负相关，即任务导向的完美主义在情绪反应上的得分越高，其学习成绩越差。但是，在反映积极的完美追求维度上，却没有出现具有统计意义的相关关系。在第 2 次的测试中，任务导向的完美主义与技能学习成绩的关系呈现了与第 1 次测试同样的状态，然而，在第 3 次的测试中，这种状态却不存在。在第 4 次学习成绩测试中，这种有意义的负相关关系又再次出现（见表 11 - 2）。

表 11 - 2   任务导向的完美主义与体育学习成绩的相关分析一览表

	第一次测试		第二次测试		第三次测试		第四次测试	
	完美追求	情绪反应	完美追求	情绪反应	完美追求	情绪反应	完美追求	情绪反应
	（积极）	（消极）	（积极）	（消极）	（积极）	（消极）	（积极）	（消极）
第 1 次测试成绩	0.17	- 0.29 **	0.14	- 0.24 **	0.13	- 0.21 *	0.25 **	- 0.17
第 2 次测试成绩	0.14	- 0.18 *	0.06	- 0.23 *	0.05	- 0.14	0.22 **	- 0.16
第 3 次测试成绩	0.10	- 0.18 *	0.06	- 0.23 *	0.09	- 0.12	0.24 **	- 0.16
第 4 次测试成绩	0.12	- 0.30 **	- 0.03	- 0.26 **	0.04	- 0.20 *	0.13	- 0.18 *

注：* 表示 $P < 0.05$，** 表示 $P < 0.01$。

其次，值得注意的是，4 次测试任务导向完美主义的积极方面分别与之相对应的学习成绩不存在统计意义上的正相关关系。但是，第 4 次测试的完美主义积极方面与前 3 次测试的学习成绩出现了有意义的正相关关系。也就是说，被试者前 3 次测试的学习成绩得分越高，在第 4 次测试任务导向的完美主义时，其得分也越高。

最后，进一步将这些相关的指标进行回归预测分析。也就是说，基于 4 次测试的任务导向完美主义分别建立技能学习成绩的回归解释模型方程，即以每次测试任务导向完美主义的消极方面为预测变量，再加上第 4 次测试任务导向完美主义的积极方面，分别先后进入每次测试的学习成绩回归方程，得出变异解释率（R^2）来预测任务导向完美主义对技能学习成绩影响的程度，其结果见表 11 - 3。所有模型的预测解释均具有统计学意义。

表 11 - 3　　任务导向的完美主义预测体育学习成绩的回归分析一览表

预测模型	变量	R^2	$R^2\triangle$	$F\triangle$	df		β	t
模型 1	第 1 次情绪反应	0.08	0.08	10.68 **	1	125	− 0.29	− 3.27 **
	第 4 次完美追求	0.19	0.11	15.25 **	1	124	0.33	3.91 **
模型 2	第 2 次情绪反应	0.05	0.05	6.50 *	1	125	− 0.23	− 2.55 *
	第 4 次完美追求	0.15	0.09	12.88 **	1	124	0.32	3.59 **
模型 3	第 4 次完美追求	0.06	0.06	7.18 *	1	125	0.24	2.68 *
模型 4	第 4 次情绪反应	0.03	0.03	4.16 *	1	125	− 0.18	− 2.04 *

注: * 表示 P < 0.05, ** 表示 P < 0.01。

　　具体地讲，如果仅仅考虑状态的即时效应，在第 1 次测试和第 2 次测试中，任务导向完美主义的消极方面（情绪反应）解释学习成绩的变异已达到中等效应，分别为 8% 和 5%。在第 4 次测试中，任务导向完美主义的消极方面解释学习成绩的变异为小的效应（$R^2 = 0.03$）。但是，如果考虑任务导向完美主义的延时效应，在以上解释模式的基础上，加入第 4 次测试的任务导向完美主义的积极方面，则第 1 次和第 2 次成绩测试的预测变异达到了大的效应，分别为 19% 和 15%，说明预测非常有效。其结果的含义显示了成绩表现较好的被试者，在学习的后期，其关注的方向逐渐由消极的方面转向积极的方面。但是，这种朝向积极的方面表现为对过去行为的关注，而即时的关注仍然集中在消极方面，只是强度有所减弱。

二　一般完美主义与学习成绩

　　如同前面讨论的，一般完美主义的概念反映了个体特质的心理定向。因此，这种完美追求并不针对某个具体事件，而是指在生活事件中的一般态度或心理活动的朝向。为了验证一般完美主义是否与具体体育技能学习任务的成绩之间存在关联性，运用一般完美主义的各维度指标分别与 4 次测试的学习任务成绩进行了相关分析。结果发现，在 4 次技能学习成绩的测试中，没有一项指标与一般完美主义之间存在有统计意义的相关关系（见表 11 - 4）。

　　有关完美主义的研究表明，生活中追求完美可能会导致负面的心理效应，因此，研究人员主要的关注点都集中在完美主义对心理健康的影响上，却很少注意完美主义在学习任务中的效应，特别是在体育学习领域中。有研究发现，一些优秀运动员往往都有完美主义的倾向（Hardy，et al.，1996；Daniel，et al.，2002），这似乎说明完美主义并不总是负面地影响运动绩效。那么，完美主义与体育学习绩效之间存在着怎样的关联性？这是研究关注的焦点。基于对相关理论的理解，我们提出了完美主义的"特质"与"状态"在运动绩效中的关联性可能存在差异，并尝试测试一般完美主义的概念和任务导向的完美主义，考察其在体育学习中与成绩相关的效应。

表 11 – 4　　　　　一般完美主义与体育学习成绩的相关分析一览表

	条理组织	担心出错	疑虑	父母标准	个人标准
第 1 次测试成绩	0.02	0.01	– 0.04	0.00	– 0.04
第 2 次测试成绩	0.03	0.04	– 0.03	– 0.07	– 0.04
第 3 次测试成绩	0.02	– 0.06	– 0.06	– 0.03	– 0.10
第 4 次测试成绩	– 0.03	– 0.04	– 0.07	– 0.00	– 0.10

从技能学习形成过程的视角，研究设计了对完美主义效应的纵向观察，以此来理解技能学习过程中完美追求关注的焦点走向（即积极与消极方面的注意方向变化）。具体地讲，采用 Frost 的多维完美量表（特质）和 Stoll、Lau、Stoeber 的运动多维完美主义量表（状态），对体育新技能学习的被试者进行测试，再与学习成绩进行关联性分析。

数据结果显示，特质完美主义与状态完美主义之间存在着高度的相关，说明在概念的界定上反映了一致性，与相关的理论相符（Stoll，et al.，2008）。进一步研究发现，在体育学习中，一般完美主义与学习成绩没有关系。也就是说，完美主义的人格特征没有对其学习结果产生直接的影响。然而，任务导向的完美主义（状态）却与体育学习成绩有一定的关系。这种关系主要表现在任务导向完美主义的情绪反应方面。具体地讲，在体育学习中，被试者在完美追求方面的关注点更多的是集中在对动作的改进上。特别是在学习的初期，被试者表现出对学习进步和自我鼓励的忽略，更多地关注动作做得"不到位"的方面，并因不完美而感到有压力、挫折和郁闷等。随后，这种任务导向完美主义的消极反应也会影响学习的效率。

另外，研究数据分析显示，随着体育学习的深入，完美追求的关注焦点倾向于从消极的方面转向积极的方面。在第 3 次测试中，任务导向的完美主义无论是在积极的方面还是在消极的方面，都没有呈现与运动成绩有统计意义的相关关系。尽管在第4次测试中，任务导向完美主义的消极方面再次出现了与成绩有统计意义的相关，但是与第1次、第2次测试相比，这种关系的强度也倾向减小。而且，有趣的是，第4次测试任务导向完美主义的积极方面，分别与前3次测试的学习成绩出现了有统计意义的相关关系。再把这种关系进行附加效应检验分析后发现，当每次测试的任务导向完美主义附加了第4次任务导向完美主义的积极方面以后，可以增加对运动成绩的预测效应。这似乎显示了任务导向完美主义积极方面的一个延时效应。也就是说，被试者在学习的初期，可能会关注完美追求的消极方面，但是到了学习的后期，随着技能的掌握及学习自信心的增强，完美追求的关注点可能会从消极的方面转向积极的方面。

　　当然，这种现象的出现也可能是研究所用的被试者均为女性所致。由于女性在舞蹈学习中可能会更自我内省（Hall, et al., 1998），导致她们对负面的信息更加敏感。在今后的研究中，还有待进一步运用不同的被试群体来观察验证这一假设。另一种解释是，由于研究采用了强调"表现性"的体育舞蹈作为实验观察任务，导致学习过程中外显性信息强化状态的特征反应，从而弱化了特质完美主义的效应。后续的研究应该选用强调"结果性"的体育学习项目作为实验任务，观察完美主义的特质效应是否有被弱化的情况。

第三节　小结

　　数据分析结果确认了本研究对完美主义任务导向特征的假设。也就是说，特质完美主义与状态的完美主义在体育学习任务中的关联效应存在着差异。这一结果可以解释目前的研究发现完美主义的悖反效应现象。这种看似不和谐的研究结论，可能正是特质完美主义与状态完美主义在具体任务上表现出来的效应不一致的现象。完美主义的一般概念与任务导向的完美主义在特征表现上具有一致性。但是，对于具体的体育学习项目来说，两者对运动成绩的效应存在着差异。当我们观察一个具体事件时，一般完美主义的概念不能代替"状态"的完美主义来进行测量。否则，可能会混淆我们对完美主义的正确理解。

主要参考文献

Abramson, L. Y., Seligman, M. E. P., & Teasdal, E. J. D., "Learned Helplessness in Humans: Critique and Reformulation", *Journal of Abnormal Psychology*, Vol. 87, 1978, 49 – 74.

Ansbacher, H. L., & Ansbacher, R., *Alfred Adler: Superiority and Social Interest-A Collection of Later Writings*, USA: Northwestern University Press, 1964.

Afshari, J., Moghadamb, A. J., Brojenic, S. T., et al., "The Effect of Three Types of Environmental Training on Acquisition and Retention of Open and Closed Skills", *Proscenia Social and Behavioral Sciences*, Vol. 15, 2011, 2365 – 2370.

Ajzen, I., *Attitudes, Personality, and Behavior*, Chicago: Dorsey, 1988.

Anderson, C. A., "Motivational and Performance Deficits in Interpersonal Settings: The Effect of Attributional Style", *Journal of Personality and Social Psychology*, Vol. 45, 1983, 1136 – 1147.

Atkinson, J. W., & Birch, D. A., *The Dynamics of Action*, New York: Wiley, 1970.

Aviasso, R., & Hayak, P. G., "Choice is Good, But Relevance is Excellent: Autonomy-Enhancing and Suppressing Teacher Behaviors Predicting Students' Engagement in Schoolwork", *British Journal of Educational Psychology*, Vol. 22, 2002, 261 – 278.

Ávila, L. T. G., Chiviacowsky, S., Wulf, G., et al., "Positive Social-Comparative Feedback Enhances Motor Learning in Children", *Psychology of Sport and Exercise*, Vol. 13, No. 6, 2012, 849 – 853.

Ayumi, T., Yoshiho, M., Takuhiro, O., et al., "Achievement Goals, Attitudes toward Help Seeking, and Help Seeking Behavior in the Classroom", *Learning and Individual Difference*, Vol. 13, 2002, 23 – 35.

Badets, A., & Blandin, Y., "Feedback Schedules for Motor-skill Learning: The Similarities and Differences between Physical and Observational Practice", *Journal of Motor Behavior*, Vol. 42, No. 4, 2010, 257 – 269.

Balasko, M., & Cabanac, M., "Motivational Conflict among Water Need, Palatability, and Cold Discomfort in Rats", *Physiology & Behavior*, Vol. 65, No. 1, 1998, 35 – 41.

Baron, R. A., & Kenny, D. A., "The Moderator-mediator Variable Distinction in Social Psychological Research: Conceptual, Strategic and Statistical Considerations", *Journal of Personality and Social Psychology*, Vol. 51, 1986, 1173 – 1182.

Beaumont, L. D., Tremblay, S., Poirier, J., et al., "Altered Bidirectional Plasticity and Reduced Implicit Motor Learning in Concussed Athletes", *Cerebral Cortex January*, Vol. 22, No. 1, 2012, 112 – 121.

Bechtereva, N. P., Korotkov, A. D., & Pakhomov, S. V., "PET Study of Brain Maintenance of Verbal Creative Activity", *International Journal of Psychophysiology*, Vol. 53, No. 1, 2004, 11 – 20.

Becker, R. K., & Maiman, B. A., "Siciobehavioral Determinants of Compliance with Health and Medical Care Recommendations", *Medical Care*, Vol. 13, No. 1, 1975, 10 – 24.

Beets, I. A. M., Mace, M., Meesen, R. L. J., et al., "Active Versus Passive Training of a Complex Bimanual Task: Is Prescriptive Proprioceptive Information Sufficient for Inducing Motor Learning?" *PLoS ONE*, 2012, 7 (5): e37687. doi: 10.1371/journal.pone.0037687.

Bieling, P. J., Israeli, A., Smith, J., et al., "Making the Grade: The Behavioral Consequences of Perfectionism in the Classroom", *Personality and Individual Differences*, Vol. 35, 2003, 163 – 178.

Bislick, L. P., Weir, P. C., Spencer, K., et al., "Do Principles of Motor Learning Enhance Retention and Transfer of Speech Skills? A Systematic Review", *Aphasiology*, Vol. 26, No. 5, 2012, 709 – 728.

Blakie, N. , *Designing Social Research*, Oxford, UK: Blackwell Publishing Ltd, 2003.

Blatt, S. J. , "The Destructiveness of Perfectionism", *American Psychologist*, Vol. 50, 1995, 1003.

Boekaerts, M. , "Metacognitive Experiences and Motivational State as Aspects of Self-awareness: Review and Discussion", *European Journal of Psychology of Education*, Vol. 14, No. 4, 1999, 571 – 584.

Bowden, E. M. & Beeman, M. J. , *Methods for Investigating the Neural Components of Cambridge*, MA: MIT Press, 2000, 99 – 149.

Bowden, E. M. , Beeman, M. J. , Fleek, J. , et al. , "New Approaches to Demystifying Insight", *Trends in Cognitive Sciences*, Vol. 9, No. 7, 2005, 322 – 328.

Brustad, R. J. , "Who Will Go out and Play? Parental and Psychological Influences on Children Attraction to Physical Activity", *Pediatric Exercise Science*, No. 5, 1993, 210 – 223.

Bronfenbrenner, U. , *The Ecology of Human Development: Experiments by Nature and Design*, Cambridge, MA: Harvard University Press, 1979.

Cemaalciar, Z. , Canbeyli, R. , & Sunar, D. , "Learned Helplessness", *Cognitive Therapy and Research*, Vol. 14, No. 5, 1990, 449 – 468.

Cheong, J. P. G. , Lay, B. , Grove, J. R. , et al. , "Practicing Field Hockey Skills along the Contextual Interference Continuum: A Comparison of Five Practice Schedules", *Journal of Sports Science and Medicine*, Vol. 11, No. 2, 2012, 304 – 311.

Claudia, D. , Susanne, R. B. , & Oliver, D. , "Achievement after Failure: The Role of Achievement Goals and Negative Self-related Thoughts", *Learning and Instruction*, Vol. 21, No. 1, 2011, 152 – 162.

Collins, M. A. & Amabile, T. M. , *Motivation and Creativity*, In R. J. Sternberg (Eds.), Handbook of Creativity, New York: Cambridge University Press, 1999, 297 – 312.

Corcoran, K. , Hundhammera, T. , & Mussweilera, T. , "A Tool for Thought! When Comparative Thinking Reduces Stereotyping Effects", *Journal of Experimental Social Psychology*, Vol. 45, No. 4, 2009, 1008 – 1011.

Corno, L., *Self-regulated Learning*: *A Volitional Analysis*, In B. J. Zimmermann, & D. H. Schunk (Eds.), *Self-regulated Learning and Academic Achievement*: *Theory*, *Research and Practice*, *Progress in Cognitive Development Research*, New York: Springer, 1989, 111 – 141.

Covington, M. V., & Omelich, C. L., "Effort: The Double Edged Sword in School Achievement", *Journal of Educational Psychology*, Vol. 71, 1979, 169 – 182.

Daniel, G., Knisten, D., & Aaron, M., "Psychological Characteristics and Their Development in Olympic Champions", *Journal Applied Sport Psychology*, Vol. 14, No. 3, 2002, 172 – 204.

David, A. M., & Patricia, D. G., "Stereotyping and Evaluation in Implicit Race Bias: Evidence for Independent Constructs and Unique Effects on Behavior", *Journal of Personality and Social Psychology*, Vol. 91, No. 4, 2006, 652 – 661.

Davidson, J. E., *The Suddenness of Insight*, Cambridge, MA: MIT Press, 1995.

Deci, E. L., & Ryan, R. M., "The General Causality Orientation Scale: Self-determination Impersonality", *Journal of Research in Personality*, Vol. 19, 1985, 109 – 134.

Diener, C. I., & Dweek, C. S., "An Analysis of Learned Helplessness: Continuous Informational Explanation of Learned Helplessness", *Journal of Personality Psychology*, Vol. 58, No. 4, 1990, 729 – 743.

Dunkley, D. M., Zuroff, D. C., & Blankstein, K. R., "Self-critical Perfectionism and Daily Affect: Dispositional and Situational Influences on Stress and Coping", *Journal of Personality and Social Psychology*, Vol. 84, 2003, 234 – 252.

Dweck, C. S., "Motivation Processes Affecting Learning", *American Psych*, Vol. 41, No. 10, 1986, 1040 – 1048.

Eidelman, S., & Silvia, P. J., "Self-focus and Stereotyping of the Self", *Group Processes & Intergroup Relations*, Vol. 13, No. 2, 2010, 263 – 273.

Eisenberger, R., Rhoades, L., & Cameron, J., "Does Pay for Performance Increase or Decrease Perceived Self-determination and Intrinsic Motivation?" *Journal of Personality and Social Psychology*, Vol. 77, No. 5, 1999, 1026 – 1040.

Eisenberger, R., & Rhoades, L., "Incremental Effects of Reward on Creativity", *Journal of Personality and Social Psychology*, Vol. 81, No. 4, 2001, 728 – 741.

Eisenberger, R., & Shanock, L., "Rewards, Intrinsic Motivation, and Creativity: A Case Study of Conceptual and Methodological Isolation", *Creativity Research Journal*, Vol. 15, No. 2-3, 2003, 121 – 130.

Elliot, A. J., & Harackiewicz, J. M., "Approach and Avoidance Goals and Intrinsic Motivation: A Meditational Analysis", *Journal of Personality and Social Psychology*, Vol. 70, 1996, 461 – 475.

Elliott, D., Grierson, L. E. M., Hayes, S. J., et al., "Action Representations in Perception, Motor Control and Learning: Implications for Medical Education", *Medical Education*, Vol. 45, No. 2, 2011, 119 – 131.

Ellis, A., *The Role of Irrational Beliefs in Perfectionism*, In: Flett G., Hewitt P. L. (Eds.), *Theory, Research and Treatment of Perfectionism*, USA: American Psychology Association, 2002.

Enns, M. W., & Cox, B. J., *The Nature and Assessment of Perfectionism: A Critical Analysis*, In G. L. Flett & P. L. Hewitt (Eds.), *Perfectionism: Theory, Research, and Treatment*, Washington, DC: American Psychological Association, 2002: 33 – 62.

Estrada, J. A. C., Losa, J. L. F., Manteca, M. P., et al., "The Learning and Motor Development Transfer Process", *Psicothema*, Vol. 24, No. 2, 2012, 205 – 210.

Fenigstein, A., Scheier, M. F., & Buss, A. H., "Public and Private Self-consciousness Assessment and Theory", *Journal of Consulting and Clinical Psychology*, Vol. 43, 1975, 522 – 527.

Fermin, A., Yoshida, T., Ito, M., et al., "Evidence for Model-based Action Planning in a Sequential Finger Movement Task", *Journal Motor Behavior*, Vol. 42, No. 6, 2010, 371 – 379.

Fishbein, M., & Ajzen, I., *Belief, Attitude, Intention, and Behavior*,

An Introduction to Theory and Research Reading, MA: Addison-Wesley, 1975.

Flett, G. L., & Hewitt, P. L., *Perfectionism and Maladjustment: An Overview of Theoretical, Definitional, and Treatment Issues*. In G. L. Flett, & P. L. Hewitt (Eds.), *Perfectionism: Theory, Research, and Treatment*, Washington, DC: American Psychological Association, 2002: 5 – 13.

Forestering, F., & Friedric, H., "Attributional Retraining: A Review", *Psychological Bulletin*, Vol. 98, No3, 1985, 495 – 512.

Frank, E. A., & Glyn, C., "Achievement Goals and Gender Effects on Multidimensional Anxiety in National Elite Sport", *Psychology of Sport and Exercise*, Vol. 9, No. 4, 2008, 449 – 464.

Fries, S., Schmid, S., Dietz, F., et al., "Conflicting Values and Their Impact on Learning", *European Journal of Psychology of Education*, Vol. 20, No. 3, 2005, 259 – 273.

Frost, R. O., Heimberg, R. G., Holt, C. S., et al., "A Comparison of Two Measures of Perfectionism", *Personality and Individual Differences*, Vol. 14, 1993, 119 – 126.

Frost, R. O., & Henderson, K. J., "Perfectionism and Reactions to Athletic Competition", *Journal Sport Exercise Psychology*, Vol. 13, 1991, 323 – 335.

Frost, R. O., Marten, P. A., Lahart, C., et al., "The Dimensions of Perfectionism", *Cognitive Therapy and Research*, Vol. 14, No. 5, 1990, 449 – 468.

Gabbett, T., & Masters, R., "Challenges and Solutions When Applying Implicit Motor Learning Theory in a High Performance Sport Environment: Examples From Rugby League", *International Journal of Sports Science & Coaching*, Vol. 6, No. 4, 2011, 567 – 575.

Galperin, P. J., & Kotik, N. P., "Psychology of Creative Thinking", *Psykologia (USSR)*, Vol. 18, No. 4, 1983, 23 – 35.

Gattia, R., Tettamantia, A., & Goughb, P. M., "Action Observation Versus Motor Imagery in Learning a Complex Motor Task: A Short Review of Literature and a Kinematics Study", *Neuroscience Letters*, Vol. 540, 2013, 37 – 42.

Gilbert, P. , Price, J. , & Allan, S. , "Social Comparison, Social Attractiveness and Evolution: How Might They Be Related? " *New Ideas in Psychology*, Vol. 13, No. 2, 1995, 149 – 165.

Goel, V. , & Vartanian, O. , "Dissociating the Roles of Right Ventral Lateral and Dorsal Lateral Prefrontal Cortex in Generation and Maintenance of Hypotheses in Set-shift Problems", *Cerebral Cortex*, Vol. 15, No. 8, 2005, 1170 – 1177.

Gollwitzer, P. , Fujita, K. , & Oettingen, G. , *Planning and the Implementation of Goals*, In R. F. Baumeister, & K. D. Vohs (Eds.), *Handbook of Self-regulation: Research, Theory, and Applications*, New York: Guilford, 2004, 211 – 228.

Haith, A. M. , & Krakauer, J. W. , *Model-Based and Model-Free Mechanisms of Human Motor Learning*, In M. J. Richardson et al. (Eds.), *Progress in Motor Control, Advances in Experimental Medicine and Biology*, New York: Springer Science, 2013: 782 – 803.

Hall, H. K. , Kerr, A. W. , & Mattews, J. , "Pre-competitive Anxiety in Sport: The Contribution of Achievement Goals and Perfectionism", *Journal Sport and Exercise Psychology*, Vol. 20, 1998, 194 – 217.

Hansen, S. , Pfeiffer, J. , & Patterson, J. T. , "Self-control of Feedback During Motor Learning: Accounting for the Absolute Amount of Feedback Using a Yoked Group With Self-control Over Feedback", *Journal of Motor Behavior*, Vol. 43, No. 2, 2011, 113 – 119.

Hardy, L. , Jones, G. , & Gould, D. , *Understanding Psychological Preparation for Sport: Theory and Practice of Elite Performers*, New York: Wiley, 1996.

Harwood, C. G. , Hardy, L. , & Swain, A. , "Achievement Goals in Sport: A Critique of Conceptual and Measurement Issues ", *Journal of Sport&Exercise Psychology*, Vol. 22, 2000, 235 – 255.

Hauk, S. , "Mathematical Autobiography Among College Learners in the United States", *Adults Learning Mathematics International Journal*, Vol. 1, No. 1, 2005, 36 – 56.

Hays, R. B. , Jolly, B. C. , Caldon, L. J. M. , et al. , "Is Insight Important? Measuring Capacity to Change", *Med Edu*, Vol. 36, No. 10, 2002, 965 – 971.

Headrick, J., Renshaw, I., Davids, K., et al., "The Dynamics of Expertise Acquisition in Sport: The Role of Affective Learning Design", *Psychology of Sport and Exercise*, Vol. 16, No. 1, 2015, 83 – 90.

Hewitt, P. L., Flett, G. L., & Ediger, E., "Perfectionism and Depression: Longitudinal Assessment of a Specific Vulnerability Hypothesis", *Journal of Abnormal Psychology*, Vol. 105, 1996, 276.

Hewitt, P. L., & Flett, G. L., "Perfectionism in the Self and Social Contexts: Conceptualization, Assessment, and Association with Psychopathology", *Journal of Personality and Social Psychology*, Vol. 60, 1991, 456 – 470.

Hewitt, P. L., & Flett, G. L., "The Multidimensional Perfectionism Scale: Development and Validation (abstract)", *Canadian Psychology*, Vol. 30, 1989, 339.

Hobden, S., & Mitchell, C., "Maths and Me: Using Mathematics Autobiographies to Gain Insight into the Breakdown of Mathematics Learning", *Education as Change*, Vol. 15, No. 1, 2011, 33 – 46.

Hofer, M., Fries, S., Helmke, A., et al., "Value Orientations and Motivational Interference in School-leisure Conflict: The Case of Vietnam", *Learning and Instruction*, Vol. 20, 2010, 239 – 249.

Hofer, M., Schmid, S., Fries, S., et al., "Individual Values, Motivational Conflicts, and Learning for School", *Learning and Instruction*, Vol. 17, 2007, 17 – 28.

Horney, K., *Neurosis and Human Growth: The Struggle toward Self- realization*, New York: W. W. Norton, 1950.

Howard-Jones, P. A., Blakemoreb, S. J., & Samuel, E. A., "Semantic Divergence and Creative Story Generation: An FMRI Investigation", *Cognitive Brain Research*, Vol. 25, No. 1, 2005, 240 – 250.

Jonassen, D. H., & Ionas, I. G., "Designing Effective Supports for Causal Reasoning", *Education Tech Research Dev*, Vol. 56, 2008, 287 – 308.

Jones, G., "Testing two Cognitive Theories of Insight", *Journal of Exper-*

imental Psychology: *Learning Memory and Cognition*, Vol. 29, No. 5, 2003, 1017 – 1027.

Jung-beeman, M., Bowden, E. M., & Haberman, J., "Neural Activity When People Solve Verbal Problems with Insight", *Public Library of Science Biology*, Vol. 2, No. 4, 2004, 500 – 510.

Kamariah, A. B., Rohani, A. T., Rahil, M., et al, "Relationships between University Students' Achievement Motivation, Attitude and Academic Performance in Malaysia", *Procedia Social and Behavioral Sciences*, No. 2, 2010, 4906 – 4910.

Kantak, S. S., & Winstein, C. J., "Learning-performance Distinction and Memory Processes for Motor Skills: A Focused Review and Perspective", *Behavioral Brain Research*, Vol. 228, No. 1, 2012, 219 – 231.

Kaplan, C. A., & Simon, H. A., "In Search of Insight", *Cognitive Psychology*, Vol. 22, No. 3, 1990, 374 – 419.

Kapin, A. P., & Frank, C., "Achievement Goals Theory and Disordered Eating: Relations of Disordered Eating with Goal Orientation and Motivational Climate in Female Gymnasts and Dancers", *Learning and Instruction*, Vol. 10, 2009, 72 – 79.

Kershaw, T. C., & Ohlsson, S., "Multiple Cases of Difficulty in Insight: The Nine-dot Problem", *Journal of Experimental Psychology*: *Learning, Memory and Cognition*, Vol. 30, No. 1, 2004, 3 – 13.

Klahr, D., *Exploring Science*: *The Cognition and Development of Discovery Processes*, Cambridge, MA: MIT Press, 2000.

Kline, B. E., & Short, E. B., "Changes in Emotional Resilience: Gifted Adolescent Females", *Roe Per Review*, Vol. 13, 1991, 118 – 121.

Knoblich, G., Ohlsson, S., & Raney, G. E., "An Eye Movement Study of Insight Problem Solving", *Memory and Cognition*, Vol. 29, No. 7, 2001, 1000 – 1009.

Kofta, M., & Sedek, G., "Egotism Versus Generalization of Uncontrolled-lability Explanations of Helplessness: Reply to Snyder and Frankel", *Journal of Experimental Psychology*, No. 4, 1989, 413 – 416.

Kohl, H. W., & Hobbs, K. E., "Development of Physical Activity Be-

haviors among Children and Adolescents", *Pediatrics*, Vol. 101, No. 3, 2010, 549 – 554.

Kolovelonis, A., Goudas, M., & Dermitzaki, I., "Self-regulated Learning of a Motor Skill Through Emulation and Self-control Levels in a Physical Education Setting", *Journal of Applied Sport Psychology*, Vol. 22, No. 2, 2010, 198 – 212.

Kolovelonis, A., Goudas, M., & Dermitzaki, I., "The Effect of Different Goals and Self-recording on Self-regulation of Learning a Motor Skill in a Physical Education Setting", *Learning and Instruction*, Vol. 21, No. 3, 2011, 355 – 364.

Kruglanski, A. W., Shah, J. Y., Fishbach, A., et al., "A Theory of Goal Systems", *Advances in Experimental Social Psychology*, Vol. 34, 2002, 331 – 378.

Kuhn, D., & Dean, D., "Connecting Scientific Reasoning and Causal Inference", *Journal of Cognition and Development*, Vol. 5, No. 2, 2004, 261 – 288.

Kuhn, D., *What is Scientific Reasoning and How Does it Develop*, In U. Goswami (Eds.), *Handbook of Childhood Cognitive Development*, Oxford, UK: Blackwell, 2002, 371 – 393.

Kurosawak, K., & Harackiewicz, J. M., "Test Anxiety, Self-awareness, and Cognitive Interference: A Process Analysis", *Journal of Personality*, Vol. 63, 1995, 932 – 951.

Lee, T. D., Swinnen, S. P., & Serrien, D. J., "Cognitive Effort and Motor Learning", *Quest*, Vol. 46, No. 3, 1994, 328 – 344.

Lioret, S., Maire, B., Volatier, J. L., et al., "Child Overweight in France and its Relationship with Physical Activity, Sedentary Behavior and Socioeconomic Status", *European Journal of Clinical Nutrition*, Vol. 61 No. 4, 2007, 509 – 516.

Macgergor, J. N., Ormerod, T. C., & Chronice, E. P., "Information Processing and Insight: A Process Model of Performance on the Nine-dot and Related Problems", *Journal of Experimental psychology: Learning, Memory, and Cognition*, Vol. 27, No. 1, 2001, 176 – 201.

Mageau, G. A. , & Vallerand, R. J. , "The Coach-athlete Relationship: A Motivational Model", *Journal of Sport Sciences*, Vol. 21, 2003, 883 – 904.

Mainhard, M. T. , Pennings, H. J. M. , Wubbels, T. , et al. , "Mapping Control and Affiliation in Teacher-student Interaction with State Space Grids", *Teaching and Teacher Education*, Vol. 28, No. 7, 2012, 1027 – 1037.

Murcia, J. A. M. , Lacarcel, J. A. V. , & Álvarez, F. D. V. , "Search for Autonomy in Motor Task Learning in Physical Education University Students", *Search for Autonomy in Physical Education*, Vol. 25, No. 1, 2010, 37 – 47.

Newell, K. M. , Mayer-Kress, G. , & Liu, Y. T. , "Time Scales in Motor Learning and Development", *Psychological Review*, Vol. 108, No. 1, 2001, 57 – 82.

Ohlsson, S. , *Information-processing Explanations of Insight and Related Phenomena*, In K. J. Gilhooley, *Advances in the psychology of thinking*, London: Harvester-Wheat Sheaf, 1992, 1 – 44.

Orange, C. , "Gifted Students and Perfectionism", *Roe Per Review*, Vol. 20, 1997, 39 – 41.

Ormerod, T. C. , Macgregor, J. N. , & Chronice, E. P. , "Dynamics and Constraints in Insight Problem Solving", *Journal of Experimental Psychology: Learning, Memory, and Cognition*, Vol. 28, No. 4, 2002, 791 – 799.

Overmier, J. B. , & Seligman, M. E. P. , "Effects of Inescapable Shock Upon Subsequent Escape and Avoidance Responding", *Journal of Comparative Physiol Psych*, Vol. 36, 1967, 28 – 33.

Peetsma, T. T. , "Future Time Perspective as a Predictor of School Investment", *Scandinavian Journal of Educational Research*, Vol. 44, 2000, 177 – 192.

Presser, K. J. , "The Adaptive and Maladaptive Perfectionism Scale", *Measurement and Evaluation in Counseling and Development*, Vol. 35, No. 1, 2002, 210 – 222.

Ranganathan, R. , & Newell, K. M. , "Changing up the Routine: Intervention-induced Variability in Motor Learning", *Exercise and Sport Sciences*

Reviews, Vol. 41, No. 1, 2013, 64 – 70.

Ranganathan, R., & Newell, K. M., "Motor Learning Through Induced Variability at the Task Goal and Execution Redundancy Levels", *Journal of Motor Behavior*, Vol. 42, No. 5, 2010, 307 – 317.

Rapus, T. L., "Integrating Information about Mechanism and Covariation in Causal Reasoning", *Dissertation Abstracts International*, Vol. 65, 2004, 1047.

Rehder, B., "Categorization as Causal Reasoning", *Cognitive Science*, Vol. 27, No. 5, 2003, 709 – 748.

Renshaw, I., Chow, J. Y., Davids, K., et al., "A Constraints-led Perspective to Understanding Skill Acquisition and Game Play: A Basis for Integration of Motor Learning Theory and Physical Education Praxis?" *Physical Education and Sport Pedagogy*, Vol. 15, No. 2, 2010, 117 – 137.

Repsold, A., "The Unheard Story-a student's Math Autobiography", *Democracy and Education*, Vol. 14, No. 3, 2002, 42 – 44.

Ric, F., & Scharnitzky, P., "Effect of Control Deprivation on Effort Expenditure and Accuracy Performance", *Eur J Soc Psych*, Vol. 33, No. 1, 2003, 103 – 118.

Rice, K. G., & Preusser, K. J., "The Adaptive Maladaptive Perfectionism Scale", *Measurement and Evaluation in Counseling and Development*, Vol. 34, 2002, 210 – 222.

Roessger, K. M., "Toward an Interdisciplinary Perspective: A review of Adult Learning Frameworks and Theoretical Models of Motor Learning", *Adult Education Quarterly*, Vol. 62, No. 4, 2012, 1 – 23.

Roges, R. W., *Cognitive and Physiological Processes in Fear Appeals and Attitude Change: A Revised Theory of Protection Motivation*, In J. R. Cacioppo & R. E. Petty (Eds.), *Social Psychology: A Sourcebook*, New York: Guilford Press, 1983: 153 – 176.

Rosalie, S. M., & Muller, S., "A Model for the Transfer of Perceptual-motor Skill Learning in Human Behaviors", *Research Quarterly for Exercise and Sport*, Vol. 83, No. 3, 2012, 413 – 421.

Ryu, Y. U., & Buchanan, J. J., "Accuracy, Stability, and Corrective

Behavior in a Vasomotor Tracking Task: A Preliminary Study", *PLoS ONE*, 2012, 7 (6): *e*38537. *doi*: 10. 1371/*journal. pone*. 0038537.

Schmid, R. A. , & Lee, T. D. , *Motor Control and Learning*: *A Behavioral Emphasis* (*4th Ed*) , Champaign, IL: Human Kinetics, 2005.

Schmidt, E. A. , Scerbo, M. W. , Kapur, G. , et al. , *Task Sequencing Effects for Open and Closed Loop Laparoscopic Skills*, In J. D. Westwood, et al. (Eds.) , Medicine Meets Virtual Reality 15. IOS Press, 2007, 412 – 417.

Schuler, P. A. , "Perfectionism and Gifted Adolescents" , *Journal of Secondary Gifted Education II*, Vol. 6, No. 4, 2000, 183 – 196.

Schuler, P. A. , *Voices of Perfectionism*: *Perfectionistic Gifted Adolescents in a Rural Middle School* (*RM*99140) , Storrs, CT: *The National Research Center on the Gifted and Talented*, University of Connecticut, 1999.

Sedek, G. , & Kafta, M. , "When Cognitive Exertion Does Not Yield Cognitive Gain: Toward an Informational Explanation of Learned Helplessness" , *Journal of Personality and Social Psychology*, Vol. 58, No. 4, 1990, 729 – 743.

Sedek, G. , Kofta, M. , & Tyszka, T. , "Effects of Uncont Rollability on Subsequent Decision Making: Testing the Cognitive Exhaustion Hypothesis" , *J Persona Soc Psych*, Vol. 65, No. 6, 1993, 1270 – 1281.

Seidler, R. D. , "Multiple Motor Learning Experiences Enhance Motor Adaptability" , *Journal of Cognitive Neuroscience*, Vol. 16, No. 1, 2004, 65 – 73.

Shah, J. Y. , & Kruglanski, A. W. , "Priming Against Your Will: How Accessible Alternatives Affect Goal Pursuit" , *Journal of Experimental Social Psychology*, Vol. 38, 2002, 368 – 383.

Shalley, C. E. , Gilson, L. L. , & Blum, T. C. , "Interactive Effects of Growth Need Strength, Work Context, and Job Complexity on Self-reported Creative Performance" , *Academy of Management Journal*, Vol. 52, No. 3, 2009, 489 – 505.

Sidaway, B. , Bates, J. , Occhiogosso, B. , et al. , "Interaction of Feedback Frequency and Task Difficulty in Children's Motor Skill Learning" , *American Physical Therapy Association*, Vol. 92, No. 7, 2012, 948 – 957.

Sigrist, R., Rauter, G., Riener, R., et al., "Augmented Visual, Auditory, Haptic, and Multimodal Feedback in Motor Learning: A Review", *Psychonomic Bulletin and Review*, Vol. 20, No. 1, 2013, 21 – 53.

Silverman, L. K., *Perfectionism*, Paper Presented at the 11th World Conference on Gifted Talented Children, Hong Kong, 1995.

Silvia, P. J., & Shelley, D. T., "Objective Self-awareness Theory: Recent Progress and Enduring Problems", *Personality and Social Psychology Review*, Vol. 5, No. 3, 2001, 230 – 241.

Simonton, D. K., "Evolution and Creativity", *Journal of Social and Biological Structures*, Vol. 11, No. 1, 1988, 151 – 153.

Slaney, R. B., Rice, K. G., Mobley, M., et al., "The Revised Almost Perfect Scale", *Measurement and Evaluation in Counseling and Development*, Vol. 34, No. 3, 2001, 130 – 145.

Slaney, R. B., Ashiby, J. S., & Trippi, J., "Perfectionism: Its Measurement and Career Relevance", *Journal of Career Assessment*, Vol. 3, No. 3, 1995, 279 – 297.

Smith, S. M., *Fixation, Incubation, and Insight in Memory and Creative Thinking*, In S. M. Smith, T. B. Ward, R. A. Finke (Eds.), The Creative Cognition Approach, US: Palatino: DEKR Corporation, 1997, 135 – 156.

Smith, W. W., "Skill Acquisition in Physical Education: A Speculative Perspective", *Quest*, Vol. 63, No. 3, 2011, 265 – 274.

Sobel, M. E., *Asymptotic Confidence Intervals for Indirect Effects in Structural Equation Models*, Sociological Methodology, Vol. 13, 1982, 290 – 312.

Sobel, M. E., *Direct and Indirect Effects in Linear Structural Equation Models*, In J. S. Long (Eds.), *Common Problems/Proper Solutions*, Beverly Hills, CA: Sage, 1988, 46 – 64.

Somuncuoglu, Y., & Yildirim, A., "Relationship between Achievement Goal Orientations and Use of Learning Strategies", *Journal of Educational Research*, Vol. 92, 1999, 267 – 277.

Steenbergen, B., Kamp, J. V. D., Verneau, M., et al., "Implicit and Explicit Learning: Applications from Basic Research to Sports for Individuals with Impaired Movement Dynamics", *Disability and Rehabilitation*, Vol. 32,

No. 18, 2010, 1509 – 1516.

Ste-marie, D. M., Barbi, L. A. W., Rymal, A. M., et al., "Observation Interventions for Motor Skill Learning and Performance: An Applied Model for the Use of Observation", *International Review of Sport and Exercise Psychology*, Vol. 5, No. 2, 2012, 145 – 176.

Stewart, B. D., & Keith, B. P., "Bringing Automatic Stereotyping Under Control: Implementation Intentions as Efficient Means of Thought Control", *Personality and Social Psychology Bulletin*, Vol. 34, No. 10, 2008, 1332 – 1345.

Stiensmei, E. R., & Pelster, J., "Attributional Style and Depress Siva Mood Reactions", *Journal of Person*, Vol. 57, No. 3, 1989, 581 – 599.

Stoeber, J., & Otto, K., "Positive Conceptions of Perfectionism: Approaches, Evidence, Challenges", *Personality and Social Psychology Review*, Vol. 10, 2006, 295 – 319.

Stoll, O., Lau, A., & Stoeber, J., "Perfectionism and Performance in a New Basketball Training Task: Does Striving for Perfection Enhance or Undermine Performance?" *Psychology of Sport and Exercise*, Vol. 9, 2008, 620 – 629.

Stump, F. H., & Parker, W. D., "A Hierarchical Structural Analysis of Perfectionism and Its Relation to Other Personality Characteristics", *Personality and Individual Differences*, Vol. 28, 2000, 837 – 852.

Taymoori, P., & Lubans, D. R., "Mediators of Behavior Change in Two Tailored Physical Activity Interventions for Adolescent Girls", *Psychology of Sport and Exercise*, Vol. 9, No. 5, 2008, 605 – 619.

Timothy, A., & Hancho, N., "The Relations between Perfectionism and Achievement Goals", *Personality and Individual Difference*, Vol. 49, 2010, 885 – 890.

Tomas, W., & Joachim, S. P., "Performance Deficits Following Failure: Learned Helplessness or Self-esteem Protection?" *British Journal of Social Psychology*, Vol. 37, 1998, 59 – 71.

Van-beers, R. J., "How Does Our Motor System Determine its Learning Rate?" *PLoS ONE*, Vol. 7, No. 11, 2012, e49373. doi: 10. 1371/journal.

pone. 0049373.

Verwey, W. B. , Abrahmse, E. L. , Ruitenberg, M. F. L. , et al. , "Motor Skill Learning in the Middle-aged: Limited Development of Notor Chunks and Explicit Sequence Knowledge", *Psychological Research*, Vol. 75, No. 5, 2011, 406 – 422.

Wallas, G. , *The Art of Thought*, New York: Harcourt Brace Jovanovich, 1926.

Weiner, B. , Graham, S. , & Reyna, C. , *An Attributional Examination of Retributive Versus Utilitarian Philosophies of Punishment*, New York: Springer, 1997.

Weiner, B. , & Kukla, A. , "An Attribution Analysis of Achievement Motivation", *Journal of Personality and Social Psychology*, Vol. 15, 1970, 1 – 20.

Weiner, B. , *An Attributional Theory of Motivation and Emotion*, New York: Springer, 1986.

Weisberg, R. W. , "Meta-cognition and Insight during Problem Solving: Comment on Metcalfe", *Journal of Experimental Psychology: Learning, Memory and Cognition*, Vol. 18, No. 2, 1992, 426 – 431.

Wheeler, S. C. , & Richard, P. E. , "The Effects of Stereotype Activation on Behavior: A Review of Possible Mechanisms", *Psychological Bulletin*, Vol. 127, No. 6, 2001, 797 – 826.

Whitelaw, S. , Teuton, J. , Swift, J. , et al. , "The Physical Activity-mental Wellbeing Association in Young People: A Case Study in Dealing with a Complex Public Health Topic Using a 'Realistic Evaluation' Framework", *Mental Health and Physical Activity*, Vol. 3, No. 2, 2010, 61 – 66.

Wilson, P. , & Eklund, R. C. , "The Relationship between Competitive Anxiety and Self-presentation Concerns", *Journal of Sport & Exercise Psychology*, Vol. 20, 1998, 81 – 97.

Wulf, G. , Shea, C. , & Lewthwaite, R. , "Motor Skill Learning and Performance: A Review of Influential Factors", *Medical Education*, Vol. 44, No. 1, 2010, 75 – 84.

Zastrow, C. H. , & Kirst-Ashman, K. K. , *Understanding Human Behav-*

ior and the Social Environment, Belmont, CA: Brooks/Cole, 2004.

Zelaznik, H. N., *Advances in Motor Learning and Control*, US: Human Kinetics, 1996.

Zhou, S. H., Member, S., Oetomo, D., et al., "Modeling Individual Human Motor Behavior through Model Reference Iterative Learning Control", *IEEE Transactions on Biomedical Engineering*, Vol. 59, No. 7, 2012, 892–1901.

Zimmer, A. C., & Korndle, H., "A Gestalt Theoretic Account for the Coordination of Perception and Action in Motor Learning", *Philosophical Psychology*, Vol. 7, No. 2, 1994, 249–266.

Zimmerman, C., "The Development of Scientific Reasoning Skills", *Developmental Review*, Vol. 20, 2000, 99–149.

阿德勒:《超越自卑》,经济日报出版社 1997 年版。

暴占光、张向葵:《自我决定认知动机理论研究概述》,《东北师范大学学报》2005 年第 6 期。

暴占光:《初中生外在学习动机内化的实验研究》,博士学位论文,东北师范大学,2006 年。

毕重增:《学业落后学生完美主义与考试焦虑的关系》,《中国科技论文在线》2004 年第 5 期。

曹贵康、杨东、张庆林:《顿悟问题解决的原型事件激活:自动还是控制》,《心理科学》2006 年第 29 卷第 5 期。

曹新美、郭德俊:《习得性无助理论模型的演变与争议》,《心理学探新》2005 年第 25 卷第 2 期。

曹新美、郭德俊:《信息反馈不一致导致习得无助机制》,《心理发展与教育》2005 年第 2 期。

常生、吴健:《影响大学生体育锻炼行为的家庭因素调查与分析》,《体育学刊》2008 年第 15 卷第 3 期。

陈辉强:《刍议体育教学中的"习得无助"》,《体育师友》2005 年第 6 期。

陈丽、张庆林:《汉语字谜原型激活中的情绪促进效应》,《心理学报》2008 年第 40 卷第 2 期。

陈静:《恋爱关系中自主支持的初步研究》,硕士学位论文,河北大学，2010 年。

陈药、仇妙琴：《学习动机内化研究综述——基于自我决定理论的视角》，《现代教育从论》2010 年第 12 期。

程刚：《体育课程改革背景下山东省中学生体育学习动机的研究》，硕士学位论文，曲阜师范大学，2009 年。

曹芳：《基于自我决定理论的体育学习动机研究》，《中国教育学刊》2010 年第 6 期。

董大肆：《体育教学中学生元认知能力培养的研究》，《成都体育学院学报》2005 年第 31 卷第 5 期。

邓惟一、周云卿：《试论需求和动机对大学生体育锻炼行为的激励作用》，《上海体育学院学报》1987 年第 S1 期。

傅小兰：《探讨顿悟的心理过程与大脑机制——评罗劲的〈顿悟的大脑机制〉》，《心理学报》2004 年第 36 卷 3 期。

傅银鹰、周策：《归因理论对体育教学的指导意义》，《解放军体育学院学报》2002 年第 21 卷第 1 期。

范旭东、秦春波：《锻炼行为理论研究进展述评》，《哈尔滨体育学院学报》2010 年第 28 卷第 1 期。

房嘉怡：《动机、归因、自我效能与运动学习效果的相关研究》，《北京体育大学学报》2007 年第 30 卷第 12 期。

顾亚军：《试谈学生体育学习动机的激发与维持》，《科教文汇》2007 年第 7 期。

高明：《浅谈学生体育学习动机的培养》，《鸡西大学学报》2001 年第 1 卷第 1 期。

高申春：《自我效能理论评述》，《心理发展与教育》2000 年第 1 期。

葛强、景圣琪：《电大学生归因训练的实验研究》，《南京广播电视大学学报》2005 年第 3 期。

郭德俊、刘道云：《习得无助理论评介》，《高等师范教育研究》1995 年第 6 期。

韩仁生：《小学生归因训练的实验研究》，《心理科学》1997 年第 20 卷第 5 期。

韩仁生：《中小学生交往归因训练的研究》，《心理学探新》2004 年第 24 卷第 1 期。

胡胜利：《小学生不同课堂情境的成就归因及再归因训练》，《心理学报》1996 年第 28 卷第 3 期。

胡红：《大学生体育学习成功自我归因特点的研究》，《湖北体育科技》1993 年第 3 期。

黄斌、殷晓旺：《体育教学中归因研究的现状与展望》，《湖北体育科技》2006 年第 3 期。

黄宽柔、姜桂萍：《健美操 体育舞蹈》，高等教育出版社 2006 年版。

霍军：《体育教学方法实施及创新研究》，《北京体育大学学报》2013 年第 36 卷第 1 期。

蹇晓彬、郭赤环：《高校学生体育锻炼动机及其影响因素的相关性分析》，《体育学刊》2008 年第 15 卷第 7 期。

贾林祥、刘德月：《成就目标：理论、应用及研究趋势》，《心理学探新》2011 年第 31 卷第 6 期。

金亚虹：《运动技能学习中影响自身觉察错误能力形成的若干因素研究——从结果反馈时间点适宜值的视角》，《体育科学》2005 年第 25 卷第 1 期。

季浏、汪晓赞、蔡理：《体育锻炼与心理健康》，华东师范大学出版社 2006 年版。

科恩 B. H.：《心理统计学（第三版）》，高定国等译，华东师范大学出版社 2011 年版。

李雷、张颖：《运动员的完美主义与竞赛焦虑关系的研究》，《沈阳体育学院学报》2007 年第 26 卷第 1 期。

李力研：《"头脑简单、四肢发达"——体育的功能及其哲学的意义》，《天津体育学院学报》1993 年第 8 卷第 4 期。

李文福、罗俊龙、贾磊等：《字谜问题解决中顿悟的原型启发机制再探》，《心理科学》2013 年第 36 卷第 2 期。

李亚丹、马文娟、罗俊龙等：《竞争与情绪对顿悟的原型启发效应的影响》，《心理学报》2012 年第 44 卷第 1 期。

李建伟、宋广文、李飞：《中国青少年完美主义问卷的编制》，《中国临床心理学杂志》2007 年第 15 卷第 4 期。

李小萌、张力为：《运动员的完美主义可以预测心理疲劳吗》，《天津体院学报》2013 年第 28 卷第 2 期。

李晓侠：《关于社会认知理论的研究综述》，《阜阳师范学院学报》（社会科学版）2005 年第 2 期。

刘永芳：《归因理论及其应用》，山东人民出版社 1998 年版。

刘永芳：《归因理论及其应用》修订版，上海教育出版社 2010 年版。

刘志军、钟毅平：《习得无助感理论发展研究的简评》，《心理科学》2003 年第 26 卷第 2 期。

刘惠军、郭德俊、李宏利等：《成就目标定向、测验焦虑与工作记忆的关系》，《心理学报》2006 年第 38 卷第 2 期。

刘海燕：《健美操锻炼对女大学生一般自我效能感、身体形态及身体素质的影响》，《福建体育科技》2007 年第 26 卷第 3 期。

刘海燕、童昭岗、颜军：《不同时间、强度的健美操锻炼对女大学生自我效能感与心理健康影响的研究》，《西安体育学院学报》2007 年第 24 卷第 1 期。

刘桂芳：《大学生体育锻炼与社会自我效能感的研究》，硕士学位论文，河南大学，2009 年。

李京诚：《合理行为、计划行为与社会认知理论预测身体锻炼行为的比较研究》，《天津体育学院学报》1999 年第 14 卷第 2 期。

李繁荣、亓圣华、井厚亮等：《大学生自我效能感与体育锻炼及健康的关系研究》，《沈阳体育学院学报》2007 年第 26 卷第 2 期。

李勇：《高中生学习动机内化水平及与自我效能、社会支持的关系》，硕士学位论文，东北师范大学，2009 年。

李勇：《动机内化的理论基础及实践研究》，《校园心理》2010 年第 8 卷第 2 期。

林桦：《自我决定理论研究——动机理论的新进展》，《湖南科技学院学报》2008 年第 29 卷第 3 期。

卢谢峰、韩立敏：《中介变量、调节变量与协变量——概念、统计检验及其比较》，《心理科学》2007 年第 30 卷第 4 期。

吕慧青、王进：《运动技能学习效率的顿悟解释模型探索》，《体育科学》2014 年第 34 卷第 4 期。

罗劲：《顿悟的大脑机制》，《心理学报》2004 年第 36 卷第 2 期。

梁海梅等：《成就目标对青少年成就动机和学业成就影响的研究》，《心理科学》1998 年第 21 卷第 5 期。

廖燕然、张进辅:《完美主义理论研究综述》,《保健医学研究与实践》2014 年第 11 卷第 2 期。

连文杰、毛志雄、訾非:《中国大学生运动员完美主义人格特质的测量及其应用性研究》,《运动与锻炼心理学》2007 年第 5 期。

连文杰、毛志雄、闫挺:《运动领域完美主义的研究及进展》,《体育科学》2007 年第 27 卷第 2 期。

马晓虹:《运用动机设计模式内化小学生学习动机的初步研究》,硕士学位论文,湖南师范大学,2001 年。

玛吉尔(Magill,R. A.):《运动技能学习与控制》,张忠秋等译,中国轻工业出版社 2006 年版。

苗治文、秦椿林:《当代中国体育人口结构的社会学分析》,《体育学刊》2006 年第 13 卷第 1 期。

聂玉玲、郭金花、李建伟:《高三学生时间管理倾向、自尊与成就动机的关系研究》,《中国健康心理学杂志》2008 年第 16 卷第 2 期。

彭雅静:《初中生英语学习习得性无助感研究》,硕士学位论文,河南大学,2007 年。

邱江、张庆林:《创新思维中原型激活促发顿悟的认知神经机制》,《心理科学进展》2011 年第 19 卷第 3 期。

任国防、邱江、曹贵康等:《顿悟:是进程监控还是表征转换》,《心理科学》2007 年第 30 卷第 5 期。

邵桂华:《运动技能形成过程中的突变性分析》,《天津体育学院学报》2006 年第 21 卷第 3 期。

沈汪兵、刘昌、袁媛等:《顿悟类问题解决中思维僵局的动态时间特性》,《中国科学:生命科学》2013 年第 43 卷第 3 期。

宋晓东:《论影响体育锻炼行为的因素》,《成都体育学院学报》2001 年第 27 卷第 2 期。

隋光远:《中学生学业成就动机归因训练效果的追踪研究》,《心理科学》2005 年第 28 卷第 1 期。

隋光远:《中学生学业成就动机归因训练研究》,《心理科学》1991 年第 4 期。

孙泊、赵波、索红杰等:《上海大学生体育价值观特征和培养途径研究》,《南京体育学院学报》2004 年第 18 卷第 2 期。

孙兴东、陈开梅：《江苏省大学生体育价值观影响因素的特征分析》，《体育与科学》2010 年第 32 卷第 2 期。

孙耀：《成就目标取向与体育学习动机的激发》，《武汉体育学院学报》2005 年第 39 卷第 4 期。

隋洁、朱滢：《学习动机和学习策略与知识获得的关系》，《中国心理卫生杂志》2004 年第 18 卷第 5 期。

苏煜：《运用自我决定理论对高中生体育学习缺乏动机机制的研究》，博士学位论文，华东师范大学，2007 年。

姒刚彦、李庆珠、刘皓：《对运动成就目标三维模型的检验———一项对高水平乒乓球运动员的实证研究》，《心理学报》2007 年第 39 卷第 1 期。

单涛、王妮：《大学生体育锻炼行为性别差异的研究》，《沈阳体育学院学报》2007 年第 26 卷第 1 期。

司琦：《锻炼心理学》，浙江大学出版社 2008 年版。

塞利格曼（Seligman，M.E.P.）：《学习乐观》，洪兰译，新华出版社 1998 年版。

谭亚彬、徐启刚：《女大学生性格特征对其体育锻炼行为的影响研究》，《西安体育学院学报》2004 年第 21 卷第 6 期。

佟月华、宋尚佳：《大学生完美主义与自尊、主观幸福感的关系》，《中国学校卫生》2005 年第 26 卷第 11 期。

涂运玉、刘芬梅：《体操教学中学生习得无助感的归因训练》，《中国林业教育》2007 年第 2 期。

田宝、覃丽梅、李洁玲：《智力残疾运动员目标定向、完美主义与运动成绩的关系》，《体育学刊》2010 年第 17 卷第 12 期。

田晓芳：《高中女生体育学习动机兴趣的研究及教学策略》，《常州师范专科学校学报》2003 年第 21 卷第 4 期。

唐本钰：《中学生知觉的社会支持与学习动机关系的研究》，硕士学位论文，山东师范大学，2002 年。

王斌、马红宇：《中学生体育学习中归因训练的实验研究》，《华中师范大学学报》2000 年第 34 卷第 4 期。

王进：《解读竞争中努力缺乏的失败：体育竞赛中的"习得无助"现象》，《体育科学》2007 年第 27 卷第 3 期。

王进：《运动竞赛关键时刻的"发挥失常"：压力下"Choking"现象》，浙江大学出版社 2008 年版。

王晶莹、郑鹉、续佩君等：《物理学习困难的归因分析和实践研究》，《首都师范大学学报》2006 年第 27 卷第 2 期。

王凯、高力翔：《奥运报道——刻板印象的变迁与社会学解读》，《南京体育学院学报》2011 年第 25 卷第 1 期。

王婷、邱江、涂燊等：《原型激活促进顿悟的大脑机制：来自 ERP 研究的证据》，《心理科学》2010 年第 33 卷第 4 期。

王晓波、章建成、李向东：《不同观察学习和身体练习比例对不同年龄者追踪任务技能学习效果的影响》，《中国体育科技》2010 年第 46 卷第 2 期。

王晓波、章建成：《学习型示范和熟练型示范对运动技能观察学习的影响》，《体育科学》2009 年第 29 卷第 2 期。

王志华、李建伟：《大学生完美主义与竞争的相关分析》，《中国学校卫生》2008 年第 29 卷第 10 期。

王艳喜、雷万胜：《自我效能感研究综述》，《当代经理人》2006 年第 4 期。

王东升、马勇占：《自我效能在体育锻炼行为改变过程中的中介作用分析》，《西安体育学院学报》2014 年第 31 卷第 2 期。

王振、胡国鹏、蔡玉军等：《拖延行为对大学生体育锻炼动机的影响：自我效能感的中介效应》，《北京体育大学学报》2015 年第 38 卷第 4 期。

王益权：《制约高校学生参与课外体育活动的因素分析及对策》，《安徽体育科技》2010 年第 31 卷第 6 期。

王和平：《当代大学生体育动机及同一与差异性的研究》，《北京体育大学学报》2005 年第 28 卷第 10 期。

王爱丹、董晓春：《大学生体育动机、态度与高校体育改革》，《北京体育大学学报》2002 年第 25 卷第 1 期。

王有智、王淑珍、欧阳仑：《贫困地区初中生学业自我效能——内部动机与学业成绩的关系研究》，《心理科学》2005 年第 28 卷第 4 期。

温忠麟、侯杰泰、张雷：《调节效应与中介效应的比较和应用》，《心理学报》2005 年第 37 卷第 2 期。

温忠麟、张雷、侯杰泰等：《中介效应检验程序及其应用》，《心理学报》2004 年第 36 卷第 5 期。

吴泽萍、常生：《同侪压力对大学生余暇体育锻炼行为影响的研究》，《南京体育学院学报》2009 年第 23 卷第 3 期。

吴增强、虞慕埔：《初中学业不良学生习得性无能研究》，《心理科学》1995 年第 18 卷第 2 期。

吴增强：《习得性无能动机模式简析》，《心理科学》1994 年第 3 期。

吴真真、邱江、张庆林：《顿悟的原型启发效应机制探索》，《心理发展与教育》2008 年第 1 期。

吴真真、邱江、张庆林：《顿悟脑机制的实验范式探索》，《心理科学》2009 年第 32 卷第 1 期。

吴明隆：《SPSS 统计应用实务》，中国铁道出版社 2000 年版。

吴明隆：《结构方程模型——Amos 实务进阶》，重庆大学出版社 2013 年版。

吴明隆：《结构方程模型——Amos 的操作与应用》，重庆大学出版社 2010 年版。

吴芳、殷晓旺：《不同人群体育锻炼坚持性研究述评》，《湖北体育科技》2006 年第 25 卷第 3 期。

吴本连、刘杨：《体育学习方式对不同运动技能水平大学生身体自我效能感的影响》，《北京体育大学学报》2013 年第 36 卷第 7 期。

肖志玲：《不同性别、年级、专业大学生成就动机差异研究》，《湖北工学院学报》2003 年第 18 卷第 1 期。

吴国荣、张丽华等编著：《学习理论的进展》，天津科学技术出版社 2008 年版。

谢晓昱：《中学生"能力、努力、方法"归因训练的实验研究》，《社会心理研究》1994 年第 1 期。

谢玉兰：《大学生自我完美主义倾向及其与心理异常的相关研究》，《河南师范大学学报》2004 年第 31 卷第 4 期。

邢强、陈军：《元认知监控和归纳意识对顿悟问题解决的影响》，《心理科学》2009 年第 32 卷第 3 期。

邢强、张忠炉、孙海龙等：《字谜顿悟任务中限制解除和组块分解的机制及其原型启发效应》，《心理学报》2013 年第 45 卷第 10 期。

徐亚康：《高中生的习得性无助及归因训练》，《心理健康教育》2003

年第 6 期。

欣果实：《运动技术动作概念的嵌套表征模型》，《成都体育学院学报》1977 年第 23 卷第 4 期。

杨宏飞、孙黎黎：《高中生的完美主义与心理健康》，《中国心理卫生杂志》2005 年第 19 卷第 2 期。

杨宏飞、张小燕：《大学生的完美主义与心理健康的关系》，《中国心理卫生杂志》2004 年第 18 卷第 9 期。

杨宏飞：《Frost 多维完美主义量表在 740 名本科生中的试用》，《中国心理卫生杂志》2007 年第 21 卷第 2 期。

杨林、郭巍伟、梁执群等：《大学生成就动机、择业价值取向与择业效能感的相关性研究》，《中国健康心理学杂志》2010 年第 18 卷第 3 期。

杨锡让：《实用体育学》，高等教育出版社 2004 年版。

尹晓燕、匡晋梅：《对运动技术学习中习得性无助现象的研究及对策》，《体育科技文献通报》2007 年第 15 卷第 3 期。

于志华、章建成、黄银华等：《类比学习与外显学习的不同组合方式对不同性质网球技能学习的影响——从闭锁性和开放性技能的视角》，《体育科学》2011 年第 31 卷第 5 期。

尹博：《运用跨理论模型对大学生体育锻炼行为改变的实证研究》，博士学位论文，华东师范大学，2007 年。

杨丽、梁宝勇、张秀阁等：《近乎完美量表修订版（APS-R）的中文修订》，《心理与行为研究》2007 年第 5 卷第 2 期。

叶世俊、张宏杰、管建民：《中学生体育学习成就目标 2×2 模型的检验》，《体育科学》2013 年第 33 卷第 7 期。

曾永忠：《运动归因与学生积极体育活动态度的关系》，《山东体育科技》2000 年第 22 卷第 4 期。

曾永忠、董伦红、赵苏喆：《促进大学生参与身体锻炼的理论研究：影响因素分析与理论模型构建》，《广州体育学院学报》2010 年第 30 卷第 4 期。

张恩泰：《我国大学生体育价值观现状的初步研究》，硕士学位论文，西南大学，2006 年。

张国礼：《刻板印象抽象原型与具体样例的实验研究》，硕士学位论文，西北师范大学，2005 年。

张力为、任未多:《体育运动心理学研究进展》,高等教育出版社2000年版。

张力为:《调节变量在体育科学研究设计中的理论作用和统计计算》,《体育科学》2001年第21卷第4期。

张立双、王洪彪:《体育运动领域中归因研究的历史、现状及其未来》,《体育与科学》2003年第24卷第1期。

张庆林、邱江、曹贵康:《顿悟认知机制的研究述评与理论构想》,《心理科学》2004年第27卷第6期。

张庆林、邱江:《顿悟与源事件中启发信息的激活》,《心理科学》2005年第28卷第1期。

张庆林、肖崇好:《顿悟与问题表征的转变》,《心理学报》1996年第28卷第1期。

张庆林、朱海雪、邱江等:《顿悟的原型启发机制的研究》,《宁波大学学报》(教育科学版)2011年第33卷第1期。

张爱卿:《动机论:迈向21世纪的动机心理学研究》,华中师范大学出版社1999年版。

张春华、章建成、金亚虹等:《锻炼坚持性的国外研究进展》,《上海体育学院学报》2002年第26卷第4期。

张鼎昆、方俐洛、凌文辁:《自我效能感的理论及研究现状》,《心理学动态》1999年第7卷第1期。

张萍娟:《创新模式教学对中学生体育学习动机的影响研究》,《南京体育学院学报》2002年第16卷第2期。

张亚玲、杨善禄:《中学生的学习动机与学习策略的研究》,《心理发展与教育》1999年第4期。

张宏、沃建中:《中学生学习动机类型和对自身学习能力评价的关系》,《心理发展与教育》2003年第1期。

张娜:《初三学生成就动机与学业成绩的关系研究》,《健康心理学杂志》2003年第11卷第6期。

章济时:《体育习得性无助感产生与预防》,《哈尔滨体育学院学报》2005年第23卷第1期。

周国韬:《习得性无力感理论浅析》,《心理科学通讯》1988年第6期。

周国韬:《习得性无力感理论再析》,《心理科学》1994 年第 17 卷第 5 期。

朱松林、王琦琦、董晶等:《1321 名大学应届毕业生就业意向与悲伤情绪、自杀想法、计划和尝试关系研究》,《中国卫生统计》2011 年第 28 卷第 2 期。

祝大鹏:《体操运动员完美主义与饮食障碍、运动动机及赛前情绪的相关研究》,《天津体院学报》2009 年第 24 卷第 2 期。

祝大鹏:《多维运动完美主义量表在中国运动员中的信效度检验》,《天津体院学报》2010 年第 25 卷第 2 期。

訾非、周旭:《大学二年级男生的完美主义心理、羞怯与自杀念头的相关研究》,《中国健康心理学杂志》2005 年第 13 卷第 4 期。

訾非、周旭:《中文 Frost 多维度完美主义量表的信效度检验》,《中国临床心理学杂志》2006 年第 14 卷第 6 期。

訾非、马敏:《完美主义研究》,中国林业出版社 2010 年版。

祖晶、姚玉龙、吴本连:《体育教学中师生关系的嬗变》,《北京体育大学学报》2009 年第 32 卷第 2 期。

左颖慧、陈建文:《习得无助理论的研究进展》,《湖南师范大学教育科学学报》2006 年第 5 卷第 5 期。

邹循豪:《运动领域完美主义研究进展及述评》,《体育研究与教育》2014 年第 29 卷第 4 期。